教育部人文社会科学研究项目（13YJA880105):
课程改革理念指导下中学校本教学模式构建研究

校本教学模式研究

School-Based
Teaching Model

张筱玮 纪德奎 张红妹 主编

孟庆铂 曹学良 李新 副主编

天津出版传媒集团

天津人民出版社

图书在版编目（CIP）数据

校本教学模式研究／张筱玮，纪德奎，张红妹主编
. -- 天津:天津人民出版社,2016.12
ISBN 978-7-201-11301-2

Ⅰ.①校… Ⅱ.①张…②纪…③张… Ⅲ.①教学模
式 - 研究 Ⅳ.①G42

中国版本图书馆 CIP 数据核字(2017)第 011432 号

校本教学模式研究
JIAOBEN JIAOXUE MOSHI YANJIU

出　　版	天津人民出版社
出 版 人	黄　沛
地　　址	天津市和平区西康路 35 号康岳大厦
邮政编码	300051
邮购电话	(022)23332469
网　　址	http://www.tjrmcbs.com
电子信箱	tjrmcbs@126.com
策划编辑	王　康
责任编辑	林　雨
特约编辑	王　倩
装帧设计	汤　磊
印　　刷	天津新华二印刷有限公司
经　　销	新华书店
开　　本	710×1000 毫米　1/16
印　　张	22
插　　页	2
字　　数	300 千字
版次印次	2016 年 12 月第 1 版　2016 年 12 月第 1 次印刷
定　　价	68.00 元

序　言

《校本教学模式研究》一书适用于基础教育领域的学校管理者和从事教学工作的教师,能够满足读者了解校本研究、教学模式研究和校本教学模式研究的发展趋势的需求,能为学校和教师在教育实践中探索、构建和发展适合于教学需求的校本教学模式提供理论依据和实践案例。

本书对校本教学模式的基本理论,诸如校本教学模式的内涵、校本教学模式的结构、校本教学模式的特点、校本教学模式的功能等进行了理论研究和分析。

本书阐明了校本教学模式要以学校学生当前的学习水平为依据,以未来发展目标为方向,研究教学各环节活动。教是为了学,让学生掌握学习的方法,具有可持续发展的学力,为其终身发展奠基。教师的教学活动不应该止于课堂教学的结束,还要关注学习者的学习效果,研究其学习过程的得失,教学的一切是为学习者服务。

本书提出了每个具体中学校本教学模式构建中需解决的基本问题。构建校本教学模式,就要解决好这些问题:校本教学模式的理论依据、校本教学模式的教学目标、校本教学模式的操作程序、校本教学模式的实现条件、校本教学模式的教学评价。

此外,本书还为研究者和行动者提供了在实践中建立发展起的若干校本教学模式案例。

目 录

原理篇

第一章

教学模式

教学模式是当前基础教育教学研究的热点之一,它既是教学理论的可操作化的体现,又是对教学实践的理论提升。教学模式这一概念的提出是致力于弥合教学理论与教学实践之间的鸿沟,达成教育理论研究者与教学实践工作者的理解和对话。

第一节　教学模式的概念

教学模式的概念,最早是在 20 世纪 70 年代由美国师范教育家布鲁斯·乔伊斯(Bruce Joyce)和玛莎·韦尔(Marsha Weil)在其合著的《教学模式》一书中提出:"教学模式是试图系统地探讨教育目的、教学策略、课程设计和教材,以及社会和心理理论之间的相互影响、以设计考察一系列可以使教师行为模式化的各种可供选择的类型。"[①]他们把教学模式看作是一种计划或范式,偏向于理论指导,揭示了教学模式的可模仿性。

《教学模式》的出版标志着教学模式正式成为教学理论研究中独立的关注领域。

关于教学模式的定义,国内外学者各持己见,在学术界和中小学实践领域也都存在诸多理解。归纳起来,有如下七种较典型的界说。

(1)"教学模式就是在一定教学思想指导下所建立起来的完成所提

---

① B. Joyce & M. Weil, *Model of Teaching*, Englwood, New Jersey, Prentice Hall. 1972 : 1.

出教学任务的比较稳固的教学程序及其实施方法的策略体系。"①这种观点指出了教学模式的实践性特征,把教学模式视为具体可操作的工具,是一种教学方法、策略体系,具有相对的稳定性。

(2)有学者认为:"某种活动方案经过多次实践的检验和提炼,形成了相对稳定的、系统化和理论化的教学结构,这就是我们所说的教学模式。"②这种观点从静态方面体现了教学模式的概括性和简约性,把教学模式看成是理论化的系统的教学结构,是具体教学活动方案中表现出来的教学规律。

(3)"教学模式是在教学实践中形成的一种设计和组织教学的理论,这种理论以简化的形式表达出来。"③"教学模式是在一定教学思想指导下,围绕着教学活动中的某一主题,形成的相对稳定的、系统化和理论化的教学范型。"④这些观点注重教学模式的理论功能,把教学模式归结为一种教学理论范型。

(4)"教学模式是在一定的教育思想指导下,为完成规定的教学目标和内容,对构成教学的诸要素所设计的比较稳定的简化组合方式及其活动程序。"⑤这种观点注意到教学模式的完整性、程序的可操作性,把教学模式视为教学程序或阶段,反映了教学过程基本理论的框架,同时指出教学模式具有指导师生进行教学活动的功能。

(5)"教学模式是指具有独特风格的教学样式,是就教学过程的结构、阶段、程序而言的,长期的、多样化的教学实践,形成了相对稳定的、各

---

① 甄德山:《教学模式及其管理浅议》,《天津师范大学学报》(社会科学版),1984 年第5 期。

② 吴也显:《课堂教学模式浅谈》,《教育研究与实验》,1988 年第 1 期。

③ 张武升:《关于教学模式的探讨》,《教育研究》,1988 年第 7 期。

④ 李秉德:《教学论》,人民教育出版社,1991 年,第 256 页。

⑤ 吴恒山:《教学模式的理论价值及其实践意义》,《辽宁师范大学学报》(社会科学版),1989 年第 3 期。

具特色的教学模式。"①这种观点是在教学实践经验的基础上形成的一种理论,它把教学模式看作是教学艺术和风格,认为教学模式体系应该是一个多维、多风格、多层次的开放和发展的系统。

(6)"教学模式是人们在一定的教学思想指导下,对教学客观结构做出的主观选择。"②"教学模式是人们为了特定的认识目的,对教学活动结构所做的一种类比、假定、简略的特殊表述。"③这些观点倾向于把教学模式当作一种理论抽象与概括,注重教师的主观能动性,把教学模式看作是对教学结构的表征。

(7)"教学模式是教师根据教育目的在不同教学阶段协调运用各种方法的动态系统。"④这种观点是把教学模式视为教师对教学方法的综合运用,把教学模式看成是一个动态生成的开放的系统体系。

以上观点各有侧重,从不同方面反映了教学模式的本质特征,为人们进一步探讨教学模式奠定了丰富的理论基础。在对以上各种教学模式观点的反思和总结的基础上,我们认为教学模式是在一定教学理论或教学思想指导下,为了实现教学目标,在实践中形成的相对稳定的教学活动的结构和方式,或者说是相对稳定的规范化教学程序的操作体系。教学模式既是教学理论的具体化,又是教学经验的一种概括总结,是连接教学理论与教学实践的中介和桥梁。

第二节 教学模式的要素

教学模式的构建是一项系统工程,任何教学模式本身都有一套比较

① 刁维国:《教学过程的模式》,《教育科学》,1989 年第 3 期。
② 杨小微:《全国教学论第二届学术年会综合报道》,《教育研究》,1987 年第 12 期。
③ 熊川武:《教学模式实质说》,《教育研究》,1993 年第 6 期。
④ 张肇丰:《教学模式的概念、类型及其应用的条件》,《教育研究》,1991 年第 1 期。

完整的结构,都是由各个要素有机构成的整体,是在实践基础上构建起来的一整套组织、设计和调控教学活动的方法论体系,明确教学模式的构成要素,对于我们更好地实施与完善教学模式具有十分重要的意义。

国内外学者对教学模式的构成要素的认识比较一致。一般认为,一个完整的教学模式应该包括六个具体要素,即主题、理论依据(或指导思想)、教学目标(或功能目标)、操作程序、实现条件(或支持系统)、教学评价。

一、主题

主题即教学模式的名称,它是贯穿于整个模式的一根主线,主导和支配着整个模式和该模式其他构成要素,并产生出一系列与主题相关的范畴。如:情境教学模式的主题是"情境",那么在实施的过程中就更加注重教学活动的情境性;发现教学模式的主题是"发现",就尽可能地让学生自主地去发现去探究,以促进学生认知结构的建构。在教学模式中,主题既蕴含在每一个因素中,又渗透在每一个环节中,影响着其他因素的确立,控制着教学模式运行的方向。

二、理论依据

理论依据亦可称作"指导思想"或"理论基础",是支撑教学模式的理论基石,是教学模式赖以建立的基础,是教学模式深层内隐的精髓和灵魂,决定着教学模式的独特性和方向性。教学模式是一定教学理论或教学思想的反映,是一定理论指导的教学行为范式。正如乔伊斯和韦尔所说:"每一个模式都有一个内在的理论基础,也就是说,它们的创造者向我们提供了一个说明我们为什么期望它们实现预期目标的原则。"[①]不同的

---

① B. Joyce & M. Weil, *Models of Teaching*, third edition 1986:pp. 2 – 3。

教学观和教学理论指导下会形成不同的教学模式,例如:程序教学模式的理论依据是行为主义心理学,行为主义心理学认为学习是"刺激(S)—(R)反应"之间的联结,教学的目的就是提供特定的刺激,以便引起学生特定的反应;"情境—陶冶"教学模式的理论依据是人的有意识心理活动与无意识心理活动、理智与情感活动在认知活动中的统一。

三、教学目标

教学目标,又称作"功能目标",是教学模式的核心要素。任何教学模式都指向和完成一定的教学目标,没有教学目标的教学模式没有任何价值。"功能目标是指对教学活动在学习者身上所产生的实际效果有多大或学生在教学情境中所能达到的发展水平的设定,是对一定教育理念的具体化。"[①]教学目标对构成教学模式的其他因素起着制约作用,它决定着教学模式的操作程序和师生组合,也决定着教学评价的标准和尺度。正是由于教学模式与教学目标的这种极强的内在统一性,决定了不同教学模式的特征。如,暗示教学模式的目标是要充分调动学生的无意识心理活动,不断促进学生潜能的发展,提高教学效果;发现教学模式的目标是以解决问题为中心,着眼于学生创造性思维能力的培养,同时使学生智力获得发展。此外,教学目标的实现程度又可以作为一种反馈信息,帮助教育者调整和重组结构程序,使教学模式不断改进和完善。

四、操作程序

操作程序即教学的逻辑步骤或环节。它是为实现特定的教学目标,以一定的逻辑关系优化各种教学因素(如教师、学生、课程、方法、反馈、环

---

① 杨小微、张天宝:《教学论》,人民教育出版社,2007年,第373页。

境等)而形成一种合理教学结构的过程。① 操作程序规定了在教学活动中师生先做什么、后做什么,各具体步骤或阶段应当完成的任务,具有明显的顺序性、可操作性等特点。任何教学模式都应具有详细的逻辑步骤和各阶段的具体目标和任务。例如,"情境—陶冶"教学模式的操作程序是"创设情境—参与各类活动—总结转化";赫尔巴特提出的"四段教学法"分别是"明了—联合—系统—方法";杜威提出的"五步教学法",简明地概括为创设疑难的情境、确定问题所在、提出解决问题的假设、推断哪个假设能解决这个问题、验证这个假设的五个步骤。当然操作程序只具有相对稳定性,并不是僵化和一成不变的,也可以根据具体的教学活动进行适当的调整和改进。

五、实现条件

实现条件即支持系统,是指能促使教学模式发挥效力、达到既定教学目标所需要的各种条件。任何一种教学模式都只有在达到特定的条件才能产生效果,教学模式的实现条件主要包括:教师、学生、心理气氛、教学内容、教学手段、教学媒体、教学环境、教学的时间和空间、学校的基础设施等诸多因素。布卢姆指出:"有利的学校条件能使大多数学生很好地进行学习,并从学习中获得满足。"②因此,认真地研究并保障良好的教学模式的实现条件,能为教师更好地选择和运用教学策略与方法提供合理的建议,从而更好地运用教学模式达到预期的教学目标。"自学—辅导"教学模式要求教师具有较强的组织能力和应变能力,并要做到有针对性地辅导学生。③"非指导性"教学模式要求教师在学生进行自我探索和解决

---

① 参见李森:《现代教学论》,人民教育出版社,2011 年,第 346 页。
② 吴文侃:《当代国外教学论流派》,福建教育出版社,1990 年,第 245 页。
③ 参见陈时见:《比较教学论》,江西教育出版社,1996 年,第 178 页。

问题的过程中是一个合作者,师生之间应形成一种伙伴关系。①

六、教学评价

教学评价包括评价的标准、需评价的内容和评价的方法,"是以建立在一定的教育价值观基础上的目标体系为依据,运用现代科学技术与方法对教学效果、教学任务完成情况以及学生学习的质量和发展水平作出科学判断"②。由于不同的教学模式所要完成的教学任务和达到的教学目标不同,使用的条件和程序不同,所以评价的方法和标准亦有不同。如果用统一的标准进行评价,那是十分不科学的。目前,除了一些比较成熟的教学模式已经形成了相应的比较完善的一套评价方法和标准外,还有不少教学模式没有形成自己独特的评价方法和标准,这有待进一步完善。

综上所述,主题、理论依据、教学目标、操作程序、实现条件、教学评价是构成教学模式的六大基本要素,各要素之间相互联系、相互制约,共同构成了具有科学性、完整性、全面性和可操作性的教学模式。需要指出的是,教育者在选择和运用教学模式的时候,要善于具体问题具体分析,在教学实践中提炼、概括和总结教学经验,同时不断改进和创新方法,使教学模式各要素达到最佳组合,发挥最大功效,切不可盲目照搬他人的经验,陷入教条主义的误区。

第三节 教学模式的演变

教学模式的演变过程,也是教学模式的应用与发展创新的过程。教学模式具有时代特征,是与一定社会的生产力发展水平和科学技术运用

---

① 参见吴文侃:《当代国外教学论流派》,福建教育出版社,1990年,第306页。

② 李森:《现代教学论》,人民教育出版社,2011年,第347页。

水平相适应的,反映出不同阶段社会与教育的发展状况。

一、不同时代的教学模式

从历史的长河看,不同时代具有不同的教学模式。农耕时代,由于受生产力水平的限制,教学模式最早是口耳相传、耳命面授式的个别教学模式,教育者通过借助文字记载,主要以"讲、听、读、记、练"的方式,向受教育者授予知识。工业化社会时代,随着科学技术的兴起和生产力发展水平的提高,社会要求教育要大规模、标准化地培养劳动者,以适应社会化机器大生产的需要,教学模式以灌输式为主,受教育者机械被动地接受知识。信息社会和知识经济时代,在高新技术的支持下,教学模式以探究式为主,更加注重人的主体性和创新意识的培养,提倡以人为本的素质教育模式。由此可以看出,生产力水平和科学技术发展程度制约着教学模式的发展。

二、中西方古代教学模式

早在几千年前,古代中国和西方的教学实践和教学思想中已经含有了教学模式的雏形。例如:孔子的"学而不思则罔,思而不学则殆",强调学思结合;"不愤不启,不悱不发,举一隅不以三隅反,则不复也",强调启发诱导;朱熹的"循序渐进、熟读精思"的教学主张;苏格拉底在哲学研究中形成的由"讥讽、助产术、归纳和定义"四个步骤组成的"苏格拉底问答法"。

三、中西方近代教学模式

从近代教育史来看,随着教育学科的创立,心理学、社会学等相关学科的发展,具有科学性、系统性、完整性和可操作性的教学模式不断发展和成熟起来。

（一）西方国家近代教学模式

17世纪，随着学校教学中自然科学内容和直观教学法的引入，捷克教育家夸美纽斯从他的民主主义的"泛智"思想出发，提出并全面论述了班级授课制，认为应当把讲解、质疑、问答、练习统一于课堂教学中，并把观察等直观活动纳入教学活动体系之中，首次提出了以"感知—记忆—理解—判断"为程序结构的教学模式，这是世界上第一个较成型的教学模式。

19世纪是科学实验逐渐兴旺繁荣的时期。赫尔巴特指出教育学必须以心理学为基础，他系统地研究了观念、统觉、兴趣和注意力等心理学问题，建立了自己的观念心理学。他以统觉理论为基础研究人的心理活动，认为学生在学习的过程中只有当新经验与已经构成心理的统觉团中的概念发生联系时，才能真正掌握知识。所以教师的任务就是如何选择正确的学习材料，并以适当的程序提示学生，使新旧观念同化形成观念体系，进而构成他们的学习背景或称统觉团。从这一理论出发，他提出了"四阶段教学法"。赫尔巴特的理论在相当的程度上反映了当时科学发展的趋势，形成了"赫尔巴特学派"，其思想传播到美国、日本等地，对教育的发展起到巨大的推动作用。后来，他的弟子席勒和莱因又将其改造为"预备—提示—联合—总结—应用"的五阶段教学模式。在此基础上，前苏联教育家凯洛夫归纳提出了"组织教学—复习旧课—讲授新课—巩固新知识—布置作业"时五环节教学模式并传入中国。

19世纪末20世纪初，在欧洲兴起了"新教育运动"，在美国兴起了"进步教育运动"。各国教育研究者纷纷通过创办新的实验学校或运用新的教学方法和指导思想来吸收改进各门学科最新研究成果，在教学活动中提出了许多新的教学模式，主要有以下四种。

1. 斯金纳的程序教学模式

美国心理学家斯金纳根据操作性条件反射的强化学习理论，创立了系统的程序教学模式。这一模式的指导思想是行为主义心理学。在斯金纳看来,学习就是刺激与反应之间的联结,教学的目的就是通过提供特定的刺激,以便引起学生作出合乎需要的行为反应,这种反应就是知识的获得,教给学习者某种具体的技能、观念或其他行为方式,而不是能力的培养。在程序教学模式中,要求教师事先按照逻辑顺序将教学内容编排成若干小的分离的步骤,学习者依据自己的情况按顺序对小步骤所提出的问题作出反应,每学完一个步骤,都会立即得到强化。在此期间,只有学习者作出正确的反应后,才允许进入下一个步骤的学习,最后通过一步步地积累而达到教学目标。

程序教学模式遵循五条原则:小步子原则、积极反应原则、即时强化原则、自定步调原则、低失误率原则。优点是:目的明确,可以使学习内容化繁为简、化难为易,学生通过循序渐进的小步骤能较好地掌握预定的系统知识和技能;同时,通过及时的强化反馈调动学生的学习积极性,有利于因材施教,提高学习效率和能力。缺点是:学生只能获得结果性知识,不可避免地具有机械性,不利于师生之间的信息与情感交流,不利于学生主动性和创造性的培养;另外,并不是所有教学内容都适用于程序教学,把知识划分为一个一个小项目来学习,也影响了学生对知识的整体把握。

2. 布鲁纳的发现教学模式

发现教学模式是由美国教育心理学家布鲁纳以其结构主义认知心理学为指导思想提出的。布鲁纳大胆提出:"任何学科的基础都可以用某种形式教给任何年龄的任何人。"[1]基于此种假设,他认为教学的根本目的在于以解决问题为中心,尽可能使学生成为自主且自动的思想家,着眼于学生创造性思维和探究思维能力的培养。让学生从已知事实或现象中推导出未知,形成概念,从中发现事物发展变化的规律,并培养学生的科学

---

① 王策三:《教学论稿》,人民教育出版社,1985年,第28页。

态度和独创精神,掌握科学研究的方法。通过让学生学习学科知识的基本结构,促进学生的认知结构不断地重组和改造,使学生智力获得发展。发现教学模式的操作程序是:创设问题情境—利用材料—作出假设—验证假设—作出结论。

发现教学模式在一定的教学条件下对培养学生的直觉思维、归纳思维和迁移能力有很大作用,能使学生牢固掌握知识,形成科学探究精神和习惯。但是学生的学习活动毕竟不同于科学家的科学研究活动,学生不可能也没必要依靠自己的头脑去发现和获得知识的一切形式。发现教学模式存在适应面窄、实施困难等问题,从某种意义上讲带有"空想主义和形而上学"的性质。

3. 布卢姆的掌握学习教学模式

掌握学习教学模式是美国教育学家布卢姆和卡罗尔基于"任何教师实际上都能帮助他的所有学生获得优异成绩"这一信念而提出来的。其指导思想是掌握学习理论,主张只要给学生足够的时间和适当的教学,几乎大多数学生(95%以上)都能掌握教师必须教授的学习内容。而教学的任务就在于找到使大部分学生都能掌握所学学科知识的方法和手段。教师要为掌握而教,学生要为掌握而学,使每一个学生都能学好,即达到掌握的程序。掌握学习教学模式的操作程序是:做好教学准备—确定课时教学目标—进行课堂教学—形成性测验—辅导矫正—终结性再测验。这种教学模式要求把教学与评价有机地结合起来,形成新型的反馈教学,及时查漏补缺,不落下每一个学生,使大多数学生都能掌握每一项学习任务。

掌握学习教学模式重视班级教学中每一个学生的发展,可以有效地控制教学,获得及时的信息反馈,大面积地提高教学质量,增强教师的教学信心和学生的自我效能感与学习兴趣。但是这种模式忽视了学生个性的全面培养,只注重知识的掌握,追求学生在目标上的一致性,增加了师生的负荷,不利于优等生的发展,在一定程度上过于理想化,低估了教学活动的复杂性。

4.洛扎诺夫的暗示教学模式

暗示教学模式是保加利亚心理学家洛扎诺夫在20世纪60年代研究总结提出来的。该模式建立在暗示原理的基础上,其目的是通过各种暗示手段,充分调动学生的无意识心理活动,不断促进学生生理和心理潜能的发展,提高学习效率。洛扎诺夫将"暗示"定义为:"创造高度的动机,建立激发个人潜力的心理倾向,从学生是一个完整的个体这个角度出发,在学习的交流过程中,力图把各种无意识暗示因素组织起来。"[1]暗示教学模式强调通过音乐的暗示,使学生处于轻松愉快的状态下,发挥无意识心理活动的作用,从而激发人的超强记忆力、想象力和创造性解决问题的能力。暗示教学模式的操作程序是:说明内容—朗读—边播放音乐边朗读—角色表演—伸展活动。在实施的过程中,坚持愉快而不紧张、有意识和无意识相统一、各种暗示手段相互作用等原则。

暗示教学模式的优点是让学生处于精神放松、充满乐趣的良好状态中,运用暗示、音乐、联想和联系等综合活动方式,开发人的右半脑在学习中的功能,使大脑两半球协调活动,促进人的理性活动和情感活动相互配合,有意识和无意识心理活动相结合,形成学习的最佳心理状态,不会产生枯燥无味的精神负担,使学生保持良好的学习动机和求知欲,最大限度地激发学生的潜能。然而,暗示教学模式对实施的条件要求比较高,如:要有宽敞的、布置雅致的教学环境;较好的音响、多媒体等教学设备;学生的人数不能太多,最多十几个人。对教师的专业水平和教学能力要求也较高,并且要能运用心理学知识、音乐、舞蹈、戏剧等综合艺术形式。因

---

① 霜禽:《暗示教学法的实践和结果》,《外国教育资料》(《全球教育展望》),1981年第4期。

此,实施起来比较困难。

(二)我国近代教学模式

教学模式在 20 世纪 80 年代中后期开始成为我国教育研究的热点话题。时值我国中小学教学改革在教材和教法领域的发端,我国教育研究者在教学改革的实践中通过对国外教学思想和我国传统教育思想与方法的归纳总结,也提出了各种各样的教学模式,如自学—辅导教学模式、引导—发现教学模式、示范—模仿教学模式等。

第四节 教学模式的发展趋势

教学模式经过不断的发展演化,历经时代变革与科技进步,逐渐呈现出一定的发展趋势。

一、由单一化走向多样化

在 20 世纪 50 年代之前,教学模式基本上是以赫尔巴特的授受式教学模式和杜威的活动式教学模式为主导。20 世纪 50 年代至今,随着科技革命和高新技术的发展,各学科不断成熟,新的教学模式不断涌现,形成了"百家争鸣"的局面。教育为提高教学质量和效率,往往需要综合采用多种教学模式,以适应不同的情境和课程,教学模式呈现多样化的特点。

二、由以"教"为主走向以"学"为主

在传统教学中,教师处于中心地位,教学模式侧重于教师如何想尽办法把知识"教"给学生,重视教学内容的选择、教学方法的使用,围绕教师为主体,而忽视了学生的主动性、创造性的培养。随着社会的进步和教育理念的发展,教学中越来越重视以人为本,强调学习者主体性的发挥和主观能动性的调动,重视学生参与程度,让学生掌握学习方法,学会学习,做

到"知、情、意、行"的统一和谐发展。

三、由现代化趋向数字信息化

传统教学模式主要是教师通过语言或简单的教具对教材等学习材料进行讲解,技术手段单一化。随着科学的进步和信息技术的发展,科技成果也越来越多地运用到教学中。进入 21 世纪,尤其当前随着互联网和数字化信息技术的发展,给教学模式的改进和创新提供了便利,"慕课(MOOC)、微课、翻转课堂等"的出现极大地推动了教学模式的不断改革与优化。

【论文导读】

理解教学模式的几个视角

何穆彬

【摘要】教学模式是教育工作者在一定的教学理念指导下,在长期的教学实践中经验的总结与升华,它源于实践,又反过来指导教学实践,是影响课堂教学质量的重要因素。了解教学模式的发展及其建构的基本方法,对于推进新课程改革和提高课堂教学质量具有重要的意义。

文章出处:《天津市教科院学报》,2010 年 6 月第 3 期,第 73～75 页。

第二章

校本研究

伴随着十余年的新课改浪潮,教育对学生主体性和创造性给予高度重视,研究者和实践者将目光转向具体的教学实践,学校自主办学的意识和理念逐步增强,这就使得"校本研究"概念逐渐进入人们的视野。

第一节 校本研究的内涵与特点

一、校本研究的内涵

(一)校本

"校本"是什么?对于它的理解,我国学者存在不同的表述:

> 校本有三方面的含义:一是为了学校,意指要以改进学校实践、解决学校所面临的问题为指向;二是在学校中,意指要树立这样一种观念,即学校自身的问题,要由学校中人来解决,要经由学校校长、教师的共同探讨、分析来解决,所形成的解决问题的诸种方案要在学校中加以有效实施;三是基于学校,意指要从学校的实际出发,所组织的各种培训、所展开的各类研究、所设计的各门课程等,都应充分考虑学校的实际,挖掘学校所存在的种种潜力,让学校资源更充分地利

用起来,让学校的生命活力释放得更彻底。①

校本是指以学校为基础,以学校为焦点,以学校为中心,以学校为场所。其核心是以学校为主体,建设新课程;其最终旨归是通过学校文化的重建,提升学校的办学品位。②

校本是一种源于境外的舶来品,是基于群众性教育科研和学校教育科研的经验背景的积极建构,它应该涵盖三个基本理念,即基于学校、通过学校、为了学校。③

尽管以上表述不尽相同,但是它们的实质却是一致的,都基于学校自身实际,以解决学校教育教学实践中的问题、提升教学质量为目标指向。综上所述,校本应立足于学校的自身实际、资源和潜能,经由学校校长、教师共同探讨解决问题的方案,以期达到改进教学实践、解决实际问题的目的。

(二)研究

"研究"作为一种认识活动,在我们日常生活中得以广泛运用。《现代汉语词典》④认为"研究"具有两层含义:一是"探求事物的真相、性质、规律等";二是"考虑或商讨(意见、问题)"。《辞海》⑤中认为:"研究是钻研、探究,即用科学方法探求事物的本质和规律"。有研究者认为"研究"包含以下三个要素⑥:①目的:"研究"是一种有计划、有意图的活动,它以发现事物的规律性、解决新问题或改进某种实际情景为目的。②过程:为了达到目的,"研究"按步骤、分阶段进行,它有一套严格而系统的操作程

---

① 郑金洲:《校本研究指导》,教育科学出版社,2002年,第4页。
② 丁伟红:《"校本"的内涵与要素》,《教育理论与实践》,2006年第1期。
③ 彭钢:《校本研究:基本规范与价值取向》,《教育研究》,2004年第7期。
④ 《现代汉语词典》(第三版),商务印书馆,1996年。
⑤ 《辞海》(下册),上海辞书出版社,1979年。
⑥ 参见郑金洲、陶保平、孔企平:《学校教育研究方法》,教育科学出版社,2003年,第17页。

序和原则。③方法："研究"的过程，就是运用各种方法认识和解决问题的过程。经过分析不难发现，教育研究者对研究的定义大都包含目的性、过程性和方法性。

综上所述，"研究"是研究主体为达到解决实际问题的目的，通过系统性地收集、分析和整理资料，运用科学的方法，主动寻求问题的根本性原因和可靠性依据的过程。

(三)校本研究

对于"校本研究"的含义，有以下六种典型的说法：

校本研究应该是以学校所存在的突出问题和学校发展的实际需要为选题范围，以学校教师作为研究的主要力量，通过一定的研究程序得出研究成果，并且将研究成果直接用于学校实际状况改变的研究活动。①

所谓校本研究是在全面推进素质教育和深化基础教育课程改革的背景下，以促进教师、学生和学校发展为目的，以学校面临的教育教学问题为研究对象，以学校为研究基地，以学校教师为研究主体，由校长组织领导，教科研人员和教育理论工作者共同参与的融学习、教学、教研于一体的群体性研究活动。②

从校本研究的字义上看，这种研究是一种以校为本的研究，它的主旨是研究并解决学校发展中的办学目标、办学途径、办学策略、教师专业化成长，学生的思想、心理、学习、生活等问题，目的是促进学校的发展。③

---

① 郑金洲：《校本研究指导》，教育科学出版社，2002 年，第 18 页。
② 参见梁威、卢立涛：《基于学生发展的校本研究模式》，《中国教育学刊》，2008 年第 7 期。
③ 曲宏伟：《刍议"校本研究"》，《现代教育科学：中学校长》，2008 年第 2 期。

校本研究是指以教师为研究主体,主要为了解决本校教育教学管理实践中遇到的实际问题而进行的研究,其研究成果直接用于本校的教育教学管理实践。①

校本研究是伴随基础教育课程改革兴起的学校教育研究的一种新范式,它以学校为研究基本单位,以学校教师为研究主体,以观察、访谈、案例、行动为研究方法,以解决学校实践问题,促进学校改革和发展为研究目的。②

校本研究是把关于新课程改革研究的立足点放在学校,以解决学校在新课程改革中所面对的各种具体问题为对象,以学校教育者(主要是教师)为研究主体,以促进学生健康、主动、充分发展和教师专业成长为主要目的的一种研究活动。③

以上研究者对"校本研究"的界定基本涵盖了研究立足点、研究主体、研究目的、研究方法和研究程序等,只是侧重点有所不同,可谓大同小异。综合以上观点,笔者认为:校本研究是指以学校教师为代表的研究主体基于学校的实际情况和突出问题,采取具有针对性的研究方式和手段,来解决学校教育教学中的实际问题,以促进学校、教师和学生全方位发展的活动过程。

二、校本研究的特点

校本研究作为一种教育研究,具有客观性、科学性、系统性、综合性和可验证性等一般特征。除此之外,校本研究还具有六种自身鲜明的特点。

---

① 李春山:《中小学校本研究管理与实践》,重庆大学出版社,2006 年,第 1 页。
② 彭钢:《校本研究:基本规范与价值取向》,《教育研究》,2004 年第 7 期。
③ 明庆华、程斯辉:《简论新课改背景下的校本研究》,《课程·教材·教法》,2003 年第 12 期。

（一）研究主体广泛性

校本研究的主体是学校的一线教师。作为校本研究的组织者，一线教师可以组织其他教育研究者、学生和广大学生家长参与校本研究，建言献策，提出自己的建议。校本研究的主体与一般性的教育研究主体具有差异性。传统观念中，人们认为教育研究是神圣的或神秘的，只有教育研究者、专家、教授才能进行研究，一线教师对此"可远观而不可亵玩焉"。对于校本研究而言，学校的一线教师可以一改传统观念，充分发挥自身的主动性和创造性，以研究的眼光去发现所处学校存在的现实问题，进而采取针对性的研究方式和手段，解决实际问题，促进学校、教师和学生的全面发展。

（二）研究对象具体性

以往的学校教研以讨论教材、讨论教案和研究考试为主，枯燥而单调，并且研究成果也不尽如人意。校本研究一改这种研究方式，根据新课程改革的教育目标，将学校教育教学中存在的实际问题作为研究对象，将关注点放在新课程理念与教育教学实践结合产生的新困惑上。如：新课改倡导学生的主体性，那是不是就要淡化教师的角色和地位；教学过程中，教师关注到学生的情感、态度、价值观，如何保证他们收获知识和技能；新课改倡导信息技术与课堂教学融合，怎样才能保证教学效果最优化等问题。这些研究与一线教师密切相关，可以激发一线教师的研究兴趣和动力。

（三）研究方法灵活性

校本研究过程中需要采用多种具有针对性的教育科学研究方法，如：调查法、访谈法、观察法、归纳—演绎法、分析—综合法、总结法、比较法等。一线教师根据学校教育教学实践中存在的实际问题，灵活地选取和运用多种研究方法。

（四）研究过程反思性

校本研究过程的反思性不仅意味着一线教师简单回顾或思考现实中存在的问题，更意味着教师要建构一种新的认识，它不仅包括思想观念层面的重新认识，也包括行为层面的重新思考。校本研究过程中，一线教师需要用心观察教育教学实践中存在的现实问题，通过日记、日志等形式将这些问题真实记录下来。同时，研究者们要对这些现实问题进行认知，对自己的教学实践行为进行反思，对自己与研究对象的相互关系进行思考。一线教师要以研究者的眼光审视和分析研究过程中存在的实际问题，并且总结出具体的具有针对性的解决方法。

（五）研究价值取向实践性

价值取向是一项复杂的观念活动，是一种价值选择和价值倾向，决定着人们的行为方向和判别事物价值的基本立场。[①] 实践性以解决问题为目标，体现了研究和实践的高度一致，实现"成果即运用"的追求，以强烈指向性和实效性为特征。[②] 校本研究的价值取向主要是解决教育教学实践中存在的现实问题，改善一线教师的教育教学实践，促进学校、学生和教师的全方位发展。校本研究力图通过一线教师的具体实践行为，找到能够解决教育教学实践中存在问题的方法。因此，校本研究价值取向的实践性直接推动了学校教育实践的改善。

（六）研究成果实效性

校本研究成果具有实效性，能够指导学校的教育教学实践。研究者进行教育科学研究的目的是用研究成果指导教育实践和决策，但并非所有的研究成果都具有实效性，能产生实践效益。校本研究作为一种更为

---

① 参见李政云、匡冬平：《论农村小学校本研究的价值取向》，《当代教育科学》，2014 年第 24 期。

② 参见喻子敬、宁显福：《孕生、蜕变与创新：从校本研究到院校研究》，《理工高教研究》，2008 年第 6 期。

具体的教育研究,其立足点就是明确当前学校教育教学中存在的实际问题,通过规范科学的研究过程,在最短时间内产生研究成果,并将其运用到教育教学实践中,以期解决现实问题。因此,研究成果的实效性则成为评价整个校本研究价值的主要标准。

第二节 校本研究的内容与类型

一、校本研究的内容

（一）教育教学实际问题

校本研究的主要研究对象是基层学校在教育教学实践中存在的现实问题,一线教育工作者在开展校本研究时,要始终把在教育教学过程中面对的一些现实问题和棘手问题作为校本研究的基点和重要内容,因为只有明确了这些问题的症结和关键所在,寻觅到问题发展的生长点,才能采取具有针对性、突破性的方式方法解决这些实际问题,进而实现学校、教师和学生的全方位发展。

（二）校本课程开发

新课改以来,我国正式确立了国家、地方和学校三级课程管理的基本制度,课程研究者们对校本课程开发也进行了系统深入的研究和探讨。这使得一线教育工作者在开展校本研究时,把研究内容关注点放到了校本课程开发上。校本课程开发具有针对性、实用性、自主性和多样性。校本课程开发过程中,各基层学校一线教育工作者可以根据自身实际情况、学校教学资源优势和教学特色,通过对课程设置、课程内容和目标、课程实施与评价等方面的研究,自主开发能够满足切实需求的校本课程。

（三）校本教材开发

相对校本课程开发而言,校本教材开发更为具体。它将理论知识与学校特色相结合,是教师和学生获取创新性知识的重要工具。因此,校本教材开发是校本研究的又一项重要内容。

在对校本教材进行开发之前,应该深入研究校本教材的评价、分析与运用和编写情况。[①] 如:我们可以分析校本教材具有哪些鲜明的特色,具有哪些不足和缺陷;可以分析校本教材的框架结构、重难点、情感态度与价值观、基本策略等;可以了解校本教材的内容选取、组织和安排等。通过对校本教材的深入研究,有助于我们了解校本教材开发时应该从哪些方面着手、应该注意哪些事项。这样一种开发方式,有助于校本教材更具科学性、严谨性和针对性。

(四)校本教学模式创新

教学模式虽具有多样性,一线教师需要根据不同的教育情境选取合适的教学模式,从而发挥其功能和效用。校本研究的一项重要内容就是要求一线教育工作者针对基层学校的实际情况和典型特色创造出别具一格的教学模式。如:教师可以在教学实践中,通过不断摸索、总结、提炼和升华,形成一种新的校本教学模式;可以首先进行理论假设,提出设计方案,然后在教学实践过程中验证、修改和完善,形成一种新的校本教学模式;也可以在原有教学模式基础上,融入基层学校的自身特色,加以吸收和消化,形成一种新的校本教学模式。校本教学模式的创新,需要一线教育工作者将学校教育资源、办学特色、发展情况和学生特点、教师特点纳入考虑范围。只有这样,才能创新出具有校本特色的教学模式。

二、校本研究的类型

校本研究从研究方式、研究视角和研究内容来说,大致可以分为以下三种类型:

---

① 参见赫兴无:《地理校本研究的内容与方法》,《教学与管理》,2011 年第 3 期。

（一）从研究方式来划分

1. 应用型校本研究

应用研究与基础研究相对应而存在。基础研究通过揭示、描述、解释某些教育现象以及它们的活动机制与内在规律的过程,旨在增加科学知识的组织体系。应用研究则是对基础研究成果的深入分析与验证,它更关注研究成果的实效性,其目的在于解决学校面对的实际问题,增加科学知识的目的是第二位的。①

应用型校本研究是指一线教育工作者为了解决学校教育教学中的实际问题,以期在短期内取得有效的研究成果,并加以推广的研究活动。在基层学校进行的校本研究大多属于应用型校本研究,这种研究更加注重研究成果的质量和效果。

首先,教育研究的目的是用研究成果指导教育实践,这种实践性的要求使得应用型校本研究得以推广和运用。学校是教育实践的平台和基地,在教育过程中,教师必然面对各种各样需要解决的实际问题,特别是当今社会对高质量教育的迫切需求,使得学校改革成为人们的关注点。无论是家长、教育研究者还是一线教师,对开展应用型校本研究的诉求越来越高。

其次,应用型校本研究的可操作性强。一方面表现在一线教师可以将研究成果广泛运用和推广;另一方面表现在一线教师更青睐应用型校本研究,因为一线教师可以把自身的教学实践同这种研究联结起来,并且用研究成果更好地指导教学实践活动。

2. 现场型校本研究

现场型校本研究是指一线教育工作者在教育教学实践活动发生的现

---

① 参见瞿葆奎、叶澜、施良方:《教育学文集·教育研究方法》,人民教育出版社,1988 年,第 20 页。

场进行的专项校本研究类型。这种研究类型关注特定具体的教育教学现场,带有真实性、针对性和时效性的色彩。

一线教育工作者通过亲临教育活动现场,如实记录教育教学实践中的实践与活动,经过分析与整理,获取第一手资料。现场型校本研究最适合了解和解决实践问题方面的课题研究。[①] 在学校开展现场型校本研究具有可行性,符合一线教育工作者的现实需求。作为一线教育工作者,身上肩负繁重的教学任务,这使得他们很难有充足的时间和精力去进行"书斋式"的文本研究,而教师本身就生活在教育教学活动现场,当他们开始用心关注、记录和思考自身的教育实践活动时,这就意味着现场型校本研究已经得以开展。

3. 网络型校本研究

网络型校本研究是指一线教育工作者秉持全新的教育理念,依托网络信息技术,结合学校教育教学实践过程中的问题开展的具有针对性、多样性的研究活动。

当今时代,信息技术正在与课堂教学不断融合。一线教师可以借助网络开展具有时代性、高效性、便捷性的校本研究。如:一线教师可以依托网络平台开展基于自修的研究、基于教师博客的研究、基于学科具体专题的研究、基于学校教学资源开发的研究、基于网络教学的研究等。通过这些网络型校本研究,一线教师可以在更短的时间内开展具有针对性、鲜活性的研究活动,对学校教育教学实践中存在的问题进行思考和总结,进而得出研究成果,并将其运用到教育教学实践中。

(二)从研究视角来划分

1. 中观层面校本研究

中观层面校本研究是指一线教育工作者为了解决学校的前景规划、

---

① 参见郑金洲:《校本研究指导》,教育科学出版社,2002年,第25页。

思路走向、方针政策等问题而开展的校本研究类型。

开展这种校本研究,需要一线教育工作者具有高瞻远瞩和整体发展观,需要他们以学校的立场为根本出发点,进而选取具有全局性的研究论题。① 例如:学校教育质量问题、学校教学管理问题、学校教育信息化问题、学校教育资源建设问题、学校校园文化建设问题、教师师德素养问题、学生素质教育问题等都是需要迫切关注的校本研究问题。通过开展中观层面的校本研究可以提升学校的办学品位,突出学校的办学特色,提高学校的理论建树,促进学校的全面整体发展。

2. 微观层面校本研究

微观层面校本研究是指一线教育工作者针对学校教育、教学和管理中现实存在的各种具体问题而开展的校本研究类型。②

开展这种校本研究,需要立足于学校存在的最实际、最贴切的微观问题,需要研究者进行具有针对性、典型性和深入性的分析,只有这样,一线教师才能把握问题的特征,找到问题的症结所在,寻觅到问题发展的生长点,进而取得具有创新性的研究成果。每所基层学校都具有各种各样类型的微观层面校本研究课题,例如:班主任工作技能研究、教师人格魅力研究、学生心理素质研究、学生学习方式研究、班干部培养与任用研究、问题学生研究、优秀教师队伍建设研究、具体学科教学领域的改革研究等。通过开展微观层面的校本研究,可以最直接、最贴切地解决教育、教学和管理中存在的棘手问题,改善教学质量。

(三)从研究内容来划分

1. 校本课程研究

校本课程研究是指教育研究者为了将学校课程、地方课程与国家课程更好地融合实施,实现基层学校教育目标,凸显学校办学特色而开展的

①② 参见周永沛:《关于校本研究类型的探讨》,《江苏教育研究》,2009 年第 1 期。

一种校本研究类型。这种研究具有针对性、乡土性、自主性和多样性。校本课程是实现课程决策民主化的必由之路。① 有研究者认为,校本课程的开发是以学校为中心,以社会为背景,透过中央、地方与学校三者权力责任的再分配,赋予学校教育人员权责,由学校教育人员结合校内外资源与人力,主动进行学校课程的计划、实施和评价。② 通过开展校本课程研究,能够更充分地利用基层学校的教育资源,实现课程的乡土化,提升教师的专业水平,促进学生个性充分自由发展。

2. 校本培训研究

校本培训研究是指为了促进一线教师专业认知、专业能力和专业水平的不断提升,强化学校内涵发展而开展的一种校本研究类型。这种校本研究通过培训的手段,促进研究对象的快速成长。

随着时代的发展,教育越来越受到大众的广泛关注,教师地位也越来越高。基层学校为了提升教师的专业水平,开展了多种类型的培训活动,通过这些实践和探索,人们对校本培训的研究也越发深入。校本培训的内容主要包括:专业知识培训、专业能力培训、专业品质培训、专业意识培训和专业情感培训。③ 在校本培训研究过程中,可以得知校本培训呈现以下特点:目标指向性、活动自主性、内容针对性和形式多样性。通过校本培训研究,可以丰富学校的校本培训活动,促进一线教师的全方位发展,提高教学质量,提升教学品位。

3. 校本教学研究

校本教学研究是一种具体的、切切实实的教学实践活动,它需要一线教育工作者以严谨、务实、科学的工作态度扎根于教学实践这片沃土。校

---

① 孙伟霞:《多元文化背景中校本课程开发研究》,西南师范大学 2004 年硕士学位论文。
② 黄政杰:《课程改革》,台北汉文出版社,1999 年,第 164 页。
③ 周永沛:《关于校本研究类型的探讨》,《江苏教育研究》,2009 年第 1 期。

本教学研究的本质是对当下教学工作能够进行批判性的辩证思考和在教学实践中不断改进提高的过程。① 一方面,一线教育工作者在开展校本教学研究的过程中,可以通过深度观察和反思课堂教学中存在的实际问题,形成研究成果,提高教学质量。另一方面,一线教育工作者可以通过自身积累和不断交流合作,吸取众多优秀的教学经验,形成具有针对性的教学策略,进而提升学科教学的理论层次。一线教师还可以通过遵循教育科学研究的常规要求和基本规范,总结出学校教学改革中具有科学性和有效性的规律,探索出能够改进学校教育教学实践的具体方式方法。

第三节 校本研究的机制与途径

一、校本研究的机制

校本研究的顺利开展需要内外部运行机制的通力合作,内部机制是校本研究的根本,包括学校、教师、学生、教育教学活动中的实际问题等;外部机制是校本研究的保障,包括制度、经费、设备等。

(一)校本研究的内部机制

校本研究具有"校本性",以"基于学校、在学校中、为了学校"为研究理念,学校、教师、学生及教育教学活动中的实际问题是校本研究的四个基本要素。

首先,良好的校园研究氛围是进行校本研究的前提条件。学校是校本研究的主要阵地,教师和专家均是以学校为主要的活动场所,在学校内进行相关的理论研究,此外校本研究的选题取向也应围绕学校,所有的校本研究选题都要基于具体学校来展开,如幼儿园、小学、中学、职业学校、

---

① 参见罗槐:《中小学校本教研工作开展情况调查》,《教学与管理:中学版》,2014 年第6 期。

特殊学校等。① 学校要积极创建良好的研究环境,校长作为第一责任人,应当领导教研室等部门建立校本研究体系,以身作则,鼓励、激发教师的研究热情,高扬校本研究兴校的旗帜,确立教师"教学、科研"双重任务的理念,确立尊重教师、崇尚研究的理念,打造一个浓厚的学习和研究的舆论氛围,强化以"教师即研究者"为核心理念的校本培训,建立一套完善的校本研究的激励机制,引导教师全员参与研究。② 校本研究将研究的重心从科研所下移到具体的问题承载器中,这使得研究问题更加具体、形象、实际,一定程度上填补了之前理论与实践之间的巨大沟壑。

其次,教师是校本研究的主体,是参与研究活动的主角。一般研究主要是通过其研究成果来影响实践领域,具有价值实现的历时态性;而校本研究影响教育实践领域的主要方式是通过在研究(行动)过程中对同样作为研究者的教师施加影响来实现的,具有价值实现的共时态性。③ 与以往不同,教师不再担任教研活动的配角,只负责配合教育专家进行研究活动,而是主动发现问题,结合专家指导,自主进行探索,这在很大程度上提升了教师的自我探索能力与教育教学水平。教师的自我反思是进行校本研究的一个重要环节,要求教师对自我的教育教学活动进行全面、具体的回顾与思考,发现教学过程中出现的问题,并予以改正。另外,校本研究的参与人员不仅只有教师,还包括学校内部的大部分成员和部分校外人员,这也体现了校本研究主体的广泛性。

再次,学生是校本研究不可或缺的重要组成部分。一切教育教学活动都以学生的发展为主要指向,"一切为了学生、为了学生一切"是教育工作的基本内涵。在校本研究中,学生是反映教育教学活动中实际问题

---

① 参见朱旭东:《校本研究选题的界说与特性》,《中国教育学刊》,2012 年第 11 期。

② 参见王永明:《校本研究一二三》,《教育理论与实践》,2003 年第 22 期。

③ 参见沈又红、黎钰琳:《教师专业成长:校本研究目标整合的内在结点》,《湖南科技大学学报》(社会科学版),2005 年第 3 期。

的主要群体,教师应当关心学生的学习与生活,积极地与学生互动,并鼓励学生之间、学生与家庭和社会的互动,从互动过程和学生的反馈中发现并研究问题,最终解决问题,促进学生的健康发展。

校本研究的研究对象是学校内部教育教学活动中的实际问题。在学校建设与发展中,总是面临着形形色色的问题,这些问题有些对学校发展直接起制约作用,有些仅仅是局部范围的、尚未演化成突出矛盾的问题。选择作为校本研究的问题,一般地说是直接与学校改革与发展相关的那些问题。从文献资料中寻找出来的、与自身学校实际关系不大的问题,不能称之为校本研究课题,而且专业研究工作者为了验证自己假设的这类研究问题,也不能称之为校本研究课题。[①] 校本研究将研究的重点放在学校内的实际问题上而非理论层面,更加有利于研究成果的实用性和推广性。

校本研究将教学研究的重心下移到学校,以课程实施过程中教师所面对的各种具体问题为对象,以教师为研究的主体,理论和专业人员共同参与。这样的运行机制使得理论和实践更加紧密地结合,强调在实践中提升理论,在理论指导下进行实践研究。

(二)校本研究的外部机制

制度、设备、经费等是校本研究进行的必要外部保障,这些外部力量是校本研究顺利开展的前提条件,能够保障校本研究的持续、连贯进行,不因外部因素中断研究。此外,外部驱动在很大程度上可以激发教师的内在动机,鼓励教师和研究人员积极开展调研活动。

首先,经费是一项研究活动得以开展的必要物质保障,校本研究工作需要一定的研究经费。如果学校参与了国家级、省市级的科研课题,一般情况下也就有了国家、省市科研管理部门下发的科研经费,对于这笔科研

---

① 参见郑金洲:《新课程背景下的校本研究》,《江苏教育》,2005 年第 2A 期。

经费应该专款专用。如果是本校的校级研究,则可以根据科研课题的实际需要,根据本校的财力状况给予每个课题一定的研究经费。研究经费不是科研成果的奖金,而是进行研究的必要开支,一般用来购置必要的资料和设备、进行调研等。[①] 学校应当加大对校本研究的资金投入,设立奖励项目,对取得较好科研成果的教师积极奖励,但学校也应当制定必要的制度与规定,规范科研经费的使用。

其次,设备也是校本研究的必要外部条件之一。校本研究不像自然科学研究需要较多的实验设备,相对于专门的教育科研部门来说,要求也不高,但学校需提供必要的计算机、资料储存设备、办公设备等。良好的研究环境也是必不可少的,学校需提供相对安静、和谐的研究场所。

再次,制度对校本研究能起到保障作用。现行的学校组织结构是为了方便自上而下的垂直指挥,强调服从执行,信息是单向传递,不利于校本研究。为此,我们应以科研兴校的文化为指导,重建组织制度,保障校本研究,建立行政型组织与科研型组织统一的学校制度。

二、校本研究的途径

校本研究以提高学校教育教学水平,解决学校实际问题,促进学校发展为基本目的。总体而言,实施校本研究大体包括三个途径。

(一)在专家指导下的教师个体的自我探索

虽然校本研究是以学校内的教师为主要力量,但要推进研究的深入发展,校外专业研究人员的引领和指导必不可少,将专家的指导与教师的自我探索结合起来是实施校本研究的基本途径。这里的专家是指具有教育专业知识与素养的人员,如大学教师、教科研院所的研究人员等。教育专家的指导主要是在教育理论层面的引领,帮助教师在实践基础上发现

---

① 参见李春山:《中小学校本研究:管理与实践》,重庆大学出版社,2006年,第17页。

问题、总结经验、生成理论。在形式方面,主要有教育科研知识和方法辅导讲座、学术专题报告、科研课题现场指导以及教科研问题咨询等。校本研究是一种理论指导下的实践性研究,如果离开了专家的参与和指导,校本研究就可能是一种短视行为,会自囿于同水平复制,陷入形式化、平庸化,研究无实质意义,专家的理论指导是校本研究得以展开和发展的先导与坚强后盾,是校本研究可持续发展的关键。①

专家的指导只能作为校本研究中的辅助工具,教师自身的思考与探索才是关键因素,教师自身的反思与学习是校本研究的前提与基础。教师作为个体,其着眼点主要在于日常教育教学活动中产生的各种矛盾,如知识结构与课程安排的矛盾、教学设计与教学实施的矛盾、教学目标与教学结果的矛盾以及教师与学生、校长之间的矛盾等。教师只有在实践中自发、自觉地反思问题,在经验中总结教训,校本研究才能顺利开展。教师的反思不只是停留在简单的事件回顾,而是需要对事件与课程活动在思想基础和方法论层面均进行重新认识与再建构。教师的个人反思从研究对象来分,主要有六种类型:课堂教学反思、专业水平反思、教育观念反思、学生发展反思、人际关系反思、自我意识反思。② 教师要结合教育专家的指导与帮助,在实践中反思、在反思中学习、在学习中实践,循环往复,不断提升自我的思想水平与专业素养,这是实施与推进校本研究的一个基本途径。

(二)在校长领导下的教师合作学习

教育部《关于改进和加强教学研究工作的指导意见》指出:"校长是学校建立以校为本教研制度的第一责任人。"校长作为学校的高层领导人员,必须发挥第一责任人的作用,不仅要在思想上重视校本研究,也要在

---

① 参见王永明:《校本研究一二三》,《教育理论与实践》,2003 年第 22 期。
② 参见杨骞:《校本研究:认识及策略》,《中国教育学刊》,2005 年第 7 期。

行动上作出表率,全面统筹、整合各方面的资源,积极引领全校师生建立健全校本研究制度。首先,以校长为首的学校领导班子要积极参与校本研究,以身作则,每月定期开展有关校本研究的教育教学研究会议,回顾研究成果并制订具体的指导措施,帮助教师更好地理解校本研究的内涵,反思实施过程中出现的问题。其次,校长应组织建立一支校本研究的骨干力量队伍,发挥示范和指导作用,鼓励更多的教师投入到教学研究的实践中去。最后,学校还应当建立资助制度,鼓励教师积极合作、申请课题,对优秀教师进行奖励与表扬。

校长的高度认可是校本研究的重要保障,教师的团队协作则是校本研究的必要因素。教师们的专业水平、思想观念、教学方法各具特色不尽相同,因此教师之间的交流、合作,甚至是思想冲突都会在一定程度上推动校本研究的进展。合作性的校本研究,最主要的表现形式就是教师的集体学习,校长等领导人员应当定期开展教师交流会议,提倡轮流听课,鼓励教师之间的交流对话。作为教师,一方面应当自发自愿参与同行间的互动,分享最新信息,交流经验心得,互惠互助,减少走弯路的机会;另一方面应当积极主动参与专业会谈和专题讨论,畅所欲言,毫不保留地发表自己对某个专题的意见,促进思想碰撞,使思维在碰撞中产生智慧的火花,得出具有价值的新思想、新见解,从而实现双赢。

(三)在政府支持下的校际对话交流

政府在制度、时间、资金方面的支持是校本研究进行的重要外部保障,只有在政府的支持下,校本研究才能得以顺利地开展与推行。政府一方面通过物质资助等方式鼓励学校开展校本研究,给经济相对薄弱的学校提供必要设备,对申请研究课题的教师给予奖励;另一方面确立保障制度与监督体系,避免与减少校本研究过程中可能出现的"偷工减料"、资金滥用等现象。

此外,在政府的支持与保障下,学校与学校间通过交流对话共同发展校本研究,实现双赢或多赢局面。在很多人看来,校本研究不能进行跨校合作,这种观点源于对校本研究内涵的错误理解。校本研究强调"基于学校、在学校中、为了学校",以学校为中心,基于学校的实际情况,但这并非指教师只能在本校内进行课题研究。校本研究具有"校本性",但不拒绝校外支持与校际合作,而是以学校为载体,针对相同的教学问题,不同学校的教师也可以相互合作、共享资源、一起研究课题。每所学校都有自己的办学特色及薄弱之处,通过校际合作,优质学校可以向薄弱学校提供人力资源、课程资源、研究经验等,帮助薄弱学校构建自己的校本研究制度。校际间的交流对话有利于校本研究的深入开展,针对基础教育中的共同问题,校际合作可以节省人力、物力和时间资源,提高校本研究的效度与信度。

第四节　校本教学

一、校本研究与校本教学

　　校本研究是在基础教育课程改革的背景下产生的一种"以校为本""基于学校"的研究范式,以"基于学校、在学校中、为了学校"为研究理念,具有主体广泛性、对象具体性、方法灵活性、过程反思性、价值取向实践性和成果实效性的特征。可以说,校本研究是时代的产物,是历史发展的必然结果。校本研究推动了基础教育课程改革的进程,使教育科研走出研究所,走进教育一线;使教师从教育研究活动的"配角"转变为"主角",自发探索教育规律;使理论与实践更紧密地契合在一起,拉动教育理念真正转变为教育实践。校本研究的推进,最显著的效果就是大大提升了教师的专业水平与专业素养,使教师自发、自愿地反思自己在教育教学活动中遇到的疑惑与问题,自主地将教育理论引入教学实践中,而不再只是被动地接受专家的先进理论。同样,校本研究也进一步促进了学校的发展。许多基层学校的领导人员和教师越来越重视科研的作用,将其看作是促进学校发展的重要动力。校本研究使得以校长为代表的学校领导人员同广大教师紧密结合在一起,共同总结经验,树立科研理念,形成鲜明的学校特色。

校本应立足于学校的自身实际、资源和环境,经由学校校长、教师共同探讨解决问题的方案,以期达到改进教学实践、解决实际问题的目的。"教学"一般意义上指教师教、学生学的统一活动,在这个活动中,学生掌握一定的知识和技能,同时身心获得一定的发展,形成一定的思想品德。[①]"校本教学"的范围比"教学"狭窄,局限在"校本"范围,即立足本校实际、资源和潜能,以促进学生全面发展、提高教师专业素养为目的,结合本校特色,以教师为主导、学生为主体,以传授和掌握知识为基础的教与学相统一的教育活动。

二、校本教学的特点

校本教学作为一种特殊的教育教学活动,除了具有一般教学的基本特征之外,还具有自身的一些特点。

(1)立足于课堂教学。校本教学是在学校内部进行的,而课堂是师生互动的主要场所,也是问题集中出现的地方。教师可以在课堂中根据学生的具体表现,发现教育教学中存在的问题,进行自我反思,从而总结经验,进行自我改正,并针对问题采取相应的解决方法。

(2)重视全体学生的发展。校本教学面向全体学生,"一切为了学生、为了学生一切",这不仅是教育工作的全部内涵,更是教研工作的直接指向。校本教学研究的真正意义就是要研究每位学生在师生互动、生生

---

① 参见王策三:《教学论稿》,人民教育出版社,2005年,第87页。

互动、学生与社会和家庭互动过程中所产生的实际问题,最终达到解决问题,促进学生全面、健康发展的目的。①

（3）关注教师专业水平的提升。校本教学同样以教师为主导,但是教师的作用更为重要。教师要在实际教学过程中,根据学生的具体反映发现问题、总结经验、进行反思,并要根据这些问题进行科学研讨,结合专家的理论指导,探索出解决问题的方法并最终应用到实践中去。

（4）校本教学不存在排外性。校本教学的主要场所是学校,主要参与人员是学生与教师及校内人员,但这并不意味着学校以外的人员不能参与校本教学,相反,校本教学需要相关教育专家的指引,急需相关的理论作为指导,将理论与实践结合起来,促进校本教学的顺利进行。

三、校本教学的设计与评价

（一）校本教学的设计基本上同一般的教学设计一致

1. 明确教学任务与教学目标

教师在进行校本设计之前,首先应当明确教学任务是什么,根据教学任务设计教学目标,不仅包括一个阶段的教学目标、一堂课的教学目标,还应当涉及一堂课内每个小阶段的目标。校本教学的目标包括学生与教师两个方面的发展与进步,及可能出现的问题等。

2. 选择教学策略

教学策略是教学设计的有机组成部分,是在特定的教学情境中为完成教学目标和适应学生认知需要而制定的教学程序以及实施措施。关于教学策略的设计,教师应当根据教学内容以及教学情境做出相应的调整,这就要求教师在掌握和运用教学策略时思维要有灵活性,设计出多种风格的教学策略。影响教学策略与教学方法有效性的一个重要因素是教师

---

① 参见刘金华:《论校本教学研究》,《长春教育学院学报》,2004 年第 4 期。

的教学思想、教学风格、知识经验、心理素质以及教师运用策略时的适宜性和自动化程度。①

3. 教学评价设计

教学评价是根据教学目标,运用特定的方法和手段对教学过程及其结果进行价值判断的活动。② 在对校本教学进行评价设计时,应当包含学生与教师的双重评价,尤其注重对课堂中出现的实践问题作出记录,教师应当根据评价结果进行自我反思,教师的自我反思是校本教学中一个重要的步骤。

(二)校本教学的评价与一般意义上的教学评价存在差异

以往的教学评价习惯于用同样的标准衡量不同水平、不同层次的学校,这在一定程度上有利于教学公平的进步,但也存在弊端与不足。早在20 世纪70 年代,西方一些发达国家针对这些弊端提出了"校本评价"。综合来看,国外"校本评价"的内涵主要包括:第一,把校本评价等同于学校自我评价;第二,把校本评价与行动研究联系起来;第三,将校本评价理解为是内部评价与外部评价的结合。③ 校本教学评价同样是建立在"校本"基础之上,围绕本校的具体教学水平与实际情况,以促进教师和学生发展为核心目标,以提升学校整体教育质量为基本理念,以配合教育教学改革为主要动力,结合校内外教育教学人员的集体智慧,以本校纵向水平发展为依据的一种立足于实践的民主评价方式。校本教学评价强调评价主体的多样性与协商性,仅靠几个专职教育人员或教师参与教学评价是不科学的,校本教学评价的团队应当包括教师、学生、家长、校长、教育专家、教育行政人员等,他们是校本教学评价的制定者与具体实施者,这些

---

① 参见杨小微、张天宝:《教学论》,人民教育出版社,2007 年,第343 页。

② 同上,第347 页。

③ 参见田莉:《校本评价的理论内涵、实践样态与分析框架》,《全球教育展望》,2009 年第11 期。

人员的参与有利于教学评价的公正性、全面性、科学性。

【论文导读】

简论新课改背景下的校本研究

明庆华　程斯辉

【摘要】如何有效地把"新课改"的目标、理念、要求转化为学校和教育者的自觉自为的行为,是"新课改"面临的重要难题。校本研究在促进学校教育者教育教学行为转化的过程中有重要价值,结合"新课改"开展校本研究,要把握校本研究的特点,遵循校本研究过程中的一般要求,改进对校本研究的评价。

文章出处:《课程·教材·教法》,2003 年第 12 期,第 14~17 页。

理论篇

第三章

校本教学模式概述

随着基础教育课程改革的不断深入,迫切要求根据不同学校的实际情况,结合自身特色,富有创造性地构建校本教学模式。建立校本教学模式,对于全面落实课程改革目标、切实提高学校教学质量、促进教师专业发展具有重要的理论和实践意义。

第一节 校本教学模式的内涵与理念

一、校本教学模式的内涵

(一)"校本"的解析

在英文中,常常将 school-based 译为"校本、以校为本"之意,《牛津现代高级英汉双解词典》对"base"一词解释如下:①作名词时有六种解释:底、根基、基础;(几何)底边、底面;化学盐基、碱(可与酸化合成盐)、混合物之主要成分;(军队、探险队之)基地、根据地;(数学)对数之底,通常为 10;(棒球)垒。②作动词时解释为,建于……之上、以……为根据。③作形容词时有两种解释:(指人的行为、思想等)卑鄙的;非贵重金属。①

在中文中,《汉语大辞典》对"本"的解释全面透彻,作出了如下十二种解释:草木的根;事物的根源,与"末"相对;草的茎、树的干;中心的、主

---

① 参见霍恩比:《牛津现代高级英汉双解词典》,牛津大学出版社、商务印书馆,1995 年,第88 页。

要的;原来;自己这方面的;同祖宗但是没有血缘关系的人;自己;在某个方面有一定的能力;探求,考察;抄本;国家。①

综合中英文的释义,我们认为校本教学模式中的"本"应取动词之意,即:建于……之上、以……为依据。对于校本教学模式的探讨就是"基于学校、在学校中、为了学校"。校本教学模式要突出"校本"二字,建立这一模式要通过师生日常教育教学实践得以实现,这也是极具创生性的互动生成过程,必须明确"校"为"本",形成"学校自我"。②

(二)校本教学模式的内涵

校本教学模式作为中介桥梁沟通着校本教学思想和实际操作程序,其中包括一些基本要素,如校本教学指导思想、功能目标、结构、运行程序、实现条件、教学效果评价等方面。

1. 校本教学模式以现代教学思想和教学理论为依据

校本教学模式要以现代教学思想和教学理论为依据,以基础教育改革理念为指导。现代教学思想和教学理论是行动的先导,教学模式的创新首先要着力于教学思想的更新转变,没有现代化的教学思想和理论就不可能实现教学模式的现代化。现代化的教学思想应包括以下九个基本观念③:①树立所有的学生都能教好的意识。②在教学目标指向上确立综合发展的观念。③注重发挥学生的主体作用。④追求轻松、愉悦的课堂气氛。⑤树立教学内容具有先进性的思想。⑥形成合理组合、综合运用先进教学方法的思想。⑦重视发挥现代化教学技术的作用。⑧在教学组织形式方面具有多样化的意识。⑨形成全面、多样化、发展性的评价方式。现代教学理论是在现代与传统的整合中不断推进发展的,具有理论

① 参见汉语大辞典编纂处:《汉语大辞典》,汉语大辞典出版社,1989 年,第 703 页。
② 参见黄春梅、司晓宏:《从校本课程到课程校本化——我国学校课程开发自主权探寻》,《中国教育学刊》,2013 年第 3 期。
③ 李斌:《教学现代化首先是教学思想的现代化》,《教育理论与实践》,1997 年第 2 期。

基础的广泛性、研究方法的多样性、理论系统的开放性、理论内容的丰富性等基本特征。[①] 校本教学模式要以现代教学理论为依据,在教学方法、教学手段、教学组织形式、教学评价等方面结合本学校的实际和特色,创造性地变革。

校本教学模式必须以基础教育改革理念为指导,基础教育改革以"育人为本"为教育使命,以"以人为本"为教育立场。从宏观角度上看,基础教育改革旨在改变长期以来"学科本位""升学为主"的教育模式,促进整体上从"应试教育"向"素质教育"转轨。具体来说,原有的课程结构以分科课程为主,科目林立,使得原本整体性的知识支离破碎;课程过于注重知识结构,忽视学生经验和体验,影响学生个性和人格的全面发展;忽视学生的主体地位,将学生看作是知识的容器而进行灌输式教学,阻碍了学生主动性的发挥和对知识的自我建构。新一轮基础教育改革对课程与教学的诸多概念进行了重新分析与建构,在提高课程的适应性和促进课程管理的民主化、重建课程结构、倡导和谐发展的教育、提升学生的主体性和注重学生经验等方面有了本质性突破。[②] 校本教学模式必须遵循基础教育改革的理念,关注学生,一切为了学生的发展,并以此为基础,力图构建以德育为根本、以知识更新和重组为基础、以发展学生创新和实践能力为重点、以优化教学和改善学习为依托、以建立符合素质教育要求的评价机制为根本保证的开放的、充满活力的校本教学模式。

2. 校本教学模式基于学校、为了学生

校本教学模式内涵与教学模式内涵最大的不同之处在于,校本教学模式需要依据不同学校的办学条件、师生特点等因素进行教学活动。教学活动主要是在学校中发生的,学校是教学模式的实践基地,教学的中心

---

① 参见李森、王牧华:《现代教学理论的基本特征》,《现代教育丛论》,2001 年第 1 期。
② 参见宋仕川:《实施校本化课堂教学改革的实践探索》,《亚太教育》,2014 年第 3 期。

和灵魂在学校。之前我们更多地关注于教学或教学模式本身,而忽视了学校的重要作用,以至于难以达到预期的目标。因此校本教学模式必须要遵循"基于学校、为了学校"的准则,任何一所学校都是独特的、具体的、不可替代的,不存在一种永恒的、绝对的校本教学模式可以套用,它所具有的复杂性是其他学校经验不能涉及的,只有结合学校自身的条件和特点,植根于学校内在的文化,贯穿于学校发展的过程,才能有效构建校本教学模式。

构建校本教学模式的目的在于形成学校可持续发展的内在动力机制,创设人性化和个性的学校氛围,促进学校办学和学校组织的发展,促进学校组织成员的发展,形成学校办学特色,打造学校办学品牌,归根结底还是促进每一位学生的全面健康发展。

3. 校本教学模式以系统化的制度为根本保障

系统化的制度是工作目标得以顺利实现、工作思路得以认真落实的重要保障,也是工作持续推进、不断深化的重要标志之一。这里所说的制度既包括教育行政部门管理校本教学的制度,也包括教育研究部门指导校本教学的制度,以及学校组织开展校本教学的制度。因此,建立以校为本的教学模式制度是一种上下联动、系统运作的制度创新。①

综上,校本教学模式的内涵可以理解为:基于现代教学思想和理论,以新课程改革理念为指导,依据不同学校的办学条件、师生特点等因素,以系统化的制度为根本保障而建立起的教学活动的结构体系。

二、校本教学模式的理念

校本教学模式是一种以校为本的教学模式,以学校客观条件为基础,以促进学生全面发展为目标,以形成学校自身特色为重点,以帮助每一位

---

① 参见敖国儒:《以校为本教学研究制度论析》,《教育探索》,2003 年第 9 期。

学生获得成功为关键,以不断创新改革教学方法和手段而建立起的教学模式。校本教学模式需遵循以下三个基本理念:

(一)以学校为本

校本教学模式要植根于具体学校的教学条件和教学情境中,所要解决的问题应当是从实际教学实践中归纳总结获取的,而不是预设和推理得出的。要结合学校实际,在教学活动中发现问题、分析问题、解决问题,以本校教学实践中的问题为研究中心,以解决这种实际问题为目标。

(二)以课堂为主

校本教学模式实质上还是一种教学模式,课堂教学是其主要的实现形式。无论是学校的发展还是教师专业能力的提升,都以课堂教学质量的提高为主要标志。无论是"为了学校"还是"以学校为本",都要以课堂教学为核心,只有这样才能有效避免校本教学模式流于形式,使其走向合理化和制度化。

(三)以促进师生共同发展为目的

校本教学模式的直接目的是改善学校教育实践,提高教学质量,促进教师和学生共同发展,其核心是教师的专业发展和学生的身心健全发展。在校本教学模式的开发和实践过程中,教师不断总结反思,创新教学方法,调整教学策略,以研究的态度对待教学工作,在这一过程中不断提升解决实际教学问题的能力,学生全面发展是整个教育活动的终极价值追求。校本教学模式的问题源于实际教学实践中,验证实施效果的指标是学生的学习行为,从学生出发又回到学生,积极发展学生的主体意识,提高学生获取知识、解决问题的能力和创新能力,始终把学生发展放在第一位。因此,促进学生发展是校本教学模式的本质要求和内在规定。

第二节　校本教学模式的类型与功能

一、校本教学模式的类型

对校本教学模式进行分类是从分类学的视角对其进行的一种反思性研究,意味着校本教学模式在理论上的提升,随着研究的不断深入,反映出校本教学模式逐步由零散走向整体,趋于成熟。通过对校本教学模式的分类研究,剖析其特点,以期将其运用于教学实践中,更好地指导实践。

(一)从概念特征角度来划分

1. 校本过程模式

校本过程模式是将校本教学看成是一个动态生成的过程,是关于教学程序的"方法体系"和"教学样式",就是依据一定的教学思想和教学理论,遵循教学规律和学生身心发展规律,师生在教学过程中共同形成的稳定的教学过程和方法体系。校本教学模式是独具风格的教学模式,不同学校结合自身的条件和特点,在长期的、多样化的教学实践中形成的相对稳定的、各具特色的教学模式。① 校本过程模式侧重于校本教学活动的操作程序和方法体系。

2. 校本方法模式

华东师范大学叶澜教授将常规的各科教学方法称之为小方法,教学模式称之为大方法,认为教学模式不仅是一种教学手段,而且是从教学原理、教学内容、教学目的和任务、教学过程直至教学组织形式的整体、系统的操作样式,这种操作样式是加以理论化的。② 校本教学模式就是在校本教学实践的基础上建立起的一整套教学活动方法论体系。

---

① 参见刁维国:《教学过程的模式》,《教育科学》,1989 年第 3 期。
② 参见叶澜:《新编教育学教程》,华东师范大学出版社,1993 年,第 54 页。

（二）从理论建构路径的角度划分

1. 理论模式

校本教学的理论模式即由理论到实践的模式,是由一定的教学思想和教学理论建构起来的理想的教学模式。从教学程序看,校本教学的理论模式是根据一定的教学原理建立起来的比较稳定的教学基本阶段及多种教学因素的复合程序。从教学方法看,校本教学的理论模式是依据一定的教学方法论建构的,师生在教学过程中必须遵循的具有稳定性的教学方法体系。[1]

2. 实践模式

校本教学的实践模式是在校本教学实践中形成的具有独特风格的教学模式。从教学条件看,校本教学的实践模式是根据一定的教学条件建立起的体现教学主体特点的教学模式。从教学进程看,校本教学的实践模式是在教学实践中形成的比较稳定的教学步骤、教学环节的合理组合。[2]

（三）从活动特征角度来划分

1. "指导—自主学习"校本教学模式

"指导—自主学习"校本教学模式是在自主学习理论指导下,结合教师的实践经验建立起来的一套"由教师指导、学生自学"的教学模式,该模式定位于"先学后教"。教师根据校本课程制定教学目标和教学大纲,在正式教学之前对学生进行诊断性测试,根据测试成绩对学生进行有效分层并进行有针对性的指导,和学生互动答疑,最后对所学知识讲解升华,归纳总结。以学生的自主性学习为主,辅以教师的有效指导。

2. "引导—发现"校本教学模式

"引导—发现"校本教学模式包含教师的引导和学生的发现两个方

---

①② 参见刁维国:《教学的理论模式与实践模式的比较研究》,《内蒙古师范大学学报》(教育科学版),2006 年第 11 期。

面。前者是手段,后者是目的,做到学生主动参与、师生良好互动。该校本教学模式倡导教师创设宽松、民主的课堂氛围,从学生身边熟悉的生活情景出发,引出教学问题,激发学生的好奇心和学习兴趣,让学生积极主动地参与课堂教学活动,完成探索、发现任务,从而亲自发现知识。在教学过程中以教师引导、学生发现的形式共同探讨研究,最终实现"教学相长"。

3."情境—问题"校本教学模式

"情境—问题"校本教学模式旨在培养学生的问题意识,提高学生提出问题和解决问题的能力,同时也促进教师对教学进行反思。该校本教学模式由四个环节构成:创设问题情境—提出问题—解决问题—应用,这是一个有机联系、相互贯通、延伸开放的教学模式。

二、校本教学模式的功能

校本教学模式具有中介作用,原因在于它既来源于实践,又是某种理论的表现形式,它能为各科教学提供具备一定理论依据的模式化的教学法体系,使教师摆脱只凭经验和感觉在实践中从头摸索进行教学的状况,是规范性教育理论与情境性教育实践之间的中介和桥梁。校本教学模式是一种具体化的设计、组织教学的理论体系,它将教学方法、教学组织形式、教学策略等组合在一起,并从时间上和空间上阐明了它们之间的关系,从而使人们在校本教学理论与校本教学实践之间找到了中介环节,促进人们对校本教学过程的诸要素、各环节进行重新审视,突破原有校本教学理论的框架制约,探索新的校本教学理论体系。

(一)引导示范功能

校本教学模式为有关教学理论运用于教学实践制定了完备全面的、便于操作的实施程序。掌握校本教学模式,能为教师进行教学活动奠定良好的基础,使其对课堂教学的程序有充分的了解。校本教学模式能有效提升教师的教学质量,减少盲目探索、尝试错误的时间和精力,有利于青年教师的成长。校本教学模式的引导示范功能旨在为教师课堂教学提供一个完整的教学框架,这并不意味着限制教师的自主性和创造性的发挥。教师在参照这套基本框架时,可以根据学校教学条件和具体情境进行灵活调整,形成适合课堂教学实际的"变体"。校本教学模式的引导示范功能的发挥,对于教师进行教学活动、学校教学工作的规范化及学生对知识的掌握等方面都具有积极意义。

（二）启发诱导功能

校本教学模式由教学思想、教学目标、教学手段和方法、教学策略、教学评价、师生关系等要素构成,它能启发人们以这些构成要素为线索,探索新问题、解决新问题,如校本教学指导思想的发展脉络、校本教学目标的分类以及在时间和空间上的操作序列、良好师生关系的构建、校本教学评价方式的创新等。

（三）诊断预测功能

诊断预测功能是指校本教学模式能够预见预期的教学效果,在进行教学设计时,根据不同的校本课程、教学条件,对照校本教学模式的理论基础,确立在教学实施过程中要实现的教学目标、操作程序,能够对校本教学活动进行诊断,发现问题,改进教学。校本教学模式诊断预测功能的发挥,可以有效地增强对教学过程的控制和调节,使之朝着预期的方向发展,取得预期的效果。一般说来,校本教学模式的有效实施必须具备某些条件,一旦具备了这些条件,校本教学模式就能有效发挥作用,达到预期的效果。

（四）系统改进功能

校本教学模式体现了理论与实践的高度统一,是一个完整的系统,影响着教学模式的各个因素,是对个别教学经验的超越和突破。校本教学模式是有关教学理论的简化形式,也是校本教学实践的高度概括。教师在校本教学实践中,通过对教学模式的应用,促进校本教学模式逐渐完善,使整个教学活动成为一个优化的整体,从而形成理论指导实践、实践促进理论发展的良性循环。校本教学模式系统改进功能的发挥能够有效促进其他要素(如教学管理、教学评价、校本科研等)的变革。今后改革的方向应面向系统整体优化,而不能满足于局部的小修小补。

总而言之,校本教学模式的出现能有效解决校本教学理论与校本教学实践之间严重的脱节问题,研究和探讨校本教学模式可以丰富和发展校本教学理论,更好地指导校本教学实践,提高教学质量。

第三节 校本教学模式的特点

一、校本教学模式的指向性

校本教学模式具有指向性,任何一种校本教学模式都是依据一定的校本教学目标而制定的,且每一种校本教学模式都有其有效发挥的条件和机制,好的教学模式是在一定的情况下依据其能达到的特定目标,体现出该校某一时期所追寻的教育理念,不存在永恒的、最佳的或是通用的校本教学模式。在实际的教学实践中应当注重指向性特点,根据不同情况及时地作出适当调整。

二、校本教学模式的操作性

校本教学模式具有操作性,是因为一方面校本教学模式总是从某一个侧面体现出教学规律,利于人们理解和操作;另一方面校本教学模式的产生和发展不是为了进行单纯的思辨研究,而是为了在教学实践中得到应用。它把学校所倡导的某种教学理论或活动方式中最为核心的部分用简化的形式反映出来,提供了教学行为框架,规定教师的教学行为,使得教师在课堂上有章可循,便于一线教师理解、把握和运用,使得校本教学模式成为一种技能和技巧,用以实现预期教学目标。

三、校本教学模式的完整性

校本教学模式具有完整性,它把学校所秉承的教学理论构想与教学现实统一起来,是现阶段把教育理论与教育实践有机结合的最佳认识反映,体现着理论上的自圆其说和过程上的有始有终。任何一种校本教学模式都是由各个要素有机组成的完整体,有一套相对完整的运行机制,而不是由若干个杂乱的教学理论拼凑而成。

四、校本教学模式的稳定性

校本教学模式具有稳定性,需要强调的是,这种稳定性是相对而言的。一般情况下并不涉及具体的学科内容,而是揭示现阶段该校对教学活动带有的普遍性规律的共同认识,更具有普遍的一般意义。它是对具体学科的教学内容、教学方法等的抽象概括,归纳出一般性的操作模式用以指导教学实践。

五、校本教学模式的灵活性

校本教学模式具有灵活性,不存在对任何教学过程都适用的普适性的模式,它受多重因素的影响和制约,如:不同学校对国家教育方针的解读和理解程度不同、对教育目标的认知和把握程度不同、教学模式推进效果等因素都会影响校本教学模式。而且一种校本教学模式需要不断地充实提高、改进完善,它要随着校本教学实践、校本理论与思想的发展进行不断丰富和完善,校本教学模式的变化、发展、充实、提高是确保其最大有效性的重要保障。

第四节 校本教学模式研究存在的问题

随着校本课程、校本教研的不断深入,校本教学模式作为一个新的研究领域正逐步兴起,成为一种常态模式,这种校本化的思想受到人们的关注和重视。根据学校的条件和特色,建立独特的教学模式已成为教育领域的新现象。然而,对校本教学模式研究是一项复杂的任务,短时间内在学校广泛开展校本教学模式有很多问题值得我们思考,如:校本教学模式的价值取向是什么、它与一般的教学模式有何异同点、如何实施校本教学模式等。

通过查阅文献发现,对校本教学模式的研究较少,更多的是关注校本课程的开发、校本研究、校本教学研究等领域,校本教学模式的研究有待继续深入探索。同时,从校本教学模式的研究中也发现存在一些问题。

一、校本教学模式构建缺乏针对性

一般的教学模式都是非校本模式,规定的是一般性的内容,并不涉及各级各类学校自身的情况,这也是校本教学模式与一般的教学模式最大的区别之处。但从研究结果中发现,有部分学者和学校未能很好地把握这一点,离开了学校这个本体,仍然缺乏学校自身的特色。校本教学模式要以学校为本体,也并非局限于安于学校一隅的空间意义,而是领悟并创设深化课堂教学、促进教与学互动的学校文化。[1]

---

[1] 黄黎明:《教学 研究 变革——校本教学研究的信念与行动》,《教育发展研究》,2012 年第 18 期。

二、校本教学模式发展缺乏校际交流

许多学校进行校本教学模式研究仅仅局限于自己的学校,对其他学校的情况及其他校本教学模式不甚了解,闭门造车,研究成果的质量难以保障。不同地区、不同类型、不同发展水平的各级各类学校应当加强沟通和联系,互相学习借鉴,取长补短。

三、校本教学模式研究参与度不高

在相当长的时间内,大多数积极参与校本教学模式研究的是一些职业技术类学校。这类学校的办学宗旨、教学目标、培养模式与普通学校有着很大的差别,教学内容与就业紧密联系,偏重实用性。校本教学模式有利于职业技术学校与企业的结合,是主流模式。但普通中小学的主要任务还是传授科学文化知识,重点仍是课堂教学和基础学科的教学,对校本教学模式的研究较少。普通学校应当转变观念,积极参与校本教学模式的研究,为学校量身打造一种最适合的教学模式,提升教学质量,树立学校品牌特色。

总之,对校本教学模式的研究是必要的且意义深远,校本教学模式研究最根本的目的就是促进学校教育教学质量的提升和师生的共同发展,服务的直接对象也是学校,校本教学模式的研究一定要立足于本校的实际,根据本校现有的条件、生源情况、师资水平、学校的发展方向和发展目标等因素,规划出真正有利于本校教育教学质量提高的切实可行的校本教学模式并贯彻落实。校本教学模式研究是一个新的命题,对它的研究才刚刚起步,但已经呈现出强大的生命力。它将会成为学校教育中的一个重要研究领域,成为全面推进素质教育的重要举措。同时,校本研究会给学校带去蓬勃的生命力,为广大师生提供广阔的发展平台。

【论文导读】

基于校本的教学模式研究策略

曹一鸣

【摘要】没有万能的、普适性的教学模式。教师需根据学校实际,构建基于校本的教学模式,其基本程序为:总结归纳、比照反思、完善设计、实践检验、理论升华。

文章出处:《教育科学研究》,2005 年第 5 期,第 19 ~ 21 页。

第四章
校本教学模式实践的基本问题

上一章,我们阐述了校本教学模式的内涵与理念、校本教学模式的类型与功能、校本教学模式的特点及校本教学模式研究存在着的问题等。分析这些内容,我们就能对尚在研究发展中的校本教学模式基本理论和相关概念产生一定的共识,而要把这些理论与学校实践层面的模式相结合,还需要找到教育理论与教学实践的结合点,即找到一所学校拥有独特的校本教学模式必须面对的基本问题。

第一节 创建校本教学模式的前提条件

一、需要教育行政主管部门的引导与支持

校本教学模式一经提出,职业技术类学校参与积极性很高,因为这类学校的办学宗旨、教学目标、培养模式与普通学校有着很大的差别,教学内容与就业紧密联系,偏重实用性。校本教学模式有利于职业技术学校与企业的结合,是各类职业技术类学校容易接受的教育改革行动。

与之相比,尽管义务教育课程改革和高中课程改革在全国范围内如火如荼地推进,新的教育理念逐渐深入人心,可普通中小学也有共识,即在实现素质教育的过程中,学校的主要任务还是传授科学文化知识,重点仍是课堂教学和基础学科的教学,对如何建设独具特色的校园文化和教育关注程度不够,自然对校本教学模式的研究较少。发掘适用性、实用性

和时效性教育教学理论方法一直是教育工作者孜孜以求的目标。随着基础教育改革实践的深入,普通学校应当转变观念,积极参与校本教学模式的研究,为学校量身打造一种最适合的教学模式,提升教学质量,树立学校品牌特色。

以天津市基础教育为例,教育主管部门就明确倡导学校在教育改革实践中推出具有自身特点的校本教学模式。天津在完成大范围中小学校基础建设更新换代任务和学校教学现代化达标的软硬件设施建设的同时,把"促进中小学校园文化建设、探索先进教学方式"等中小学内涵发展问题列入管理评价体系中,中小学围绕在学校教学管理中采取提高学生综合素质和促进教师专业发展的管理策略,至今基本形成了"依据历史传承发展校园文化、依据区域优势和自身特点创新教学模式"的发展态势,这与教育行政主管部门因势利导的管理策略是密切相关的。

二、需要中小学校形成寻求自身发展的主动认知

外因是事物变化的条件,内因是事物变化的根本。在校本教学模式的提出、建立和发展中,社会、教育主管部门及家长对学校教学方式的要求、渴望等都属于外因,学校自身的发展愿景是能否建立起校本教学模式的内因。

中小学因受历史、环境、管理方式和师资队伍等因素的影响,存在教学水平的差异性。那些在水平化测试和选拔性测试中成绩优异的学校,是被家长在现实选择中趋之若鹜的"重点学校"(也常称之为名校);而一些成绩不理想的学校,是家长在现实选择中避之不及的"薄弱校"(也常称之为收底校)。

当名校有追求卓越的雄心、薄弱校有改变现状的渴望时,往往都会把操作的重心放在教学改革上。如果把教学活动看成是一个系统,校本教学模式作为中介桥梁,沟通着校本教学思想和实际操作程序,即教学指导思想的确立、教学功能目标的制定、教学结构的规划、教学运行程序的设计、教学实现条件的创立、教学效果评价方式的选择等都是议题，而这些是校本教学模式的基本要素。

三、需要有利于创设校本教学模式的环境

学校的教学受限于学校自身的硬件条件和周边的环境设施，前者决定了教师在教学活动中能利用的教学工具和可以采用的教学手段；后者决定了学校教育社会化过程中，综合实践活动和研究性学习等可设计的内容。内外环境影响着教学规划的制定，学校和教师都不能脱离学校客观条件来设计教学。

例如"翻转课堂"，最初起源于美国偏远地区，因天气恶劣不能保证学生到校学习而采取的替代教学方式，在其发展中教育人员逐渐发现其还有促进学生独立学习和发展创造能力的功效。而把这一教学模式引入中国后，实践的重点单一地指向翻转课堂的衍生作用，发展传播于教育发达地区。究其原因，一方面在于翻转课堂有促进学生自主学习，培养学生的问题意识，切合当前我国基础教育改革的基本理念的特点；另一方面也在于我国偏远山区尽管具有翻转课堂最初功用的需求，但不具备适用的技术设备而难以实践。

第二节 确立校本教学模式的理论依据

进入 21 世纪，探索适合不同学校发展的教学模式成为教育理论与实践研究配合最密切的一个领域。一方面，一些学校在教学管理中取得了一系列成功经验，在进行理论升华时就会为其教学管理活动寻求理论依据；另一方面，当一个学校制订建立校本教学模式的规划后，就需要为规划寻求以往的成功范例和恰当的理论支持。简言之，学校要走特色发展

之路,就需要研究理论问题,寻求证明其教育理念具有可行性的教育规律和教育原理。

我们通常把因学校改革实验成效卓著,继而引起实践者自身、教育研究工作者和管理者进一步研究其实践,并升华到理论层面,寻求发展的过程称为"先做后证";把在计划开展校本教学模式研究的学校,在行动之前为实践活动寻求理论依据的过程称为"先证后做"。

一、从"先做后证"中来

我们把关注的目光集中到"杜郎口教学模式"与"洋思中学教学模式"的研究中来。

(一)杜郎口教学模式

杜郎口中学是位于山东省聊城市茌平县杜郎口镇的初级中学,自1997 年始,在崔其升校长带领下,该校针对课堂教学进行了一系列改革,围绕落实学生主体地位,实践并逐步形成了独具特色的"三三六"自主学习模式(课堂自主学习三特点:立体式、大容量、快节奏。自主学习三模块:预习、展示、反馈。课堂展示六环节:预习交流、明确目标[目标由师生共同提出]、分组合作、展现提升、穿插巩固、达标测评),其改革教学的根本理念是"以人为本、关注生命",据此提出了"为学生的生命质量负责,为学生的终身发展负责""一切为了学生的发展,一切适应学生的发展,一切促进学生的发展"。

(二)洋思中学教学模式

1980 年,当时江苏省泰兴县天星镇六个村的农民,为了解决子女就近上初中的问题,集资两万元,用 0.47 万平方米土地,建 26 间房,创办了洋思中学。这所学校起初只有 5 个班、13 名教职工、220 名学生。1982 年末,民办教师蔡林森任校长,带领洋思中学全体员工,秉承"教师的责任不在于教,而在于教学生学。先学后教,以教导学,以学促教"的教育理念,进行教学改革。

洋思中学的"先学后教、当堂训练"教学模式包括如下环节：

（1）先学：教师简明扼要地出示学习目标；提出自学要求，进行学前指导；提出思考题，规定自学内容；确定自学时间；完成自测题目。

（2）后教：在自学的基础上，教师与学生、学生与学生之间互动式学习，教师对学生解决不了的疑难问题进行通俗有效的解释。

（3）当堂训练：在"先学后教"之后，让学生通过一定时间和一定量的训练，应用所学过的知识解决实际问题，加深理解课堂所学的重、难点。

课堂的主要活动形式是：学生自学—学生独立思考—学生之间讨论—学生交流经验。

从1987年至今，洋思中学一直保持着"合格率、巩固率、升学率"三个百分之百和"优秀率"一流的纪录，有80%的学生升入省级重点高中（洋思中学优质教学成果并不是建立在选拔录取优等生基础上，而是建立在被其他学校选拔之后的学生基础上）。

杜郎口教学模式与洋思中学教学模式的共同特点是：学校改革之初都是基础薄弱的农村初级中学，都曾经面临着被撤销合并的命运，但它们在危机中逆势而上，成为教育教学改革的明星学校。

洋思中学地处长江边上，学区内生源不足400人，这所学校应该被撤销。可是洋思中学不但没有被撤销，反而越办越兴旺，现有在校学生3600多人，其中有3300多人是来自全国12个省、市、自治区的交费生。每天都有成百上千外地人到这里来参观学习，至今前来"取经者"累计已超过30万人次。就连商家也打起了"洋思中学"的主意，竖起了"洋思中学招待所"之类的招牌，可见一所学校带动了一方经济的发展。

杜郎口中学则是一所地处鲁西南平原上的乡镇初中，坐落在离杜郎口镇约1千米的旷野中，距山东省茌平县城23千米，早年有一条东西向的简易公路从校门口经过。这所中学曾经连续10年在县里考试成绩排名居于末位,1996年该校同样面临即将被撤并的窘境,是教学改革使得杜郎口中学面貌一新,如今的杜郎口中学每天都对外开放,校园里到处都能看到胸前挂着"听课证"前来参观学习的人,一天最多达700余人。与洋思中学一样,应运而生的餐饮住宿也带动了区域经济的发展。

洋思中学和杜郎口中学都创立了教育奇迹,而这两个物质条件和师资条件低起点的改革案例不是高不可攀的,许多教育管理者、教育实践者和教育研究者都从中引发了思考、触动了灵感、激发了热情,谁能做到把课堂还给学生,谁能做到为每个学生个性发展服务,谁就有机会获得教学改革的成功。

由此可见,校本教学模式是以现代教学思想和教学理论为依据,以基础教育改革理念为指导,依据不同学校办学条件和师生特点建立起来的教学活动的基本结构。

进入21世纪,我国以学校自身教学条件为背景,探索适合不同学校发展的教学模式研究方兴未艾。在课程改革教育理念指导下的校本教学模式研究,是教学模式理论应用的必由之路,把教育理论与教育实践有机结合起来,能成为促进教育变革的力量,能够丰富和发展教育理论。

二、从"先证后做"中来

天津师范大学服务滨海新区基础教育项目自2011年4月正式启动以来,各个学校从自身发展特点出发,制定出适合本校教学发展需要的研究主题。在与天津市滨海新区塘沽第六中学的校长、副校长、教研主任等管理人员的共同研究分析后认为,"精致导学、有效反馈"是该校推行的一种旨在提高教学质量、引导学生掌握有效学习方法的教学改革行动,有比较充分的前期准备基础,切合当前国家课程改革所提倡的教育理念,虽然还存在一些尚待解决的问题,但该研究具有理论意义和实践价值。

"精致导学、有效反馈"的教学模式,是天津塘沽六中以现代教学思想和教学理论为依据,以基础教育改革理念为指导,依据学校办学条件、师生特点建立起来的一种教学活动的基本结构。所谓"精致导学"是指教师的备课、教学和评价活动要以学生当前的学习水平为依据,以未来发展目标为方向,精心设计教学各环节活动,突出教学是为学生从"想学"到"会学"再到"乐学"转变而设计,教是为了学,让学生掌握学习的方法,具有可持续发展的学力,为其终身发展奠基;所谓"有效反馈"是指要注重"教"与"学"的反思,教师的教学活动不应该止于课堂教学的结束,还要关注学习者的学习效果,研究其学习过程的得失,并及时将褒奖评价和改进建议传达给学生,为有针对性地不断提高学习者的学习能力和学习效率、改进学习方式和提升学习水平服务。简言之,做到"导学—议学—促学"相统一,教学的一切是为学习者服务。

研究"精致导学、有效反馈"教学模式从以下两个环节做起:

(一)实践

1. 理论学习

校内统一思想。"精致导学、有效反馈"是天津塘沽六中在全学校范围内推行的一种旨在提高教学质量、引导学生掌握有效学习方法的教学改革行动。通过校内校外教研活动和各学科专业研究使参与实践的教师达成共识,进而开展教学实践。在教学实践中注意发现问题,不断改进操作程序、实现条件和完善教学评价方法。

专题学习。学校有步骤地组织各类研究学习,如天津塘沽六中校长邀请天津师范大学教授,结合天津师大的教学专长,对天津塘沽六中全体教师进行"课题研究的方法与论文写作"专题讲座,包括从问题开始、研究的目标、拟解决的关键问题、教育科学研究方法、研究资源等主题内容。

此外,天津塘沽六中围绕"学校教学改革中心"议题,加强教师对教学心理学、教学模式理论、教学技术和教学评价理论的学习,用现代教育理念与方法统一思想和认识,为推进"精致导学、有效反馈"模式的实践打好理论基础。

2. 课题研究

21 世纪的教师需要具有专业道德、专业知识、专业能力和专业智慧，这些专业素养的养成要以一定的科学研究能力为支撑。教师需要掌握所教学科的基础知识，熟悉本学科的逻辑结构，洞悉各部分知识之间的内在联系，了解学科的发展趋势和最新研究成果，了解本学科发展的学科史和学科思想史，并通过研究分析把它渗透于学科的教学中，才能使教学过程不停留于照本宣科，融入自己的思想情感，这样的教学才能够培养学生的探索精神。

天津塘沽六中两任校长都坚定不移地确立和执行着"科研兴校"的指导方针，在全校范围内倡导教师结合教学工作、学校的教学改革任务开展教育科学研究。在校内开展以各学科为单位的教学研究的基础上，鼓励、指导和督促教师参与区级和市级的科研课题申报工作。在"十二五"规划开端之年，全校教师申报区级和市级课题二十余项，获得成功立项的有十余项。

3. 教学技能竞赛

天津塘沽六中围绕"精致导学、有效反馈"教学模式开展全科教学技能比赛，主办方为天津塘沽六中和天津师范大学教师教育处。工作分两部分组成：①天津塘沽六中的校长、教务主任和相关教师，对参加"精致导学、有效反馈"的全体教师进行听课、评议，对课程进行全程录像，初步遴选出各科优秀的教师各若干名。②天津塘沽六中初选出的教师提供教学设计，由天津师范大学组织有关学科专家进行评议，对教师的教学设计（或者课程给出评奖），综合这两方面成绩给出最终奖项。

4. 征文

为了鼓励教学创新，提高教师的教学水平和研究能力，推广先进的教学经验和方法，天津塘沽六中与天津师范大学教师教育处联合举办教学研究征文。围绕研究主题的征文具体要求如下：

案例：

（1）内容包括工作生活中感触、印象、体会、启发深刻及有意义、有价值、有趣闻的人或事。

（2）标题突出，主题鲜明；案例真实、典型，有讨论价值；写实性的事例或现象发生的背景及经过的情景描述；对事例或现象的解读与分析观点明确，并提出研究结论。

（3）案例所涉及的事例可以是正面的，也可以是反面的。

论文：

基于"精致导学、有效反馈"模式下的教学、教学管理和教学评价类文章。

（二）成果

1. 课题研究

天津塘沽六中树立以"科研促教学"的观念，广大教师从工作实际出发，结合学校课改的整体思路，提出和选择研究问题，有 15 位教师获得教育学会国家级或市级课题立项，1 位教师获得天津市"十二五"教育规划立项，4 位教师获得区级课题立项。

2. 教学技能竞赛

2011—2012 学年第二学期，在全校范围内开展"创新杯"教学技能竞赛。全校 35 位不同学科的教师参加竞赛活动，每位参赛教师需要完成 1 篇教学设计论文，通过校内评课、教学设计评比等方式进行评定，竞赛过程进行全程录像，最终有 11 位教师获得一等奖。

3. 征文

2011—2012 学年第二学期，在全校范围内开展"精致导学、有效反馈"专题征文。全校 53 位教师提交了论文，其中 9 位教师获得一等奖，5 篇论文被推荐为《天津师范大学服务滨海新区基础教育项目文集》入选论文。

这是课题研究前期研究者亲历的一个校本教学模式构建过程,在确立校本教学模式之初,就进行了整体模式构建的理论研究。

三、"先做后证"和"先证后做"殊途同归

理论依据的发现与确立是一个动态的过程。杜郎口教学模式、洋思中学教学模式等名声在外后,人们会从多角度研究挖掘其为教育理论发展带来的启示。而天津塘沽六中"精致导学、有效反馈"的教学模式,从确立起步就进行了可行性论证和理论研究。

"先做后证"对于身处其中的实践者,大多数也会有教育理论寻根的过程。即便是出于本能对教育的理解而行动,其实践能够成功也是因为切合了教育规律或相关的理论。教育理论原理是对教育规律的反映,实践者及教育研究工作者研究其模式必有理论依据,并能为教育理论的发展和完善提供帮助。"先证后做"是立意建立校本教学模式的学校为其寻求行动理论依据的过程,前有众多成功经验为例,可以从可行性论证及理论寻根出发,高起点开展教学模式的构建过程。

"先做后证"和"先证后做"是相对的,都是为一个校本教学模式发现或依托一个成熟符合教育规律的教育原理,及其背后所拥有的思想、方法和技术支持,为教育教学活动提供指导。

第三节 制定校本教学模式的教学原则

一、教学原则概念解析

教学原则是教学工作必须遵循的基本要求,是人们依据对教育规律、教育原理的认知,根据教育目标的要求制定的,用以指导教学实践。在各

学科的教学过程中,教学原则起着规范教学和指导教学的作用。教师想要教好课程,就必须在遵守教学原则的基础上,依据教学目标选择教学方法,针对学生的特点灵活运用各类教学技巧完成教学活动。

二、校本教学过程中应遵循的原则

实施"以校为本"的教学改革,除了遵循一般的教学原则外,还要根据改革的主旨制定出服务于既定目标的适用原则,依据前期实践获得的成功经验和发现的问题,我们认为在推进校本教学模式改革中还要把"选择性原则、最优化原则和反馈调节原则"加以突出强调。

(一)选择性原则

教学需要恰如其分,不同学科、不同教学内容的教师对学生应该导在"当导"之处,教导得过多或过少都不利于学生的自主学习。这就需要自始至终贯彻选择性原则,不是呆板地执行操作程序,而是依据本学科的教学目标、教学内容、学生的学习情况和可以运用的教学条件,编写学习方案、选择导学重点,才能起到事半功倍的效果。

如:有教师在《椭圆的几何性质在光、声学中的应用》教学设计中安排了这样的创设教学情境环节:在一个椭圆形的大型豪华商业宴会厅里面,有两个人在非常小声地交谈着商业秘密,他们觉得周围没有人很安全,但是他们的秘密谈话却被一个离他们非常远的人听得一清二楚。这个教学情境设计得有吸引力,但是并不严密,这里是要利用椭圆的几何性质解决有关问题,可是设计中忽略了一些细节,存在着错误,并不能正确引导学生深入思考,就是不理想的教学设计。

而在经过修改后,这段开篇引入的故事变成这样的陈述方式:

在一个椭圆形的大型豪华商业宴会厅里面,有两个人用只有彼此听得到的声音交谈着商业秘密,站在他们周围的助手都听不到,但却意外泄密,损失惨重。是如何泄密的呢?原来站在远处的一个人,把他们的谈话听得清清楚楚,先下手为强了。这里对原来的教学设计进行了修改,弥补了原有设计的不足,为以后用"从椭圆的一个焦点发出的光线或声波,经过椭圆反射后,反射光线或声波都交于椭圆的另一个焦点上"这个理论解决问题做好了铺垫。经过这样仔细地推敲,就完成了一个非常成功的教学设计。

(二)最优化原则

这一教学原则是指教学活动中要对教学效果起制约作用的各种因素进行综合调控,实现教学"投入产出"的最大化。这一原则最早见于巴班斯基著作《教育教学过程最优化》。

在教学中,教学过程最优化一直是教师孜孜追求的永恒目标。巴班斯基在很早以前就用他独特的眼光注意到,在教学过程中各个要素之间存在着相互影响的关系。教师从若干可行的教学过程方案中有意识地选择出一种方案,在当前的条件下,该方案能够保证在完成学生的教育任务方面取得最高效率,教师和学生付出的时间和精力最为经济合理。

校本教学模式有一定的操作程序和实现条件,但不是所有学科、课程都要一成不变地按照规程完成教学,那样很可能造成资源浪费。心理学有关原理告诉我们,人在处理事务时普遍有责任转移倾向,在有学校行政指导建议、集体备课教研和共同制订学案等前提下,容易造成教师独自处理教学问题时产生思维惰性、不假思索地按照既定程序完成教学,其负面影响是显而易见的。因此,教师需要深刻理解有关的教学思想,灵活地选择运用教学方法,按需施教,始终贯彻最优化原则,达到本班教学"教师和学生付出的时间和精力最为经济合理"才是好的教学。

(三)反馈调节原则

反馈调节原则是指教学过程中,教师与学生从教与学的活动中及时获得反馈信息,以便了解教与学的情况,调节和控制教学活动,提高教学效率。

天津塘沽六中何晓婷老师在《如何提高初中数学课堂反馈的有效性》一文中分析道：

反馈的目的是为了后续教学,当出现教师设计的课堂容量偏大或偏小时,应当立即调整授课速度;若原设计的问题难度偏高或偏低时,应设法改变;当学生回答含糊或有出入时,教师应进行反问;当学生练习中出现典型错误时,应在全班予以订正,使更多的学生受到教益。

教学中可采取"低起点、多层次"的教学方法,即适当放低教学起点,适当增加教学层次,尽可能提高课堂教学效益。

一个教学计划制订得是否完善、是否能达到预期的目的,不是看备课笔记上的教案写得如何,而是看大多数学生是否确实接收并贮存了信息,具备了某种技能。教师通过一定的手段获取各种学生反馈信息了解学生掌握知识和技能的程度,并与预定的教学目标进行比较,找出差距及原因所在,并对反馈信息作出评价,决定下一步的策略,调整信息输出的节奏和步骤,以达到最佳的教学效果。

只有用好反馈调节,才能真正把住学生的学习脉搏,提高教与学的效率。

三、注意案例研究方法的使用

在相关理论研究还有待分析探索和检验论证的情况下,案例研究方法无疑是值得提倡的。一个成功的案例研究,其反思、迁移作用可以为其他实践者提供操作指引,也可以为确立理论奠基,因此一定数量校本教学模式的案例及其阐释是非常必要的。

案例研究的优势在于:案例研究的结果能够被更多的读者所接受,而不局限于学术圈,给读者以身临其境的现实感;案例研究为其他类似案例研究提供了易于理解的解释;案例研究有可能发现被传统的统计方法忽视的特殊现象;案例研究适合于个体研究,而无须研究小组。

案例研究有助于研究者获得对特定人物或事物的生动图景;有助于了解环境存在的原因和所观察到的个体行为的原因,探寻个体行为和程序上的特定模式,了解某一现象与其他现象之间的联系;有助于对计划、个体和环境进行评估。而这些正是校本教学模式研究所需要的。

第四节 探索系统观下的校本教学模式实现路径

校本教学模式的有效实施不是单一条件的简单罗列,而需要建立在多方面条件共同配合与支撑的基础上,在不断改进、完善的过程中逐步趋于系统化、有效化。其实现条件具体包括:校本教材、校本课程、校本教研、校本培训、专业引领、良好的氛围、充足的经费、丰富的资源等。

一、校本教材与校本课程

浙江师范大学蔡伟教授在他主持的教育部重点课题《校本教材开发与应用现状及对策研究》中把校本教材定义为:教师个体或群体在学校课程设计的总思路下,为有效实施校本课程而自行编制的教学材料。它具有多种形态,包括教师编写的讲义、补充的阅读材料及正式出版发行的教材。[1]

校本教学模式是一种"为了学校、在学校中、基于学校"的教学模式,是一种体现学校特色、学校本位的教学模式,因而其有效实施需要同样体现学校特色、基于学校的校本教材和校本课程作为支撑载体。

---

[1] 王秋菊:《语文校本教材开发的理论研究》,浙江师范大学 2010 年硕士学位论文。

二、校本教研

教育研究不是闭门造车的过程,而是不断探索、不断借鉴、不断优化的过程,校本教学模式的构建与实现也是如此,它需要校本教研的支撑。

美国著名教育学者古德拉(J. I. Goodlad)在研究美国学校教育时指出,教师对其工作时间的支配中用于研究和计划的时间极少。他主张,每一个教师都应改变这种时间支配的形态,将所有工作时间的十分之一挪出来用于研究和计划教育教学。[①] 可以看出,充足的时间是教师进行校本教研不可或缺的一个重要条件。相关教育管理部门和学校要根据本校实际情况与特点,利用行政等手段保证教师有充足的时间与精力来参与校本教研培训,使教师在培训过程中对新的教学理念、教学方法等内容有更加清晰透彻的了解,从而确保其在自身校本教学模式的设计与实践中有科学、先进的理论作支撑。同时,教师也需要有充足的时间与精力来进行校本教学的设计与实践。这需要教育主管部门和学校从实际情况出发,把教师从一些意义不大的事务性工作中解放出来。[②]

三、校本培训

校本教学模式的实现只有校本教材、校本课程的载体支撑和校本教研的行动支撑是不够的,还需要对参与校本教学模式建构的校长、教师等进行系统全面的校本培训,以使其在认知、理念、行为等方面对校本教学模式有更加清晰透彻的理解与认识,从而能对校本教学模式的理念、设计、完善、实施等过程进行全局把握,进而确保其有效实现。

校本教研活动能够顺利展开,并且在质量上有所提高,是基于教师不断进步的前提而言的。而各种形式的校本培训正是促进教师教育教学水

---

①② 王晓阳:《教师专业发展中的校本教学研究探析》,河南大学 2008 年硕士学位论文。

平、研究能力等方面不断提高的有效途径。教师培训的校本化有助于及时发现学校在教育教学等方面存在的问题,随时针对问题进行培训;有助于教师及时定位问题,进行校本教学模式的建构。

四、专业引领

校本教材的编写、校本课程的设置、校本教研的实施及校本培训的进行都需要长期专攻于教育理论的研究人员的专业引领和参与。

专业的研究人员无论是在教育理论、教育信息、教育资源还是国内外教育发展前沿与趋势上,都较学校教师更为熟知与专业,对其产生思路引领的作用。在加深学校教师教育理论素养的同时,对其学科专业知识也有一定的启发效果,有助于将教师的实践经验提升到理论层面。因而在校本教学模式的建构及实施过程中,学校、教师要积极寻求专业人员的支持,通过各种渠道寻求专业人员的引领,以确保校本教学模式的有效实现。如请专业人员就学校或课堂教学存在的典型问题作学术报告,以寻求专业理论指导;请专业人员观摩校本教学示范课,以寻求专业现场指导;就学校具体情况向专业人员询问如何开展校本教学,以寻求专业咨询等。

五、良好的氛围

学校氛围是一所学校内部所形成的,对其成员的价值观念、态度、信念、道德规范和行为产生潜移默化影响的心理环境。[①] 良好的氛围有助于健康的校园文化的形成,有助于师生共同愿景的建立,因而良好氛围的营造是校本教学模式不可忽视的条件之一。校本教学模式是基于学校自身的特点、发展的现状与存在的问题等方面的一种教学模式,为保障其有

---

① 吴永军:《校本教学研究设计——教师教学研究设计指南》,南京师范大学出版社,2007年,第17~18页。

效实施,需要学校、教师、学生、家长以及学校工作人员的共同配合,同时需要健康的校园文化和师生的共同愿景作为支撑,良好的氛围是保障其有效实施的前提条件。

六、充足的经费

充足的经费支撑是一切活动有效开展的基础性条件,校本教学模式的实现也不例外。教师的校本教学培训、校本教学相关设施的配备等都离不开经费的支持,因而相关教育管理部门和学校应加强在教育经费上的投入,采取适当的财政倾斜政策,为校本教学模式的有效实现提供政策上的支持,同时制定一些标准来保证经费的专款专用,并对开展校本教学研究的教师建立激励机制。学校可以通过各种措施,如"事迹宣传、经验介绍、给予奖励"等来调动教师进行校本教学活动的积极性与主动性。

七、丰富的资源

校本教学模式从方案的设计、方法的选择到过程的展开和成果的总结等过程,都需要丰富的资源来保障。无论是书籍、报纸、杂志、学术期刊还是网络、信息技术,都对校本教学模式整体的实现提供了支撑。因而学校为促进校本教学模式的有效实现,需要提供这些必要的资源支持,要建立并完善图书资料室的建设,及时更新资料室中的图书和报纸、杂志以及学术期刊,同时加强网络信息化建设,加大计算机设备的投入,建立网络平台,为校本教学模式的实现提供足够的资源支撑。

第五节 建立校本教学模式的评价体系

教育工作者一直都将教学评价视为教育工作的一大难题,传统的教学评价方式过于依赖学生学业成绩的高低,这种过于单一、片面的以成绩高低来评价学生优劣的评价方式,很大程度上忽视了学生的全面发展,束缚了学生的个性。而教学评价改革滞后于教学模式改革,也成为教学模式改革推进的一大阻力。

有效的评价应发挥以下功能:第一,诊断功能。教学评价是对教学效果、教学各方面进展情况、学生自身学习情况等的一个系统评估。通过评价,可以使教师了解所使用的校本教学模式的优势与不足,有助于方案的改进与完善,也可以使学生了解自身存在的缺陷,有助于下一阶段的学习。教学模式的评价必须促进教学反思,对课堂教学模式从观念到行为到效果进行全面的诊断,确定观念与行为之间的差距,寻找行为与效果间的联系。[1] 第二,激励功能。评价对教师和学生都能起到一定的监督和强化的作用,较高的评价能给学生以心理上的满足和精神上的鼓励,而较低的评价也可以催人深思、令人奋进。[2] 第三,反馈、调节功能。评价的过程是一种信息反馈的过程,教师可以利用反馈的信息来对现行校本教学模式进行调节,以使其更好地促进学生的全面均衡发展;学生可以利用反馈的信息来调节自身学习方法以提高学习效率。

为了有效发挥评价的诊断、激励、反馈和调节功能,现从评价的目标、评价的原则和评价的方法三个层面对校本教学模式的评价进行梳理。

一、评价的目标

（一）就学生而言

校本教学模式的评价目标主要考虑三个层面,知识与技能、过程与方法、情感态度与价值观。

---

[1] 马婷婷:《烟台市典型小学教学模式推广应用的现状及其对策研究》,鲁东大学 2014 年硕士学位论文。

[2] 杜明荣:《"问题——探究"式教学模式的研究》,华中师范大学 2003 年硕士学位论文。

1. 知识与技能层面

主要考虑学生对校本教材中所涉及的相关概念、知识点的理解程度和对所做实验掌握程度等所学内容的独立操作能力、对校本课程所倡导的学习方法的掌握情况等。

2. 过程与方法层面

主要考虑学生根据校本课程所倡导的学习方法来独立搜集和处理信息的能力、分析问题与解决问题的能力。

3. 情感态度与价值观层面

主要考虑学生学习的积极性、主动性、求知欲以及克服困难的信心和实事求是的态度等,注重从认知和非认知两个方面对学生进行评价。

(二)就教师而言

校本教学模式的评价目标主要指向促进教师的专业发展。也就是说,校本教学模式的评价,关注的不仅仅是教师的当前表现,更关注教师的长期发展。旨在通过评价来促进教师整体素质的提高和专业能力的发展[1],即评价的目标并不是对教师以往校本教学活动进行简单的终结性考评,而是旨在通过评价来不断改进并完善教师的校本教学活动与教育教学实践,进而促进教师的专业发展。

二、评价的原则

(一)目的性原则

目的性原则是校本教学模式评价的最终指向。校本教学模式就是基于学校本位的教学模式,其目的在于通过学校具体培养目标的引领,使教师的课堂教学目标和学生的学习目标都朝着共同的方向前进,以达到预期的培养效果。

---

① 王晓阳:《教师专业发展中的校本教学研究探析》,河南大学 2008 年硕士学位论文。

（二）真实性原则

校本教学模式注重对所有学生的同等对待，旨在根据本校学生的不同特点，设计具有层次性的教学方案以适应不同层次学生的个性化学习需求。学生在学习的过程中，以真实的资料为基础对所实行的校本教学模式进行客观、深刻的评价；教师也能够根据学生在课堂上的实际探究情况，对所实施的校本教学模式产生客观的评价与深刻的反思。

（三）整体性原则

在校本教学模式的评价中，应根据学校自身特点从整体上全方位、多角度地对教学实际情况进行系统全面的评价，要以全局为立场来看待评价中的局部问题，避免单一、局限的评价对教师的教学积极性和学生的学习主动性产生消极影响，鼓励不同程度、不同方式、不同层次的校本教学模式的创新与发展。

（四）持续性原则

从整体结构来说，教育具有层次性；从目标内容来说，教育具有连续性与发展性。因而它要求评价主体以发展的视角去评价校本教学的成果。持续性原则指明对校本教学模式的评价不是结束，而是持续发展，评价是为了其更好地发展。校本教学模式的最终指向是学校、教师和学生共同的、持续的良性发展，是在不断探索、不断完善的过程中实现其质的飞跃的持续性发展。

（五）主体性原则

主体性原则以往过于注重外在的评价体系，使得"教师的精力几乎都耗在各种频繁而无用的考核、评估、课题、奖励等材料表格的填报中"[1]。而校本教学模式所体现的主体性原则则与以往有所不同。它更加注重学校、教师及学生的话语权与主动权，学校可以根据自身办学特色、办学理

---

① 张传燧、石雷：《大学自主与大学分治》，《国家教育行政学院学报》，2012 年第 10 期。

念、办学目标自主建构适合本校实际的校本教学模式的评价体系。

（六）灵活性原则

单纯以学生的期末成绩来评定学生优劣、教学模式优劣的情况，并不是校本教学模式所提倡的评价方式。校本教学模式提倡灵活多样的评价原则，不主张以绝对数量化的指标来评价其实施情况，主张采用更加人文化的形式对学生学习情况与校本教学模式本身进行评价与反馈。

（七）多元性原则

校本教学模式评价的多元性原则主要体现为评价主体的多元、评价内容的多元和评价视角的多元。

1. 评价主体

主要包括学校、教师、学生三个方面。学校从全局把握校本教学的实施情况，站在理论与实践的双重高度对本校所实施的校本教学模式进行整体性评价。教师根据学生探究的具体情况及效果，在不断反思、不断完善的基础上，适时有效地对自身、学生和所使用的校本教学模式作出评价。学生在具体实践的过程中，基于对自身学习方法等的思考与完善，也会进行自我评价，并对所实践的校本教学模式及教师教学作出评价。

2. 评价内容

主要包括对校本教材、校本课程、校本教研、校本培训、校本教学方案、校本教学实施等各个部分与环节的综合评价。

3. 评价视角

主要体现为评价主体在进行评价时除了对基本环节和过程的评价之外，还要对其所蕴含的教学思想和理念、所体现的教学要素及所产生的教学效果等进行评价。

三、评价的方法

在校本教学模式的评价方法上，要注重定性与定量相结合，以及形成性评价。针对不同的评价对象、评价内容,采取不同的评价方法以取得校本教学模式的持续、长久发展与进步。对于可量化的因素,如学校开展校本课程的数量、教师参与校本教研及校本培训的时数、学生参与校本教学的科目数和课时数等,可以采取定量的评价方式。而对于其他大部分不可量化的因素,则可以采取评语、成长档案袋、成果展示与交流等定性的评价方式。具体的评价方式包括:校校互评、校内自评、师生互评、师师互评、生生互评、师生自评等。

此外,要严格避免采用传统的以学生成绩为唯一指标的终结性评价方式对校本教学模式进行评价。校本教学模式注重学校自身特点与学生的不同特点,注重对学生的分层教学,因而需要采取分层的评价方式。在校本教学活动中,教师要看到每个学生的闪光点,并采取积极鼓励的方式及时指出他们所取得的进步,同时为他们指明努力的方向。

综上,校本教学模式的评价,无论从评价目标、评价原则还是评价方法上,都是在综合其他教学模式评价的优势、弥补其不足的基础上,不断发展完善而形成的适合学校、教师、学生多方面发展的综合性、发展性评价。旨在通过综合性、发展性评价体系的建立,改变单一的评价方式,促进学校、教师和学生的多方面协调发展。

【论文导读】

中小学课堂教学模式改革的省思与多元创新

——基于洋思、杜郎口、东庐等校课堂教学实践的思考

时晓玲　于维涛

【摘要】随着基础教育课程改革在全国范围内全面启动,中小学课堂教学改革日益深入。洋思中学、杜郎口中学、东庐中学的课堂教学改革得到了政府、社会、家长和教育同行的广泛认可。反思和审视洋思、杜郎口、东庐等校课堂教学改革,其经验并非完美无瑕。任何一所学校或地区在

应用教学模式指导教学实践时,其教学模式、方法都不能是机械的、教条的,而是灵活多变、富有个性、充满灵性的,必须根据学校条件、教师状况、教学内容,更重要的是根据学情合理地选择适合学生的方法。教学的关键在于教学模式的灵活操作、应用与多元创新。

文章出处:《教育研究》,2013 年第 5 期,第 129～133 页。

实践篇

模块整体教学培养学生创新意识的教与学模式研究

天津市第一中学　　课题组

第一部分　问题的提出

一、教育改革背景

新一轮基础教育课程改革,高中课程以"模块"作为基本单元。《国家中长期教育改革和发展规划纲要(2010－2020)》明确提出:教育要坚持能力为重。优化知识结构,着力提高学生的学习能力、实践能力、创新能力。基础教育课程改革十余年来,"改到深处是模式"。

二、模块教学与人才培养的现实问题

如何搞好模块视野中的整体教学设计,以大教学观推进新课程改革,对有效落实三维教学目标、培养学科素养有着重要的意义。继承学校优良传统,在为每一个学生的需求与幸福发展创设优质环境的办学理念指导下,建立高中阶段具有良好的心智品质、善于思考、勇于创新的有效人才培养途径;提升师资队伍的整体水平,打造具有先进教育理念、专业水平完备,并具有创造性地开展教育教学活动能力的教师团队更是学校在新的历史阶段需要破解的难题。

三、学校研究基础

学校自 1998 年 5 月开始进行天津市教育科学规划"九五"课题《学科课程教学模式的研究》,2000 年结题,研究成果"单元整体设计教学模式"获得天津市第二届基础教育教学成果一等奖。十几年来,研究成果不断深入,2009 年学校结合新课程模块教学和新世纪对人才培养的创新性要求,提出以愿景要素为关键特征的课堂——《模块整体教学培养学生创新意识的教与学模式研究》。其思维特征表现为以价值分析为主,关注学生未来的发展方向,实现从整合到整体,从先学后教到以学定教,从教学资源校本化到国家级课程校本化,从高效完成学习任务到学生创新意识培养等螺旋上升式发展研究。

第二部分　解决问题的过程与方法

第一周期研究:2009 年 5 月—2010 年 2 月

选题立项,制订计划。

(1)组建研究队伍,成立课题组、落实研究任务。

(2)研究参考文献,学习相关理论、整理提炼学校优良传统、调研学校教与学中突出的问题。

(3)确定选题方向,设计课题研究方案、制订研究计划、撰写开题报告书、申请立项。

第二周期研究:2010 年 2 月—2010 年 9 月

开展学习,实践研讨。

(1)课题组编辑学习资料下发至每位实验教师,每周按规定时间和地点开展有组织的理论学习和研讨活动,务求从教师思想上树立新的理念。

（2）实验教师队伍以备课组为单位每周开展组内学习和研讨活动，写出学习心得和反思。

（3）召开教学工作会议，及时总结、分析、查找问题、推出典型经验。

（4）聘请专家开展学习辅导。

（5）组织实验教师赴国内课改实验先进区和教学模式有特色的地区、学校进行参观学访。

第三周期研究：2010 年 9 月—2012 年 7 月

实验研究，总结提升。

（1）通过对新课程背景下各学科课程标准、考试纲要的学习研究，准确把握模块在学科整体教学中的位置，按学段、按内容分解模块学习目标。

（2）结合学科模块学习目标，在利于学生形成学科素养的基本框架上规划整合模块教学资源，精选适合学生终身发展要求的知识和技能。

（3）探索"整体教学模式"下的课堂教学"三层六步"教学设计方式在不同学科、不同学段、不同内容条件下适合学生创新发展、可持续发展的教学策略。

（4）探索适合不同学段、学科、学生的创新课型，为学生提供创新意识发展的平台和环境。

（5）将学科培养目标、通过规划整合后适合学生终身发展要求的知识和能力、灵活多样的教学策略，集成为统一规范科学的校本教学资料和教学评价体系。

（6）开展实验研究。

A. 模块整体教学实验研究。

测量指标：学科知识体系的整体构建、学习能力素养、学习质量（成绩）。

a. 实验初始开展"整体教学"问卷调查，掌握学生在实验初期对整体

85

教学的了解程度及学科知识体系的构建和学习能力素养的现状,积累前测实验数据。

b.每一实验阶段结束后,开展对学生学习问卷调查和后测实验数据积累,进行前测、后测实验数据对比分析。

c.开展《学习方法与技能测验》网络测评工作,借助专业的心理学软件对课题研究成果进行检测。

B.学生创新意识实验研究。

测量指标:冒险性、好奇性、想象力、挑战性。

开展对学生的《威廉斯创造力倾向测验》网络测评工作,借助专业的心理学软件对课题研究成果进行检测。

C.循环实证研究。

测量指标:辨别、具体概念、定义性概念、规则、高级规则或解决问题。

开展对学生创新意识的实践能力测量,区别于传统的"实验班、对照班",将通过整体教学模式对学生创新意识培养中的关键因素进行干预,选择灵活的教学方法,通过不断的"循环实证"测试课题通过干预后带来的变化,证明本课题研究能提高课堂效能、促进学生发展。命制创新试题从命题和阅卷注意与传统测试的区别,注重考查学生的一题多解能力、变通能力、求异能力等,作好试卷分析。

(7)形成课题实验报告、结题报告、研究文集及反思集等。

A.学科研究报告撰写。

在学校大课题背景下,各学科实施思路、实施特色。从学科角度阐释如何通过国家级课程校本化实施整体教学、培养学生创新意识。总结本学科适合实施整体教学的模块(或章节)名称、选择目的、设计方案和体例。

B.优秀课例编写。

a.章节名称;b.整体教学三维目标设计;c.本章节整体教学课型设计

及课时分布;d. 本章节教与学的策略;e. 本章节学生创新意识培养措施;f. 各课型教学设计与学生活动设计;g. 贯穿教学资源的使用与配套学案;h. 学生特色作业;i. 教师反思与学生反思。

《模块整体教学培养学生创新意识的教与学模式研究》,工作重点是以高一、高二年级为实验年级,学校成立以校长为总负责人的课题领导小组,由学校教务处、教研室、年级部组织具体落实。研究过程中共开展十余次阶段汇报展示活动,包括:教案展示、学案展示、实验课展示、阶段性反思汇总交流、汇总教学进度的整体设计、集体备课记录、各级听课记录和学生与教师的反馈调查,每一阶段展示活动之后,课题组都会及时调整研究方案,针对研究存在的问题制定下阶段工作的具体方案。

第三部分　成果的主要内容

一、明确核心概念

模块整体教学模式:通过对普通高中新课程模块内或模块间各章节知识技能方法的整体规划设计,重新调整增删课程结构顺序内容,增加学生创新意识的培养措施,变单课时教学为章节整体教学,在加长的学习区间中通过整体自学以学定教创新课型的教学模式、"三层六步"的教学设计流程,实现学生自主进行学科知识体系和学习能力素养的整体建构的一种较为稳定的结构框架和活动程序。

二、提炼整体教学特点

特点一:强调问题意识,以质疑解惑贯穿始终。整体教学提倡自学,在关键处要设疑和起疑,使学生产生求知的欲望,再在同学的帮助和老师的引领下纠正错误,获得真知。

特点二:拉长基本教学单位。整体教学的基本教学单位往往是几节课,在其中不同阶段采用不同的课型,最终完成一个共同的任务。这样手段更丰富、解决问题可能也更彻底。

特点三:根据学习难度分步实施教学。将教学过程分成"落实基础、提升能力、发展素养"三个层次,每个环节布置一个学案,教学难度逐级递增。第一层次是低起点教学,可以调动差生的学习积极性,帮助其夯实基础,并为转化差生创造条件;而随着教学难度的提高,优等生也得到发展。

特点四:整体教学的教育目标是培养学生的学科素养和创新意识。

三、确定整体教学模式及操作程序

(一)整体教学模式

整体设计 → 整体自学 → 以学定教 → 创新课型 → 拓展总结 → 特色作业

环节一:整体设计。整体教学开始之初,首先要求教师对章节整体三维目标进行设计,对模块教学目标和内容进行精选、组合,集成为整体和一体化的教学资源,预设多样的创新课型。

环节二:整体自学。教师将本章节自主学习的知识体系、学习方法、学习规律等作典型范例后,将本章节适合学生自主学习的内容整合加工,在有明确的自主学习时间、学习方式、学习要求的目标引领下,教师组织学生进行整体自主学习,其中教师对学生的学情分析贯穿于课堂教学全过程。

环节三:以学定教。教师既要基于学生问题的生成,又要结合本章节预期目标,通过练习—检测、训练—反思、填写问题单、交流质疑等方式引导学生尽可能暴露自己的潜意识,发现问题。

环节四:创新课型。教师基于以学定教环节产生的问题和学生预期目标的差异,设计不同类型的创新课型整体解决问题。

环节五:拓展总结。师生共同对章节整体知识总结回顾、拓展延伸。

环节六:特色作业。作为学生创新意识培养的延伸,通过画、做、说、写、研等方式培养学生对知识的迁移能力、综合运用能力等。

(二)整体教学模式操作程序

整体教学模式操作程序围绕教学目标的整体性与创新性、教学内容的整体性与创新性、教学程序的整体性而开展。

1. 教学目标的整体与创新

(1)在目标的阶段性上,要把适合整体教学的章节教学目标放在学科总目标与学段分目标中综合考虑,每节课的目标就是学科总目标、学年总目标、学期总目标以及章节目标在某一方面或某几方面的具体体现。

(2)在目标的一般性和创新性上,既关注目标一般性,更要注意创新性目标的选取、实施与测量。

(3)在目标的主体性上,更加关注学生的学,通过以学定教在保证完成预期学习目标的前提下灵活拓展创造性的生成。

(4)在目标的可操作性上,强调学习工具及方法的总结、整体构建和应用的重要性。

2. 教学内容的整体与创新

(1)学科知识体系的整体构建,包括:整体化、模型化、方法化、层次化、生活化。

①整体化:章节或模块内的知识通过整合、精选、重组,实现整体和一体化的学习。

②模型化:对学习内容的理解程度是以思维模型作为切入点,学习内容是方法、体系与知识要素的统一体。

③方法化:实现对章节或模块内的学习认知方法"规律化、图形化、模式化"以利于掌握。

④层次化:在学习的过程中,学生的思维模型和教师的引导模型有层

次变化。

⑤生活化:在学习的过程中,课堂气氛情境化、学习内容通俗化、感悟方式立体化、认知效果实用化。

(2)学习能力素养的发展。本研究对学生学习能力素养的界定主要指学习方法与技能,它属于学习能力中的高层次能力。它是指学生在学习实践过程中逐渐发展起来的有效的学习策略以及自我监控的能力,包括学习方法与技能、复习方法与复习习惯、阅读习惯与技能、对学校的态度、记笔记与写作文五个方面。

(3)创新意识的培养。本研究的创新意识,包括冒险性、好奇性、想象力、挑战性,这四个方面都是人的创造力发展中重要的思维特点和个性特点。从这四个方面考查可以很好地检测创新意识,进而预测创造力水平。

实现方法:

①更新认知结构——旧纳入新,融新于旧,如:数学学科将初高中不同学段整体规划,从整体上建立新的认知结构。

②完善认知结构——由点到面,经纬交织,如:化学学科思维导图的训练与绘制,把每一知识方法与技能在特定组织(结构)下形成一个系统(整体),使学生既见树木又见森林;政治学科的思维训练过程,从初学时的泛泛而谈,到基于一定理论原理积淀下的娓娓道来,再到掌握了一定政治理论和术语后的侃侃而谈,让学生体验到自然科学与社会科学不同的魅力。

③丰富认知结构——融做于学,以用助学,如:各学科的观测、实验、调查等活动,通过确定环节与步骤,学生自行设计,在实践中确定方法的合理性、强化细节、反思问题。

④发展认知结构——质疑引惑,创设环境,如:教师给学生分组下发观点相反的史著,引发学生辩论和思考,培养学生全面分析问题,减少思

维上的固定模式。

创新意识的培养在两年的实践中,不同学科结合学科特点选取创新意识的培养点积极探索。如:英语学科的辩论赛,培养学生勇于面对失败或批评,注重查知事实真相或体验新事物的冒险性训练;生物课堂上通过提供多种情景训练学生具有敏锐的观察能力、质疑能力和动手能力;化学课堂上以符号"T"联想化学知识,训练学生对已知信息进行分析、重组,产生新的创见的想象力训练;物理创新实验课上为了解决实验的取材问题师生反复试验、搜集数据、对比分析,最终选定橙汁饮料做成原电池,训练学生寻找各种可能性来解决问题的挑战性训练。

3. 教学程序的整体性——"三层六步"教学设计方式

在整体教学的实施过程中,学校提出整体教学"三层六步"教学设计方式,三个层次间、六项步骤间符合新课程三维培养目标和学生认知发展规律的递进要求,它不囿于呆板的固定模式,而是在宏观框架下充分发挥师生的主动性、创造性、发展性,使其更加可操作,可推广。

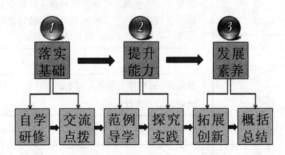

"三层六步"教学设计方式核心线索是培养学生自主学习意识,在操作时既有明确的要求又预留出灵活的时空,教师可结合章节内容采用小循环和大循环等多种形式弹性落实。

（1）实施原则。

整体规划、分步实施、灵活应用。

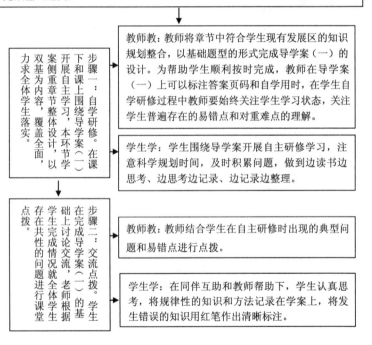

（2）设计原则。

①目的性原则。实现我校国家级课程校本化。

②选择性原则。选择适合整体教学开展的内容进行科学合理规划整合。

③分层递进性原则。整体教学课堂实施模式中三个层次间、六项步骤间应符合新课程三维培养目标要求和学生认知发展规律的递进要求，三种导学案的设计和使用不仅成为递进发展的抓手还能实现分层教学。

（3）设计方式解读。

教学方式设计核心线索将"质疑解惑、创新培养"贯穿始终，着重培养自主学习意识，教学设计方式分三层次进行，每一层次分两步骤递进落实，每一步骤中对教师教的方式和学生学的方式作出规范。

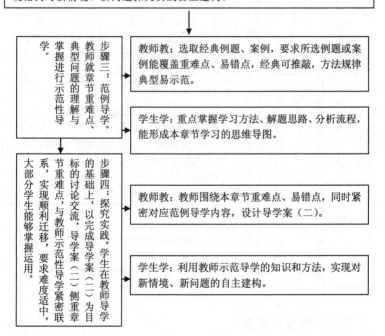

层次二：提升能力。围绕本章节重难点、易错点而设计，目的是强化学生在学科学习过程中的经历和体验。本层次要求教师精选范例作出示范，学生围绕范例对新情境、新问题探究实践自主建构。

步骤三：范例导学。教师就章节重难点、典型问题的理解与掌握进行示范性导学。

教师教：选取经典例题、案例，要求所选例题或案例能覆盖重难点、易错点，经典可推敲，方法规律典型易示范。

学生学：重点掌握学习方法、解题思路、分析流程，能形成本章节学习的思维导图。

步骤四：探究实践。学生在教师导学的基础上，以完成导学案（二）为目标的讨论交流，导学案（二）侧重章节重难点，与教师示范性导学紧密联系，实现顺利迁移，要求难度适中，大部分学生能够掌握运用。

教师教：教师围绕本章节重难点、易错点，同时紧密对应范例导学内容，设计导学案（二）。

学生学：利用教师示范导学的知识和方法，实现对新情境、新问题的自主建构。

层次三：发展素养。围绕新课标中基本品质、基本态度而设计。学科教学中，在学生掌握学科基础知识、形成学科基本技能的过程中，教师帮助学生掌握学科的道德认知以及积极的生活态度。本层次要求教师通过"活动设计、学生展示、思维碰撞"培养学生创新意识，在概括与总结的过程中实现源于知识、高于知识的思想情感提升。

步骤五：拓展创新。导学案（三）的自主性讨论实现对学生创新意识培养；导学案（三）设计开放性问题讨论侧重学科内知识的联系、学科间知识的联系，有意识强调学生合作学习，还可伴随学生创新思考的展示。

教师教：教师将章节中符合学生最近发展区的知识规划整合，以拓展创新的形式设计导学案（三），此环节要求开展合作学习，教师可以利用多媒体教室、家庭等多样化的学习空间，教师要做好提前分组，分组原则采用"组间同质、组内异质"，安排小组汇报形式，对汇报时间、语速内容提出要求，安排好各小组互评工作。

学生学：学生围绕导学案（三）开展拓展创新学习，组长负责每组同学的学习任务，做好分工和知识汇总，各组应及时将学习成果记录在学案上。学生在收听其他小组汇报时做好质疑和评价工作。

步骤六：概括总结。师生合作完成，对所学章节整体学习方法、规律、学科思想进行总结，还要对重难点、易错点概括总结，包含整体章节检测。

教师教：总结章节整体知识结构、重难点、易错点，建立章节知识框架体系，对整体章节检测情况进行反馈。对在拓展创新环节学生产生的思维火花予以肯定和鼓励，提出发展方向。进一步围绕章节创新意识培养点进行总结归纳，强化认识。

学生学：形成积极的情感体验和扎实的学习成果，并继续在特色作业环节积极创新。

四、形成大量文本资源

（一）教学资源

国家级课程校本化资料、整体教学对学生创新意识培养的各学科优秀课例、各学科创新试题。

（二）管理资源

灵活的课表设置、整体教学课堂评价体系、整体教学校本资料的使用与完善制度、创新试题的命制与测评系统等管理体系。

第四部分　效果与反思

一、研究效果

（一）学生层面

通过开展问卷调查、软件测量、成绩统计、循环实证等多种实验研究并做了大量统计工作，学生实现了以下三个方面的能力培养。

1. 学科知识体系的整体构建

（1）模型化：以思维模型作为切入点，学习内容是方法、体系与知识要素的统一体。

（2）整体化：章节或模块内的知识通过整合、精选、重组，实现整体和一体化的学习。

（3）方法化：学习认知方法规律化、图形化、模式化，以利于掌握。

（4）层次化：学生的思维模型和教师的引导模型有层次变化。

（5）生活化：课堂气氛情境化、学习内容通俗化、感悟方式立体化、认知效果实用化。

2. 学习能力素养的发展

学生在学习实践过程中逐渐发展起来有效的学习策略和自我监控的能力。如在"学习方法与技能、复习方法与复习习惯、阅读习惯与技能、对学校的态度、记笔记与写作文"等方面产生显著变化。

3. 创新意识的培养

学生在"冒险性、好奇性、想象力、挑战性"四个方面都得到考察，实现显著变化。

(二)教师教学层面

1.研究的有形成果

①撰写了一部30万字的专著。完成了全校涉及所有国家级课程的整体教学对学生重新精神培养的典型课例集9部,81万字。②依托教师研究成果撰写的论文多篇获奖。③三年来全校教师做整体教学研究课、展示课200余节,课题研究过程中召开研讨会、交流会、座谈会、展示会数十次。

2.研究的无形成果

教师理念转变,教师能清晰把握整体教学的思路。"三层六步"教学设计方式的普遍使用与灵活设置,培养学生自主学习、合作学习的意识,教师精讲把更多的时间教给学生,培养学科的思维方法,培养学生学科学习方法。新课型的出现,新理念、新教法带来了课堂教学新气象,提升了学校师资队伍的整体水平。

3.社会影响

研究成果被登载在各级各类教育宣传媒体,研究成果获得"2011年度天津市教育委员会重点调研课题成果二等奖";2012年由全国教育科学规划领导小组办公室批准正式结题。

二、研究反思

整体教学是一种教学思想,而不应被单纯看作是一种教学方法。

(一)从整合到整体

在课题开展之初,教师对课题的理解就是对章节内容整合处理,研究中及时发现这一问题并提出:"整合教材是整体教学的重要一环,但绝不是全部。"进而我们渐渐总结出整体教学的核心思想:模块整体教学应该站在学科大背景下,对从知识、能力、方法到学科素养以及创新意识和情感态度、价值观的全面架构和规划。

（二）从先学后教到以学定教

学校在"十一五"期间创造了各种以先学后教为特征的教学模式，是先学后教还是先教后学？研究指出："教学过程是以学为主体的认识、内化和发展的过程。学习的关键在于学习者自己学，所以我们认为既可以先学后教，也可以先教后学，但必须是'以学定教'。"这里的学既可以指学生，也可以是学习，总之使学习者成为教育活动的中心。

（三）从自己学习到自主学习

自学环节的开始之初，不少教师简单理解为就是让学生自己去学，一放了之。研究中我们总结了自主学习的两个基本要求：一是把学习的主动权还给学生，让学生自觉自主地学习，乐于学习，具有良好的学习精神。二是让学生学会学习，善于学习，具有较强的学习能力，包括良好的学习品质、学习习惯和学习方法，核心是有好的思考能力和创新能力。

（四）从形式上的合作学习到有质量的合作学习

在创新课型中合作学习是重要的教学策略和学习策略，合作是学习的形式，学习是合作的内容，实现从形式上的合作学习到有质量的合作学习有以下三条经验。

1. 变革学习观念

要改变学生和家长认为上课就是听讲、做笔记、做习题，教师要引导学生认识到学习知识特别是理解和掌握知识必须依靠自己的积极思维实践活动，同时教师要引导学生积极参与合作学习，自觉体验。

2. 要有层次地将合作学习引向深入

研究总结了有效合作学习的三个培养阶段。

（1）第一阶段：问答式。这些问题需要学生互助，经过整合加工才能得到答案，这种"合作学习"必须揭示自己的思维过程和方法。

（2）第二阶段：讨论式。要求学生小组对问的内容和答的内容能再联想延伸,产生新的问题或新的答案。

(3)第三阶段:议论式。合作学习小组围绕一个较大的、内涵丰富的问题自由发表见解,相互启发,甚至是热烈争辩。

3.创设好"合作学习"的必要条件

(1)教师要有充分准备,掌握学生的学情和灵活的应变能力等。

(2)把握合作学习的时机。

(3)把握合作学习内容的深浅,创设和谐的课堂气氛。

(五)从解惑到引惑解惑

解惑一直以来是教师工作的诉求,在以学定教思想引领下我们清醒地认识到教学不仅是教师把"桶里的水"倒到学生的"一个个空杯子"里这么简单——研究证明学生的头脑里不是一张白纸,我们的课堂就是力求把学生原来的"相异构想"显现出来,这就是引惑,再与正确认识"碰撞"实现解惑,重新输回学生的头脑中,让教师与学生的思想共同汇成充满活力的涌动,这样的教学才真正有效。

(六)从布鲁姆的目标分类到认知心理学——评价测量

依据布鲁姆的目标分类理论,搭建基于学习者建构知识时所采用的策略和方法的评价体系。

加大程序性知识的测量与评价。辨别:寻找与刺激目标相同的刺激。具体概念:从有关内容中识别出已习得的概念。定义性概念:给出学习者一个以前未见过的概念正例或反例,要求学习者解释该例子为什么是或不是。规则:在不同情境中仍能找出规则并正确运用。高级规则(解决问题):综合运用几个规则去创造一个新规则的能力,包括问题表征的深度、执行解题计划的速度、实施步骤、策略运用、元认知水平差异。

我们在开发与课题研究配套的测量评价中要求每一道题目对学生创新意识培养项目要有明确标识,不追求唯一答案,考查内容要着眼于学习者的未来。

（七）改变研究的价值取向

中小学教师开展研究的理想价值取向应该是解决现实教育教学情景中的具体问题，因此我们一方面尽可能地按照科学的研究范式积累数据和资料开展数据分析工作；另一方面受一种新的教育科研方法——"循环实证"的研究法启发，区别于传统的"实验班、对照班"，对影响整体教学模式中的关键因素进行干预，选择灵活的教学方法，通过不断的"循环实证"测试课堂经过干预后带来的变化，证明本课题研究能提高课堂效能、促进学生发展。

（八）从目标达成的课堂到生命成长的课堂

传统课堂教学任务是知识的传授与目标的达成，然而整体教学的课堂价值和魅力是师生互动、心灵对话的舞台，教学内容在保持相对稳定的同时有着更多的变数，数十个鲜活的生命在思想的原野上驰骋，这对于教师的驾驭能力、应变能力都是一种挑战，课堂教学既有"有心栽花"的繁花似锦，又有"无心插柳"的柳荫成行，最终实现师生"自我获取、自我建构、自我发展、自我超越"的生命成长。这是我们课题的终极目标，也是我们的教育理想。

开发课程资源，提高课堂教学实效性的探索与实践

天津市实验中学　　课题组

一、问题的提出

（一）课题研究的现实背景及意义

（1）第八次课程改革提出面向全体学生深化素质教育，而课堂教学是学校实施素质教育、培养人才的主渠道，要想真正落实课程改革的目标，实施好素质教育，力争在课程改革中取得突破性进展，就要"聚焦课堂""决战课堂"。

（2）当前教育改革关注减轻学生不必要的课业负担，而"减负"的关键不是教学内容和时间的压缩，只有从根本上对教育质量进行提升，才能达到"减负增质"的目标。我校开展的教育科研实践活动从改变教学方式和学习方式、促进学生建构起科学的思维方式达到提高课堂教学实效性的目的，这对培养学生学会学习、减轻学生过重的课业负担提供了具有实际操作价值的教学探索。

（3）《普通高中课程方案（实验）》及各学科的课程标准（实验）指出，为保障新课程的实施，促进学生的全面发展，学校应加强课程资源建设，充分挖掘并有效利用校内外各种课程资源。课程资源的开发与利用是课程建设的重要组成部分。在国家课程的实施过程中，任课教师应该对课

程内容进行有针对性的选择、改组、重组,使其符合学生的实际学习需求。通过促进教师专业技能的提高与发展,达到提高教学实效性的目标,最终实现学生真实的、全面的发展,从而在更深层面上推进素质教育的实施。

(二)核心概念的界定

本课题中所述的"课程资源",是指形成教学内容的直接来源。我们要着力研究开发的课程资源主要包括两个方面:素材性资源,指能为课堂教学内容提供认知帮助的各种材料;条件性资源,指能为学生动手动脑等活动提供帮助的物质资源。本课题中所述的"实效性",是指新时期进行课堂教学改革中实际产生的教学效果问题,即:通过什么途径和方法能够有效提高课堂教学效率,达到帮助学生夯实知识基础、培养学习能力、建构思维方式的最佳效果。

(三)课题研究的目的

《开发课程资源,提高课堂教学实效性的探索与实践》课题旨在通过研究和实践,以对国家必修教材的"优化研发"为主线,以开发利用整合各种课程资源为切入点,以学科特色的凸显为研发核心,通过教师合理的优化教学内容,创新教学设计,以及对校内外课程资源的合理利用,寻找提高课堂教学实效性的途径和方法,实现知识结构与思维方式建构的有效结合,促进学生和教师的共同发展,不断提升学校办学质量,达到"减负增质"的教育目标。

二、解决问题的过程与方法

(一)主要研究内容

我校对《开发课程资源,提高课堂教学实效性的探索与实践》课题研究工作主要从以下五个方面展开。

第一，优化教材资源，对高中必修教材进行教学资源开发，研究各具学科特色的"素材模块"开发形式。

第二，注重隐性课程资源开发，优化教学过程，探索富有学科特色的课堂教学模式。

第三，挖掘条件性课程资源，完善课程资源体系，开拓教学实践空间。

第四，以课程资源开发为契机，加强教师专业化建设，提高教师队伍的整体素质。

第五，提高学校以课堂教学为中心的教育质量和整体办学水平。

（二）课题研究的方法

本课题以行动研究法为主，根据我校的实际情况，结合各学科的特点，通过一系列有组织、有计划、分步骤的实际行动和详细研究制定出具体有效的操作方案，从而实质性地推动学校课程资源的建设与发展，为提高课堂实效性提供保障。辅之以教育实验法、谈话法、问卷调查法、观察法、撰写表征记录等，对课题研发的成果进行不断的探索、开发和利用，做到边实践边研究，将开发、实践与反思结合起来。

（三）课题研究的步骤

1. 明确层级分工机制

围绕"开发课程资源，提高课堂教学实效性"研究课题，我校从学校层级、学科组层级、教师层级三个层面上开展课程资源的开发、实践和推动工作。

（1）学校层级工作主要包括：教师培训、教学环境配套建设和精品校本课程建设三个方面。

（2）学科组层级工作主要包括：确立特色化教学模式、组织教师完成对教材资源进行开发的丛书《高中新课程·课程资源开发精编》的撰写工作以及学科科研子课题的研究工作。

（3）教师层级工作主要包括：围绕本学科特点参加必修教材开发丛书《高中新课程·课程资源开发精编》的撰写工作。

2. 构建课程资源开发体系

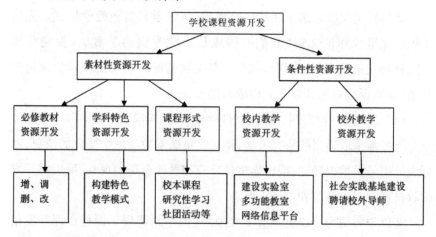

3. 课题研究的推动与实施

（1）学习准备阶段：2007 年 11 月—2008 年 8 月。

①课题于 2007 年 11 月立项，先后几次组织了以各学科组长为核心的部分教师研讨活动，围绕课题多次与天津市教育科学研究院专家沟通，对课题研究的方向和方法进行论证。

②科研处拟定研究方案，语文组和数学组进行先期课程资源开发的案例撰写供大家研讨。

③各学科组落实人员安排，科研处召开课题会。

（2）课程资源开发方案撰写阶段：2008 年 9 月—2009 年 1 月。

①各学科组高中任课教师以合作小组为单位，将必修教材以单元、章节的顺序，精选开发课程资源的实例，以最能体现每个学科不同特色的形式汇总成书面的试行方案。

②教研组长组织组内教师开展研讨,对本学科的试行方案进行筛选和把关,明确学科特色化教学模式。

(3)成果总结阶段:2009年2月—2010年1月。

①在学校层级开展针对教材资源开发的研究工作。开展对必修教材的课程资源开发丛书《高中新课程·课程资源开发精编》的编写工作。

②学科组层级总结子课题研究成果,探索学科特色教学模式。先后出版语文组教师论文集《我们共同成长》、化学组的学案集《探究与实践》、物理组的丛书《物理课堂教学中各类实验的改进与创新》、生物组的丛书《生物课程资源开发与利用成果集》。

(4)成果第一轮实践、检验、修订阶段:2010年2月—2010年8月。

①教师采取适当的研究方法,随时收集课堂教学发生变化的情况,做好表征记录及数据登记,根据学生的反应和教师自身的观察、反思对开发的教材资源提出修改和改进方案。

②以学科组为单位组织骨干教师对《高中新课程·课程资源开发精编》丛书进行修订,在我校高中学段进行普遍应用。

(5)成果交流与第二轮修订阶段:2010年9月—2011年5月。

①在学科组内以相互听课、集体备课、全校公开展示课的形式,对教材资源和学科特色教学模式进行学科组内完善修正工作。

②召开成果推广会,邀请全国中学教育科研联合体、国家教育部、天津市教委的专家莅临我校进行课题指导,向兄弟学校介绍、交流科研成果。在专家指导下对成果继续进行补充、修正。

③科研处撰写结题报告,召开结题会。

(6)成果继续推广、完善阶段:2011年6月—2014年3月。

①我校自主研发的课程资源丛书已经在我校高中学段连续开展了五年的教学实践,成为课堂教学的重要依据。

②开展学科优秀课交流、创优课评比、校际观摩课活动进行教学设计

优化与学科间的交流,将教学实践成果进行推广。

③在课题研发理念带动下提升教师的教学理念,拓展教学视野。将"微课""网络教学"等全新的教学观念引入课堂教学,促进课题研究的可持续发展。

三、成果的主要内容

(一)实施对高中 13 科必修课教材进行的"优化研发",创设"素材模块"开发形式,优化教材资源

1. 教材资源开发的原则

以教材为线索,选择资源开发的重点;以学科为特色,凸显资源开发的个性。注重"学科知识"与"思维方式"的有效结合,通过对教材必要的"增、删、调、换"优化教学资源。

2. 创设"素材模块"开发形式

13 个学科组分析本学科的教学特色,对学科知识进行梳理、归纳、增补,然后形成固定的、具有学科教学思维方式的"素材模块",为教学活动的有序开展提供依据。例如:数学组通过"难点突破""规律总结""迁移类比"三个素材模块的设置,就建立起基于提炼、归纳、拓展的教学结构形式。

"素材模块"例举

语文组	"抛砖引玉""美文共赏""妙笔生花""意在文外"
英语组	"词汇宝盒""浮光掠影""朝花夕拾"
地理组	"思维导图""课外拓展"
化学组	"实验导入""合作探索""比较归纳"

数学组	"难点突破""规律总结""迁移类比"
历史组	"通史补遗""史海掠影""史海探珍"

3. 教材资源开发的流程

教师制订课程资源开发方案→学科组内筛选→教学实践应用→反思检验效果→修改完善推广。

4. 教材资源开发的成果

编辑出版13个学科的《高中新课程·课程资源开发精编》丛书,由中国教育出版社出版。

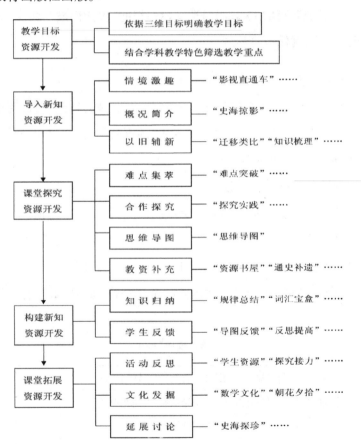

注:引号内为各学科组教材资源开发设置专栏样例

（二）通过挖掘潜在的课程资源，构建"学科特色教学模式"，优化教学过程

1. 明确提高课堂教学实效性的教学规律，优化教与学的过程

潜在的课程资源是指非物化的课程资源，主要是学生的生活经验和所了解的各种信息，以及教师制定的既能实现有效学习又符合学生兴趣爱好的教学活动方式和教学手段。围绕"开发课程资源，提高课堂教学实效性"的科研课题，我校全体教师在参加了对高中 13 个学科必修教材的资源开发工作的基础上，对课堂教学过程中的潜在的课程资源进行了深入挖掘，并总结出以下四点提高课堂教学实效性的规律：

（1）明确教学目标，实现对课堂教学的"先行组织"。通过先行组织者，为学习新知做好准备。我校教师在对必修教材的资源开发中尝试运用情境激趣式、概况简介式、以旧辅新式等多种方式导入课堂教学，力求提高课堂教学的实效性。

（2）运用多元化的学习方式，在"探究—实践"过程中构建新知。在对必修教材的资源开发过程中，我校教师根据不同学科的特点，以"合作探究""难点集萃""思维导图"等形式开展丰富的课堂教学活动，力求让学生在自主探究的过程中建构新知，通过师生的共同协作达到构建新知的目的。

（3）注重课堂反馈，通过归纳总结凸显课堂教学重点。课堂教学知识的反馈、总结可以加强学生对课堂教学中难点的认识，将所学知识系统化、规律化，从而达到提高课堂教学实效性的目的。在对必修教材的资源开发过程中，不同学科提出了引导式归纳、研讨式归纳、提升式归纳等个性化的反馈总结形式，为学生提供了拓展课堂的途径。

（4）关注知识迁移，实现课堂教学实效。对课堂教学的内容进行知识迁移，可以激发学生从更广阔的空间中运用所学知识，从可持续发展的

意义上提高课堂教学的实效性。我校教师在课程资源开发过程中始终坚持将课堂教学与社会现实相结合,引导学生通过"探究—实践"的方式进行课堂知识的迁移和拓展。

2.构建"学科特色教学模式",在课堂教学中凸显学科思维方式

各学科结合自身的学科特点,力求形成各自风格,构建特色鲜明的课堂教学模式,更合理地使课程资源得到充分利用,提高课堂教学的实效。

学科	教 学 模 式
语文	"双线自主活动式"
数学	"数学实验室"
英语	"语言与文化互现式"
物理	"导学—探究"
化学	"引导探究—实验探索—实践创新"
生物	"实践探究式"
政治	"导学式"
历史	"激趣导学式"
地理	"图式—探究—合作"
音乐、美术	"艺术学科综合式"
信息	"基于项目"
通用技术	"活动体验式"

(三)开发条件性课程资源,完善课程资源体系,为学生提供知识实践的广阔平台

1.加强校本课程资源的开发与管理,精心打造精品学校课程

课堂教学是教育的主阵地,但是学生水平参差不齐,发展兴趣、资质存在差异,根据人本主义、多元智能理论,我校将校本课程作为课堂教学

必修课程教学的重要辅助形式进行开发。

2.广泛开发条件性课程资源,提供硬件环境支撑,拓展教学空间

(1)加强校内资源开发,注重硬件资源建设。对学校校园,特别是逸夫科学楼、艺体楼、图书馆等进行了全面改造,建起了33间创新实验室、28间多功能专用教室及11处独具教育功能的场所,为提高课堂教学实效提供了硬件环境的支撑。

(2)拓展教学空间,加强校外课程资源开发。目前,我校与南开大学、天津大学、天津市科技馆、天津市电教馆、天津市自然博物馆等单位建立了合作关系,为拓展教学空间提供了必要条件。我校聘请南开大学、天津大学教授与有科技特长学生建立导师关系,充分利用大学科技实验室指导学生进行专业发展。

3.拓展信息资源,构建教学资源共享平台

(1)在对必修教材进行资源研发过程中,我校所有学科都对课程资料补充给予了高度重视,教师们结合各学科的教学特点,采用多种方式为学生提供了丰富的课程资料。通用技术学科设置"资源共享平台"栏目,地理学科设置"资源书屋"以图片、知识摘要的形式为学生提供科技发明的历史介绍、前沿的科技发明、典型地质概况等信息。这些资料提高了学生参与课堂教学的积极性,在很大程度上促进了课堂教学效率的提高。

(2)学校信息中心投入上千万元进行数字化校园建设,校内外网站的开通为师生获取信息资源、共享优质管理提供了可靠保障。在学校课程管理模块中可以完成课程介绍、模块设置、课程安排、学分设置、学生在线选课、在线学习、在线考试、学分查询等功能。所有这一切,都为提高课堂教学实效提供了重要的课程资源保障。

四、效果与反思

（一）课题研究的效果

立足课程资源开发，着力提高课堂教学实效的探索，经过三年的努力收到了较明显的成效。教学过程不再是老师们忠实地"教教材"，而是在用教材教的过程中，把教的内容不断地转化为适合特定学生学习、有利于学生发展的活化的学的内容的凝结智慧与创新的过程。调查问卷、师生访谈、优秀课的不断呈现等一系列反馈结果让我们欣慰地看到在不断开发课程资源的努力下，课堂教学实效性不断提升、教师与学生共同成长和学校进一步提高办学质量增强发展后劲的可喜成果。

1. 课程资源的优化开发为课堂教学提供了素材性资源保证，优化了教学结构和教学过程

（1）本课题的科研成果《高中新课程·课程资源开发精编》丛书在我校2009—2014届高中学段进行了推广使用。自主研发的教学资源能够对必修教材进行有效的优化、补充。

（2）"模块教学"形式的确立，对优化教学结构起到了促进作用，使课堂教学结构更趋于科学化、规范化、合理化。

（3）"学科特色教学模式"的建立，使课程资源的开发不仅从知识角度展开，更注重知识规律、思维方式的总结，让学生"学会学习"，为今后的自主学习奠定基础。一项面向239人的问卷调查结果显示：97%的学生表示拓展教材内容对学习产生了帮助，其中67%的学生感受促进较大；96%的学生感受到开发课程资源有效地提高了自己的课堂吸收率，其中58%的学生表述"提高较大"。

问卷反馈中部分问题的分析结果

问卷试题1	你认为现行教材中的内容能否满足你的学习需求?	统计结果	问卷试题2	你对教师拓展教材内容持怎样的态度?	统计结果
A	完全可以满足	95人/40%	A	希望拓展教材内容	203人/85%
B	基本可以满足	115人/48%	B	无所谓	25人/10%
C	不能满足	29人/12%	C	不需要拓展教材内容	11人/5%
问卷试题5	教师拓展教材内容对你的学习产生了怎样的影响?	统计结果	问卷试题8	教师开发课程资源对你的课堂学习吸收率产生了怎样的影响?	统计结果
A	促进较大	161人/67%	A	提高较大	139人/58%
B	有一定帮助	72人/30%	B	有一定提高	91人/38%
C	没有帮助	4人/2%	C	没有提高	9人/4%

2. 课题研究过程促进了教师的专业发展,为师资队伍建设提供了可持续发展空间

课题研究活动过程提升了教师的教学技能,在个性化的学科模式基础上,教师们开发出了丰富多彩的教学方式,在教学实施方面为提高教学实效性提供了有力支持。在编撰、使用课程资源过程中,广大教师深入思考提高课堂实效性的策略与方法,由教材忠实的执行者转变为课程资源的开发者和创造性实施课程的探索者,培养出一支高质量的研究型教师队伍。

我校通过问卷调查的方式对教师参加课题研究与课程资源开发工作后,对新课程理念的认识、对三维目标的领悟、对教学方法的提高等情况进行了反馈调查。

我校教师参加课题研究后对"三维目标"的认识、课堂

教学设计能力、教学方法运用能力的调查(节选)

调查问题	A 变化较大	B 有一定变化	C 没有变化
您对"三维目标"的理解有怎样的变化?	82 人/51%	77 人/47%	3 人/2%
您设计课堂教学的能力有何变化?	61 人/38%	100 人/61%	1 人/1%
您对学科教研活动的参与程度有何变化?	69 人/42%	92 人/57%	1 人/1%

从调查结果可以看出,参加课题研究工作促进了教师们对《课程标准》提出的"三维目标"的认识,通过学科组内教师之间的交流,教师们不同程度地掌握了更多的课堂教学方法,形成了严谨有序的学科特色教学模式,达到了更新教学理念、提升教学方法的目的。

近三年来,学校共有七十余节次的优秀课、创优课在全国、全市获奖;教师们撰写的研究成果已有数十篇发表和获奖,并已编辑、出版成果集多册。

2007—2011 年教师论文、做课获奖情况统计

级别	论文发表	论文获奖	做课获奖
国家级	46	241	23
市　级	132	250	40

3. 课程资源的优化研发促进了学生有效学习,为实现"减负增质"提供了有效途径

教材内容的精练化、教学方法的个性化、教学资源的丰富化是我校科研活动开展的初衷。教师通过对必修教学资源的优化与研发,使课堂教学逻辑清晰、知识结构严谨、思维方式明确、讲练结合恰如其分,能够帮助学生迅速掌握课堂教学的知识要点,并达到构建学科特色思维方式的目的,这就为切实减轻学生不必要的课业负担提供了有效途径,使教师成为

学生学习的促动者、辅助者。

4.教学资源的综合开发促进了学校的可持续发展

提高了学校以课堂教学为中心的教育质量和整体办学水平,使学校成为务实型和研究型的学校,培养了一批优秀的学生,教学质量不断攀升,受到社会广泛的赞誉。

(二)课题研究的反思

1.以科研为引领,严谨的态度、科学的方法、规范的管理是实践创新的质量保证

在实践中,我们遵循以问题为驱动,注重实践、研究、总结提升、回归实践检验的原则,克服研究的盲目性和随意性。注重专家的引领和指导,以课题研究推动教学实践工作。各学科组也根据本学科的特点,找准研究方向和切入点,分别立项了市区级子课题,从而保证了整个工作的科学性。

2.全员参与,深入课堂,让教育科研与教学实践紧密结合

开发课程资源提高教学实效不是少数骨干教师的任务,而是全体教师更新教育理念、优化教学过程、提高专业素养、促进学生发展的责任与使命。不是为了搞科研而搞科研。全校高中教师参与,每名教师都是研究者、践行者,把研究的过程变成自然的教学行为,才最终保证了研究成果的推广与应用。

3.发挥团队作用,凝结集体智慧,资源共享

在课题研究中,学校、学科组和教师三个层面都在承担着不同的任务,特别是学科组至关重要。一方面,各学科都围绕学校的总体工作开展研究,但又要突出本学科特色与优长;另一方面,学科组既要尊重每位教师的教学风格,又要突出学科教学共性,以利于大家分享经验、共享成果。

4.教育科研活动要具有可持续发展价值,为教学实践提供动态发展

平台

　　通过对必修教材资源的开发工作,我校各学科都对必修教材内容进行了"增、调、删、换"的处理,尤其是学科特色教学模式的开发,更是体现出时代性、前沿性的特点。但时代的发展速度很快,知识更新是一个可持续发展的过程。在问卷调查中我们设计了这样一道问题:您在课堂教学过程中,对其他教师进行的资源开发的借鉴情况如何? 反馈结果表明:28%的教师选择"借鉴较多",71%的教师选择"部分借鉴,还需自己继续开发"。这就说明课堂教学资源具有个性化特点,教师个体应当结合自己的教学特色对课堂教学资源进行不断的开发。时下,"微课""翻转课堂"教学理念为我们利用网络平台拓展教学资源,通过精缩视频提炼教学内容提供了更广阔的思路。目前我校已经开展教师对必修教材的"微课"录制与教学实践活动,取得了初步成效。课程资源开发课题的研究过程引导我们在学校"求思文化"的精神指引下不断地进行思考、实践与探索,达到了以"科研"促"教学"的研究效果。同时,这一课题的研究切入点与时代的发展同步,为科研活动提供了动态的、可持续的发展空间,引领教学资源开发不断深入。

综合实践活动课程常态化实施的研究

天津市天津中学　　课题组

一、问题的提出

综合实践活动课程是新课程的亮点,有着独特的育人价值。但因高考不考和国家对这门课程只有《指导纲要》而无具体操作规范,导致了课程实施难度很大。据我们调查,大多数学校对这门课程的实施没有认真加以研究,随意性强,主要表现为:无课程计划、无统整的内容设计安排、无实践基地、无固定课时、无稳定的教师队伍、无制度保障等。这直接影响了新课改的进程和成效,影响着学生的全面发展。研究综合实践活动课程"常态化"实施,有着非常重要的现实意义。

本研究的重点是:"课程化"建设和"常态化"实施,即按课程要素对综合实践活动进行系统开发构建,将该课程纳入整个课程体系统一管理,保障课程实施的时空和学生全员参与,以充分发挥课程的育人功能。

二、研究的过程与方法

我们从 2000 年开始探索综合实践活动,经历 14 年。

（一）把问题作为研究的立足点

研究的目的是为了使课程得以有效实施，我们的研究是从该课程实施中遇到的问题出发的。从课程要素视角，与学科课程进行比较分析，我们认为主要问题是：学科课程有固定的实施空间和课时，而综合实践活动课程是开放性课程，如何开辟实施时空？学科课程有课标、教材、教学计划，而综合实践活动课程是实践性课程，如何因地制宜地安排学习的内容、设计研究的课题？学科课程有基本的教学模式和程序，而综合实践活动课程是活动性课程，如何安排设计不同形式的活动？学科课程有以考试为基本的评价方式，而综合实践活动课程是体验性的课程，更多地关注学生的经验获得、人格发展、社会责任感、创新精神和实践能力等，如何实施多元化的评价？学科课程有受过专业系统训练的固定师资，而综合实践活动课程的师资培养尚未纳入大学的计划，如何在现有的师资队伍中建设具有这一课程所需的指导教师队伍？学科课程有完善的管理机构、机制、制度，而综合实践活动课程的管理要重新构建，如何架构管理体系、制定管理规范？这六个问题是课程实施的基本条件，我们试图用综合实践活动课程"常态化"实施的命题去解决。

（二）按课程要素系统构建

系统论强调用整体的观念看事物，反对"要素性能好，则整体性能一定好"的观点。我们把综合实践活动课程作为一个系统，分析了系统的结构和功能，按课程要素，如课程理念、目标、内容、活动方式、时空、评价、管理等，对综合实践活动课程作了系统开发，实现了课程化构建。

（三）研究的阶段

1.2000—2003 年，初期探索阶段

主要探索综合实践活动开展的途径和方法，不断丰富活动的内容和形式，如：建立实践活动基地、开展社会调查和生态考察、父母岗位体验、社会服务活动等。

2.2003—2008 年，课程化探索阶段

总结初期探索的基本经验，按照综合实践活动课程化建设的思路，分析、提炼活动中的课程要素，并按照系统化的原则进行构建。

3.2008—2014 年，深化实施阶段

探索课程的"常态化"实施：最终构建形成了综合实践活动课程常态化实施的系统框架，探索学科课程与综合实践活动课程融合。

三、成果的主要内容

依据课程开发的理论，构建形成了综合实践活动课程实施的操作范式，主要内容分以下七个方面详述。

（一）四个理念，解决了活动课程实施的思想指导问题

我们从哲学（马克思的实践哲学、人学理论等）、活动教育理论、建构主义等理论中汲取了思想精华，提出了四个课程基本理念。

（1）面向生活——打破学习与生活的隔绝，把生活作为教育资源。

（2）知行合一——打破理论与实践的对立，构建合理的知识结构。

（3）交往对话——打破人与人之间的隔膜，在协商合作中建构。

（4）自主发展——打破教师对学生的占有，让学生成为学习发展的主体。

（二）五条实施途径，解决了活动课程的时空问题

五条途径是根据天津地区所能提供的课程资源因地制宜确定的，它涵盖了"社会实践、研究性学习、社区服务"三个课程领域。

1. 以校外综合活动实践基地为依托，开展社会调查和生态考察活动

2001 年我校在蓟县建立了综合实践活动教育基地，集学军、学农、社会调查、生态考察、科技活动、传统教育等功能于一体，学生每年暑期在基地进行 4 至 5 天的考察活动。2009 年以后又开辟了"杨柳青镇社会实践基地"及滨海新区、高新技术产业园区、农业示范区等实践基地。

2. 以学生家长工作单位为基地，开展岗位体验和社会观察活动

学生家长的职业不同、岗位不同，深入其中，能从一个侧面了解社会。假期组织学生到父母工作岗位进行体验，学校制订了岗位体验和社会观察提纲，使学生深入实践后知道要看什么、调查什么、完成什么任务。岗位体验后，学生要写出心得收获参加成果交流会。这项活动使学生不但体验家长工作的艰辛、了解父母劳动的价值、增加对家长的理解、改善与父母的关系，而且从职业岗位的视角接触社会，增强对社会的认识。

3. 以学校"生态园"（校内实践基地）为平台，开展生物科技实践活动

2008 年，校内开辟了 4000 平方米的生态园，规划出动物饲养区、农作物和果树种植区等区域，建设了智能温室、组培实验室、地震台、气象台，编制了《生态园实践指导》，以案例的形式指导学生实践探究。我们还聘请了天津市农科院、气象局、地震局的专家指导实验研究，并让学生了解专家的科研项目，参观专家的研究基地；学生自己确立课题、走访调查、设计完成实验，现有百余项探究课题形成了市级以上研究成果。

4. 以社团活动为载体，开展自主实践活动

学校有学生社团 30 个，每周安排两课时活动，社团成员自主制定活动章程并开展活动。每年举办校园艺术节和社团展示周，为社团提供展

示的机会。各社团创作了大量优秀的成果和作品,活跃着学校的文化生活。

5. 以志愿者协会为支撑,开展社会服务活动

学校志愿者协会拥有完善的青年志愿者认证、管理、评价体系,设有固定的志愿服务基地,如天津市儿童福利院、鹤童老人院、博翰幼儿园等。每年每位志愿者服务时间累积达到 50 小时。我们还将部分学生推荐到市一级志愿者协会,提供更为广阔的实践服务平台。

有固定的课时是"常态化"实施的必要条件,也是五条途径实现的前提条件。下表是我们课程实施的课时安排:

内容安排	课时安排
科技人文讲座	每月 1 次,每次 2 课时
社会实践	每学年 1 次,历时 7 天
研究性学习	每周 2 课时
社区服务	假期

(三)"三点预设""四题递进",解决了活动课程的内容问题

1."三点预设"

所谓"三点预设"是指教师对课程资源的开发和课程内容的设计。"三点"即:"看点",根据经济社会发展和学生需求,选择确定具体的考察和研究的对象;"联系点",所考察和研究的对象与学科知识有什么联系;"教育点",考察对象和活动对学生思想品德、个性心理等方面的发展具有哪些价值。如:天津纪庄子再生水(中水)处理厂考察方案中设计了 12 组看点、联系点和教育点,以下是两组样例。

看点	知识联系点	教育点
再生水厂主要设施的布局情况及水在设施间的流动过程	了解水处理基本流程	学会分析要点结构关系
我国第一个国产化浸没式膜过滤工艺,用于市政污水深度处理回用的工程	该工艺的主要物理原理基础	了解我国的前沿技术水平,提高民族自豪感,增强民族自信心,增强学生创新意识,树立高起点上发展高水平的意识

2.“四题递进”

课题研究是活动课程内容实现的基本方式。我们采用“主题—专题—问题—课题”的四题递进的方式进行课题研究的设计安排。主题和专题由教师预设,体现了教师的指导作用;问题与课题由学生确定,体现了学生的主体地位。以下是2012年暑期社会实践活动“四题递进”样例。

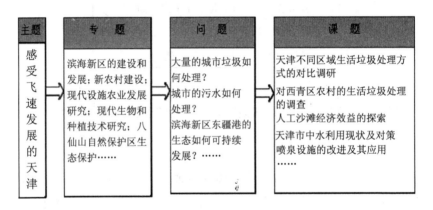

(四)构建活动实施环节,解决了活动课程的流程问题

课堂教学有教师活动和学生活动的环节,实践活动也要有流程,要分别规定教师和学生什么时间做什么。各条途径均设定了流程,以下是“社会调查和生态考察活动流程图”。

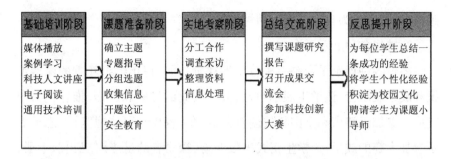

活动中,每个环节都有精心的设计安排。例如,上图中课题准备阶段的开题论证会,先在班级内由各小组对课题的研究目的、意义和方法进行阐述,然后教师引领学生自评、互评。在这个环节,学生间相互质疑、相互启发,气氛异常热烈。交流后每班选出两个课题组进行年级汇报。年级由教师和学生组成评委会,评选出一、二、三等奖。会上设置了点评环节,学生自由发言,给出简单的评价,提出主要问题和具体建议。为鼓励学生认真倾听并把自己的意见和建议贡献给课题研究者,我们又设了最佳点评奖。最后由学校指导教师作总结性点评,肯定有价值的选题和合理的研究方法、指出不足、提出修改的建议。

(五)创新评价方式,解决了活动课程的评价问题

我们确立了活动课程定性与定量描述结合、自评与他评结合、纵向自我参照与横向同伴参照结合的评价原则,创新了评价方式:即时评价、成果作品评价、综合表现评价。以下是评价的具体方式。

1. 深度交谈做好活动的"二次开发"

"二次开发"是指实践活动后,通过教师与学生的深度交谈帮助学生反思"活动中遇到哪些困难? 如何解决的? 有哪些环节留下遗憾? 是否可以做得更好? 自己在人生经验层面有哪些收获?"如果说活动阶段是主体对客观世界的开发,那么反思阶段可以看成是主体对主观世界的开发。"二次开发"是在教师指导下学生自我评价的过程,让学生的研究历程、感悟、体验内化为自主成长的精神食粮。

2. 搭建各种展示平台

搭建各种展示平台是一种肯定性评价。如：每年组织隆重的课题汇报和成果展示会，让学生展示自己，分享彼此的经验和感悟；推荐优秀研究成果参加天津市和全国科技创新大赛，在《青少年科技博览》杂志上展示参加大赛的成果；为学生正式出版专集《探索者的足迹》（已出版七册，收录成果报告六百余篇）。此外，学校还为学生搭建国际交流的舞台。2006 年加拿大教育访问团来我校学访，我们让科技创新大赛获奖的同学用英语汇报自己的研究成果，其间加拿大朋友不时地向他们提问，学生们表现得从容自信，对自己亲历的研究细节娓娓道来，赢得了加拿大友人的高度评价。

3. 评选表彰"科学探索之星"和"自主学习之星"

仿照"感动中国十大人物"的颁奖仪式，在每年的开学典礼上，我们隆重表彰"科学探索之星"和"自主学习之星"，并为每个获奖的学生撰写一段优美的颁奖词。这一活动极大地激发了学生的学习热情、自信心、成功感和荣誉感。

4. 聘高年级学生做低年级学生的"小导师"

组织获优秀成果奖的同学为低年级同学开设研究性学习讲座，介绍自己的研究项目和研究过程及收获。学校为他们颁发聘书，使他们成为指导低级学生做相关课题的"小导师"。这样做一方面使被选中的"小导师"非常自豪，同时促使了他们对自己的学习历程和收获进行再认识和自我反思评价。

5. 将学校课程实施的经验和学生的个性化经验积淀为学校文化

我们总结了百余个学生活动的案例，并从文化的视角进行特征的提炼和概括。学校的三楼设有"综合实践活动课程"展区，通过重点介绍课程的实施和活动中优秀学生典型，展示学校的文化，让文化成为重要的教育资源,如用生动的案例告诉学生"你也能行",让学生更好地践行学校核心价值观——"为成功的人生做准备";用生动的案例告诉学生,知行合一才能激活所学的知识获得真知,让学生形成正确的学习观——"重理论与实践的结合";用生动的案例告诉学生,学习发展是积极主动的过程,让学生领悟主体发展观——"自主发展"。

(六)建立校内外、专兼职相结合的教师队伍,解决了活动课程的教师指导问题

(1)一般学校中没有专职活动课程的教师编制,我们通过校内外相结合、专兼职相结合组建了一支相对稳定的活动课程指导教师队伍。下图呈现了我校活动课程教师队伍编制结构。

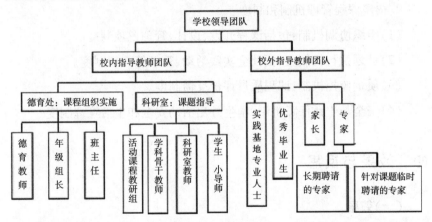

(2)我们在课程实施中对教师开展培训和实践锻炼,在指导学生课题研究中对具有不同学术知识背景的教师加以组合,充分发挥教师群体"协同指导"的作用。

(七)建立课程管理体系和机制,解决了活动课程的管理问题

1. 梳理构建课程管理体系

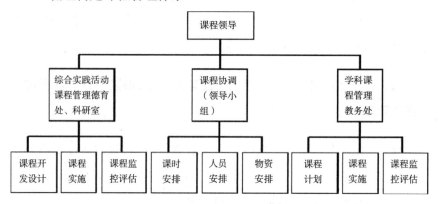

2. 构建课程管理机制和制度

(1)组织协调机制:包括课程开发、设计、管理三项制度。

(2)计划执行机制:包括社会实践活动、管理等五项制度。

(3)质量监控机制:课程质量评价反馈制度。

(4)安全与生活保障机制:学生外出活动安全和生活管理制度。

四、效果与反思

(一)效果

1. 促进学生素质的全面提高

(1)促进健康人格的形成。自我意识是人格的核心要素,正确认识自我是健康人格的基础。在活动中让学生形成积极的自我意识非常重要,这也是我们实施课程要努力实现的目标之一,在这方面我们做了许多探索,许多案例可以说明这一点。如:有的学生通过亚健康调查,增强了对自我和人格健康的关注度;有的学生因高质量地完成了研究课题并获

得创新大赛一等奖,走出学习失败者的阴影,重新找回自信;有的学生在艰苦的环境下开展研究并取得了重要的成果,习得了坚韧。

（2）提高社会责任感。社会责任感是道德的核心。我们在课程实施中尤为重视学生社会责任感的形成,并取得显著的教育成效。如:有的学生通过在父母岗位体验的过程中加深了对父母的理解,懂得了尊重;有的学生在研究农民工吃陈化米的过程中引发了对社会弱势群体的关注,习得了关爱;有的学生到工厂调查看到工人生产环境恶劣,决心发奋学习,认为将来有责任改变落后的生产面貌,让生活更美好。

（3）发展实践创新能力。2006 年以来,我校共有 233 项作品和论文获天津市青少年科技创新成果奖。仅以 2009 年为例,天津中学的获奖学生人数占全市的三百分之一,获天津市一等奖和二等奖的人数占全市的五分之一,获三等奖的人数占全市的三分之一。另外,近年来还有 36 人获得国家发明专利。事实表明,综合实践活动使学生的实践和创造能力得到了极大的释放。

（4）有利于提升学科学习成绩。为了回答家长的质疑,我们就"综合实践活动与高考成绩的关系"做了实证研究。结果显示,坚持参加活动的文理科学生高考成绩均有提高,理科有显著性差异。

（5）对学生职业成熟度产生积极影响。使用《高中生职业成熟度》问卷进行施测和数据分析。结果显示:是否参加活动课程,在主动性（$t = 3.393, p < .05$）、自信心（$t = 2.007, p < .05$）、职业态度（$t = 2.571, p < .05$）、事业知识（$t = 2.087, p < .05$）、职业知识（$t = 1.984, p < .05$）等方面有显著差异。

2. 促进教师的专业发展

活动课程的实施、培养、锻炼练就了一批优秀的指导教师,提升了他们的专业素质和能力。仅举两例:弭金玲,生物特级教师,综合实践团队的主要成员,著有《面向生活的生物教学》《叩开研究性学习之门》等专著,受聘教育部国培计划导师,2013年天津市举办了弭金玲教育思想研讨会,同年获得中国教育报刊社评选的"全国教育改革先锋教师"称号(全国10人);张勤科,物理高级教师,在综合实践活动中指导学生搞发明创新,36名学生获发明专利,他被天津市专利局授予"发明指导金牌教练"。

3.全面提升学校整体教育教学质量

国赫孚校长承担的全国教育科学规划课题"活动课程常态化实施的研究",该研究成果2010年被教育部评为"全国基础教育课程改革教学研究成果二等奖",2011年在全国课改经验交流会作书面交流。同时,国赫孚参与的课题"普通高中研究性学习活动机制建设的研究"获"全国基础教育课程改革二等奖"。活动课程激发了学生的学习热情,改变了教师的教育观念,撬动了课堂教学改革。从2005年至今,学校进一步开展新课程背景下重构课堂教学的研究,全面推行"六环节"自主学习课堂教学基本模式,深入开展教学内容设计,教学质量快速提高。学校招生位次由2000年建校初的收底、2003年的第27位,提升到目前的第12位,这表明学校的社会知名度和影响力也在日益扩大,这一现象被人们称之为"天津中学现象"。2009年学校被教育部评为"全国基础教育系统先进集体"。

4.形成积极的社会影响,为全国课改提供经验和样本

2006年,原国家教委朱穆菊同志来天津调研,对天津中学实践活动课程的经验给予高度的评价:"天津中学在综合实践活动课程的实施方面获得了宝贵经验,我认为有以下三个方面特别值得借鉴:第一,创造性地构建了综合实践活动课程实施的操作范式,充分显示了综合实践活动课程不可替代的价值。第二,以综合实践活动课程的实施为切入点,进而延伸至课堂教学的改革,深刻分析与反思了'教师中心''满堂灌'的弊端,系统地对课程做了整体改革和构建。第三,在文化建设上下功夫,以'道'御'术'。"后经基础教育司推荐,国赫孚校长赴新疆、西藏、重庆等省

市自治区,在各地新课程启动会上介绍天津中学的实践经验;基础教育司还聘请他为"全国课改试点校校长班"活动课程实施的讲师;师范司聘请他为"教育部师范司骨干教师班"讲学;此外,北京、山东等省市也都聘请他讲学。2009年中央教科所举办"中美教育研讨会"邀请国赫孚校长作为综合实践活动课程分会场主持人并介绍经验。

天津中学的综合实践活动课程常态化实施引起了社会的广泛关注,《中国教育报》《中国教师报》《基础教育课程》等多家报纸杂志刊发报道。2012年,由国赫孚校长撰写的《国赫孚与实践教育》一书出版(教育部师范司组编"教育家成长丛书")。同年,天津市教委和《中国教师报》联合召开"国赫孚教育思想研讨会",来自全国七百余人参加会议,会议产生较大的社会反响。此后,各地到天津中学交流学习的学访者络绎不绝。

(二)反思

1. 形成了活动课程常态化实施独特的操作范式

综合实践活动课程的实施在国家层面只有指导性课程方案、实施纲要,缺少具体的操作方式。我校基于课程要素建构的常态化实施操作范式,有效地填补了学校操作层面的空白,破解了国家课程校本化实施的难题。余文森教授对天津中学的活动课程作了这样的评价:"综合实践活动是新课程的亮点,也是难点,很多学校因不知如何开展而苦无良策。天津中学经过多年的探索,已经积累了丰富的经验,他们所做的绝对是原创的,是原生态的,有独特的育人价值,特别是在培养学生社会责任感、创新精神和实践能力方面有明显的效果,值得去推广!"

2. 实现活动课程与学科课程的有机融合

学科课程与活动课程是两种不同的课程形态,各有不同的学习方式、不同的知识类型,在育人价值上优势互补(陈树杰《综合实践活动课程引论》),我们对这一理念进行了探索与实践,如:教师将学科知识转化为活

127

动课程中的研究课题,在生态园中学生通过黄瓜叶性状研究验证孟德尔实验;生物课纳入学生的研究案例作为情境性资源等。这一研究的价值涉及人才培养模式,它使新课程改革走向深化,架起课堂教学与社会生活的桥梁,消除了科学世界与生活世界的割裂;克服了知识与情境的分离、学与做的分离;打破传统教学"以教师为中心""以课堂为中心""以教材为中心"的格局,形成两类课程的整合和更为开放的教学环境。

3.把社会问题作为重要的教育资源

让学生直面社会问题,是我们开展综合实践活动的一条重要经验。过去我们总是强调正面教育,怕学生接触社会负面问题。社会负面问题的影响是避不开的,如不能适时让他们接触并加以引导,将来他们就会感到困惑、迷茫、悲观。但是,人的社会化也有主动性的一面,即个体对外部环境信息能进行主动的鉴别、选择和内化。如果我们教育引导得好,学生的社会化就会按照我们预期的方向发展,走向成熟。通过综合实践活动,我们创新了学生社会责任感的培养方式——问题教育法。第一,让学生深入社会;第二,让学生能够发现社会问题,并把问题提炼成为课题;第三,探讨解决问题的方案。在这一过程中,激发学生的社会责任感。

4.积淀和形成了学校的课程文化

对一所建校仅有十几年的天津中学,缺少厚重的文化积淀,这是一个缺憾。为此,我们在综合实践活动课程常态化实施的过程中十分重视文化的建设。如:提炼综合实践活动过程中优秀学生、教师案例;借助文化长廊、校史馆、展示窗等宣传阵地,让榜样、典型"上镜""上墙";用故事和事实诠释校训精神——"为成功的人生做准备",彰显"实践学习""自主学习""交流合作学习"的课程学习理念,让文化融入每个人的心灵,淬炼成强大的精神力量。

"以美育人、和谐发展"的校本教学模式

天津市第六十六中学　李忠益　麻立刚　张明琪

一、学校特色："以美育人、和谐发展"

(一)普通国办校办学特色的确立

1. 教育改革的迫切需要

当今世界有一种危险的倾向,物质的、技术的、功利的追求越来越盛行,精神的生活和精神的追求越来越被忽视、被冷淡、被挤压,这就特别需要以美的事物来引领人的生命历程。

在工具理性相对盛行的今天,课堂上的生命意义和人文价值失去了它应有的位置。在这种情况下,特别需要以美的教育给课堂注入一种生命活力,使学生沉浸在人文关怀和精神愉悦之中,并由这种美的滋润而焕发出生命的激情和动力。

在应试教育依然盛行的今天,美的教育可以帮助人摆脱过度功利的倾向,走出"仅为考试"的樊笼,走向全面发展,最终达到和谐的境界。

2. 学校发展的内在需要

天津市第六十六中学是一所普通国办校,办学基础与重点校比相对薄弱,生源整体质量也相对较差,且学生普遍带着应试失败的心理阴影。如何引领学生克服困难、走出困境呢? 如何在当今教育改革的机遇前实

现普通国办学校的发展提升？学校领导班子经过深入探讨，立足美术特色学科的成功范例，认为应该重视生命教育，重视学生精神世界的建构。在组织老师们广泛讨论后，大家一致认为"以美育人"是一剂良方。

通过美的教育，引导学生有意识地追求审美的人生，用审美的眼光看待世界，用审美的心胸对待世事，用非功利之心思考人生之路。考试成绩可能不完美，但是人生依然是美好的；考试成绩可能不高，但是做人的水平一定要高。智能是多元的，条条大路通罗马，人生可以有多种选择。

"以美育人、和谐发展"特色高中校的创建，可以促使第六十六中学紧密结合生源和学情特点，探索出更加适合本校校情的育人方法，促进学校在教育改革的实践中沿着特色发展、优势发展的方向前行。

3. 历史积淀的客观要求

天津市第六十六中学始建于 1964 年，2014 年适逢建校五十周年，学校迎来了推进特色发展的新的历史机遇。回首半个世纪学校的发展历程，可以分为以下几个阶段：20 世纪 80 年代，国绍筠校长提出了"发挥美术优势，助推学校建设"的思想，开始探索以美术见长的教育之路。20 世纪 90 年代初，第六十六中学又创办了初中美术班，美术教育由学科特色向特色学科逐渐发展。1998 年，在李国真校长的主持下，第六十六中学率先在南开区创办美术类高级中学，实现了特色办学、特色兴校的历史性跨越，美术教育成了学校的办学特色。21 世纪之初，李国真校长提出"要将学校办成一所先进的、稳定的、在美育方面有独创特点的、享有一定社会声誉的特色学校"。从美术到美育，从学科特色到特色学科，再到学校特色，直至当下进行特色学校建设，第六十六中学一直在育人之路上探索。

此外，天津市第六十六中学是全国德育科研先进实验学校，德育工作以"美术、美育、德育"相结合著称，教育学生历来都是不求成为美术大师，但求以美的眼光看待世界，以美的眼光审视人生。

在当今教育创新实践背景下，作为一所普通国办高中，如何落实好党和国家对高中教育提出的发展目标？如何提高学生的综合素质？如何传承学校 50 年积淀的办学优势？经过全校干部教师的深入思考，经过相关专家的论证分析，学校提出了"以美育人、和谐发展"的特色学校建设方向。

（二）"以美育人、和谐发展"的内涵定位和基本理念

"以美育人"就是以美和美的教育培养美的人。其主要任务就是遵循"美的规律"塑造美的人，将教育自身与美合辙并行，将教育实践提高和升华到美的境界。其主要目标是培养和提高学生感受美的能力、鉴赏美的能力、表现美和创造美的能力，具有美的理想和美的情操，具有高尚的人生趣味，追求理想的人生境界，也就是培养"美的人"。

以美育人，要进行自然美、社会美和艺术美的教育，培养学生发现美、感受美、理解美、欣赏美、创造美的能力。学校教育可以先从艺术美育入手，因为艺术美的形式更容易使学生接受。有艺术教育传统的学校更应该以此为重点，以专长的某一方面为突破点，先在此领域形成并总结自己独特的办学经验，包括办学模式的特色、课程教学的特色、教育途径的特色、学校管理的特色等，在此基础上推广到其他艺术教育领域。

要进行大美育教育。不能仅仅局限于艺术类学科，应该将美育的思想贯穿于学校教育教学的全过程中，各学科都要挖掘美的教育资源，进行美的渗透，搞好学科美育，形成合力，从不同的方面影响学生，使学生获得美的全面引领。要"借美育人"，以美陶情、以美辅德、以美益智、以美健体等等。

要重视"立美育人"的问题。"立美"的意思是按照美的规律，创造性地显现出教育过程本身的美。"立美育人"要求教育工作者按照美的规律，创造性地运用多种多样具有美感意味的手段和途径开展育人工作。

要重视并挖掘教育之美，如教师之美、教学手段之美、教学活动之美

等,建设美的课堂,建设美的教育生态。

"和谐发展"是指优化教育教学中的诸多要素,使其处于平衡、和谐状态,从而促进教师、学生和学校的全面而协调的发展。既包括以美术教育为代表的多艺术门类的协调发展,也包括努力使美术教学质量与文化课教学质量的共同提高;既包括学生自身各方面的协调而达成的和谐,也包括教师自身的和谐,还包括人际间交互关系的和谐;既包括课堂教学生态的和谐,也包括学校管理的和谐,还包括校园环境的和谐。凡此种种,不胜枚举。总之,教育是一个有机的、复杂的、统一的系统,教育生态系统中的各因子(如教育者、受教育者、课程、教材等)都有机地联系着,"将美育融入学校教育全过程",其实就意味着所有的这一切构成了美的教育生态。从学校发展的角度审视,和谐发展的最高追求是学校美的教育生态的高度和谐。

"以美育人、和谐发展"就是以美和美的教育来培养人,以艺术美育为先导,以学科美育为基础,进行大美育教育,同时进行教育美育,建设美的课堂,构建美的教育生态,从而促进学生全面和谐地发展。

二、以师促学的"六三三"教学模式

(一)课堂教学诊断与分析

为了解天津市第六十六中学课堂教学情况,2013 年 5 月天津师范大学学科教学论专家组依据天津市第六十六中学的实际情况,对教学观测指标进行了微调,制定了课堂教学诊断表,联合校方领导和教师一起进行了课堂教学观察与诊断。

1. 教学设计方面

从"教学目标符合学生实际的程度"的角度审视,教师们在教学工作中更偏重教材要求和考试要求,即达标的要求,而对于依据学生实际情况展开教学依然认识不足,或虽有一定的认识但苦无良策。

从"教材内容向教与学内容的转换设计帮助学生学习的程度"的角度审视,教师在由教材内容向课堂教学内容的转换环节出现了比较严重的问题,32.1%的"一般",说明教师照本宣科的情况较普遍,很多教师教学设计的出发点不是"如何帮助学生学习、提高、发展",而是"如何完成教学任务(进度)"。今后,教师的"助学力"应提高。

2. 教学实施方面

在课堂教学最关键的提问、应答、理答、追问环节出现了严重的问题。

从"系列问题(问题串)设计"的角度审视,34%的"一般"和9.3的"无此类设计",二者合计超过40%,说明在教学宏观设计层面教师缺乏思考,课堂教学的完整性、连贯性都出现了问题。

从"教学局部的提问与追问"的角度审视,36.4%的"一般"和4.5%的"平淡",二者合计超过40%,说明教师在教学微观设计层面同样缺乏思考,教师缺乏在师生对话、互动过程中的教学机制,课堂上预设之外的生成情况也不太理想。今后,对教师应重点进行教学提问方面的培训。

在"讲、学、思、练的结合"环节也出现了严重的问题。

从"注意学生的差异性,因材施教"的角度审视,教师没有很好地注意学生的差异性,也没有很好地利用学生学习过程中的差异性来推动教学;从"学思结合,促思维"的角度审视,有22.7%的"一般",效果不理想;从"讲练结合抓落实"的角度审视,统计数据56.7%较好率,说明做得很好,但是如果将前两项做综合判断,情况则不容乐观。因为,如果"因材施教"和"学思结合"做得都不理想,那么课堂练习的效果也不会太理想。

3. 教学效果方面

从"各层次学生均学有所得"的角度审视,有65.9%的"较多达成";从"目标达成"的角度审视,31.9%的目标达成度只有60%～70%,效果并不理想；从"教师或学生的情绪体验"的角度审视，"一般"的多达52.3%，也说明教学效果欠佳。

（二）学情调查与分析

为了解天津市第六十六中学学生对老师、班主任、家长、同学和集体的需求，以及他们对自己的期待，同时也为调整学校的教育生态做准备，2013年9月天津师范大学学科教学论专家组要求校方进行了问卷调查。

1.学生与学科教师

初中，31.2%的学生喜欢性格好的老师，如：善解人意、幽默开朗、平易近人、和蔼可亲等；24.7%的学生注重教师在教学生活过程中对待学生的态度，如：关心学生和班集体、耐心细心、亦师亦友、灵活变通等；13.7%的同学认为老师的处事原则很重要，如：公平对待学生；有8.9%的学生看重教师的教学能力和教学风格，他们更喜欢博学多才、讲课生动的老师。

高中学生最喜欢的老师在性格方面占最大的比重，占调查比例的45.1%；另外，处事方法也影响着学生对老师的评价，21.9%的学生认为处事方式灵活、处事能力强的老师才是心目中最理想的高中教师人选；13%的学生认为高中教师在对待学生方面应该采取公平的态度，这与初中生的需求不约而同；11%的学生认为在高中阶段教师的能力也同样重要。

无论初中学生，还是高中学生，在他们心中教师最重要的不是教学能力，而是师德（性格、态度、原则），是教师能否做到"行为世范"。在这之后才是教学水平，教师能否"学为人师"。

2.学生与班主任

初中学生"喜欢的班主任"和"最喜欢的教师"类型基本相同，但是特别要指出的是在处事态度上，学生对班主任的期望值会更高，他们希望教师能够对学生认真负责、宽严并济,形成亦师亦友的融洽关系。

高中学生的关注点更多地集中在班主任对待学生的态度上,38.6%的学生认为"一视同仁"的教师更能受到大家的欢迎。

3. 学生与班集体

初中学生,80.7%的学生更乐于生活在一个团结互助、愉快幽默、有爱心的班集体中,10.4%的同学则更加注重班集体的学习氛围,他们认为学习氛围好、有纪律性、积极奋进的集体更加有利于他们的成长。

高中学生,充满生活气息的班集体更迎合他们的口味,78.6%的学生更愿意生活在一个充满人情味的班集体之中,另外也有13%的学生比较看重学习氛围。

4. 同学之间

同学关系方面,初中生更喜欢爱学习、有礼貌的典型好学生形象,那些成绩优异、会待人接物的学生在同学之间最受欢迎;高中学生更喜欢宽容、合群、互助、友善的同学。

5. 学生与家长

对于家长,初中生的要求比较集中,他们希望家长能够对自己更加包容一些,态度温和、宽容慈祥的父母最受喜爱;高中生的调查结果与初中生大体一致,希望家长能够包容自己。

(三)以师促学的"六三三"校本教学模式的内涵

"六三三"即"六个教学环节""三个结合""三个核心"。

六个教学环节,即导学、自学、互学、讲学、学用、学思。

三个结合,即导学与自学相结合、互学与讲学相结合、学用与学思相结合。

三个核心,即导学案、思维导图和讲练结合。

符合学校实际特点、务实高效的教学模式将为学校的特色发展提供有力的支撑。

以师促学的"六三三"教学模式

(四)以师促学的"六三三"校本教学模式的理论基础

新课程改革以来,我国的教学改革在课堂文化建构上有了很大的进步,主体间性理论、自主学习理论、生命建构理论、对话理论,深刻影响着课堂教学生态的建设。

1. 主体教育理论

马克思主义关于人的全面发展的理论,强调人的主体性,着眼于人的全面、自由、充分的发展,目的在于人的解放。主体间性理论强调主体与主体之间的平等关系,交往是人与人之间的精神性关系,对话是实现这一教育理想的桥梁。在对话关系中重构师生关系,教师是主体,学生也是主体,教材的编写者也是主体,在主体间的多重对话中培养人的自由意识。

在具体的教学中,主体教育理论倡导自主学习,学习是个体生命具有强烈主体性色彩的活动,应强调学生的主观能动性,强调教师的外因通过学生的内因起作用。应创设自由、民主、和谐的教育场,促进学生主动学习、自主发展。

2.建构主义学习理论

教育的本质是什么？教育的本质是认识吗？长期以来，我们一直认为教学和学习都是一种特殊的认识过程，这是从成年人的视域、从事物外部进行的思考。如果换个角度，从学习者的角度从事物内部审视学习过程，就会发现它不仅仅是认识过程，更是生命成长的历程。教育的本质是改变，是促进生命发展。在努力获得发展的过程中，生命建构自身独特的认识、理解、适应和改造世界的方式。

知识不是由外部灌输进大脑的，更不是名词概念的简单累积，学习过程中所发生的一切都不能用机械一词进行解释。知识的获得是学习主体主动建构的结果，学习者以自己的方式，在自己的内部空间建构起自己的理解。此外，这种建构活动不仅仅发生在个体与物理环境的相互作用之中，人具有社会属性，在社会性的相互作用中，生命建构活动会以更深刻的方式展开。知识建构与生命建构都是非常重要的，应特别重视教育场，重视课堂生态建设。

建构主义认为人作为认识的主体不是对现实进行"复制"，而是在认识的过程中根据已有的经验，以自己独特的方式对现实进行选择、修正，并赋予现实特有的意义。因此，认识不是来源于现实本身，而是来源于相互作用。

建构主义把教学视为学生主动建构知识的过程，这种建构是学生在自身的经验、信念和背景知识的基础上，通过与他人的相互作用而实现的，并且受社会环境因素的影响。因而建构主义认为，教学过程不仅是教师和学生之间的互动，更是学生个体之间的多边互动作用的过程。教师与学生都应该是建构知识过程的合作者。

建构主义学习理论强调学习过程中学生主动地建构知识，强调学习过程应以学生为中心，尊重学生的个体差异，注重互动的学习方式等主张，本质上是要充分发挥学生的主体性，使学生在学习的过程中是自主的、能动的、富于创造性的。

建构主义学习理论强调诊断性学习与反思性学习。把诊断性与反思性作为学习的核心特征，意味着学习者必须从事自我监控、自我测试、自我检查等活动，以诊断和判断他们在学习中所追求的是否是自己设置的目标。

（五）以师促学的"六三三"校本教学模式的实践

1. 突出三结合的"六三三"校本教学模式

案例：

《子路、曾皙、冉有、公西华侍坐》教学设计

《子路、曾皙、冉有、公西华侍坐》是人教版高中语文选修《中国古代诗歌散文欣赏》第六单元"文无定格，贵在鲜活"的第一篇自主阅读文章。文章思路清晰，用笔灵活，故事情节简单但起伏有致，人物描写简略但生动逼真。在教学设计中，笔者结合本校的"六三三"校本教学模式，采用"导学、自学、互学、讲学、学用、学思"的六步教学法，以导学案、思维导图和讲练结合为设计重点，重视导学与自学、互学与讲学、学用与学思的结合。

一、导学与自学相结合

（一）课前的安排

在课前通过导学案的设计，有针对性地引导学生；通过排演课本剧，促进学生自读、自研课文，揣摩人物形象。在导学案中，补充介绍了孔子生平经历及政治思想；指导学生根据书下注释理解文章内容，归纳重难点文言知识；设置探究题：①四子的志向各是什么，展现了他们怎样的性格特点？②孔子为什么"与点也"？

（二）课本剧表演

上课开始就让学生进行课本剧表演，利用教室中间走道两排座椅间

隔较大的特点设计舞台表演空间,总共五个人物,孔子居中坐在椅子上,子路、冉有、公西华、曾皙四人分别立于两侧。对非表演的学生提出观赏要求:判断表演的同学对文章的理解翻译是否准确;表演同学的表情、动作、语言是否到位,是否展现出人物性格。

二、互学与讲学相结合

请学生自由评价表演情况,在学生评价中教师穿插点拨,明确通过对话和动作描写来刻画人物的方法,分析四子志向及性格特点。通过表演者与评价者的互相学习,可以促进他们对人物的深入理解。在此环节还设计了填写表格活动,以此引导学生思考。

人 物	语 言	动作	志向	性格
子路	千乘之国,摄乎大国之间,加之以师旅,因之以饥馑;由也为之,比及三年,可使有勇,且知方也。	率尔	强国	鲁莽直率好胜自信
冉有	方六七十,如五六十,求也为之,比及三年,可使足民。如其礼乐,以俟君子。		富民	谨慎小心谦虚退让
公西华	非曰能之,愿学焉。宗庙之事,如会同,端章甫,愿为小相焉。		以礼治邦	谦恭有礼娴于辞令
曾皙	莫春者,春服既成,冠者五六人,童子六七人,浴乎沂,风乎舞雩,咏而归。	舍瑟而作	暮春春游图	洒脱高雅从容淡定

(1)子路:抓住动作"率尔"及语言"有勇、知方"。明确:子路之志侧重强国,治理一个受大国侵略而且遭受饥荒的千乘之国,保证3年内使人民勇于作战并懂得义理。可看出抱负远大,很有自信。但孔子话音刚落,子路"率尔对曰",在没有深入思考的情况下抢先发言,反映出其鲁莽直率的一面。

(2)冉有:抓住语言"足民"。明确:冉有之志侧重富民,在孔子指名发问后才发言,表明只能治理一个小国,对自己能力的估计十分谨慎。认为三年之后,他所能取得的政绩仅限于"足民"一点,至于礼乐教化则不是自己力所能及的事。展现谨慎小心、谦虚退让的性格特点。

(3)公西华:抓住语言"愿为小相"。明确:公西华之志侧重礼乐教化,也是在孔子点名指问后才述志。他先谦虚一番,说"非曰能之,愿学焉",然后委婉地说出自己的志向,"愿为小相焉",在"相"前加了个"小"字,两个"愿"字、一个"学"字、一个"小"字,展现谦恭有礼、娴于辞令的特点。

(4)曾皙:抓住在老师问到别的同学的志向时,他正在"鼓瑟"这一动作,及语言描绘的"暮春春游图"。当老师问到他时,他"鼓瑟希,舍瑟而作",表现其从容有礼。前边三人谈的虽侧重点不同,但都是治国安邦的国家大事。曾皙既不讲从政,也不讲出使会盟,而是刻画一个发生在祭坛的场景。从富有诗意的情景描写中,曲折地表达出自己的理想,展现洒脱高雅、从容淡定的特点。

(5)孔子:抓住语言,用温和自谦的话首先解除了学生的思想顾虑,给学生创造了说真话的条件,创造一个轻松、亲切、活跃的环境,从而鼓励学生敢于发表意见,大胆地谈个人的理想。引用学生日常好说的牢骚话,指出他的学生平时认为人们不了解自己,所以感到无所作为,表明对学生的了解。而后假设了一种情况,如果有人了解你们,你们怎么办? 从而水到渠成地启发学生谈出自己的想法。展现和蔼可亲、平易近人、循循善诱的形象。

三、学用与学思相结合

结合导学案中孔子生平资料思考探究孔子的政治理想;让学生谈自己的理想,落实情感目标,使学生的人生观、价值观得以升华。

(1)孔子是怎样评价四个弟子的志向的?

对子路,孔子哂之,并没有否定子路治理"千乘之国"的才能,只是认为"其言不让"态度不够谦虚。对冉有,孔子叹之,用反问表明既然是治理国家,礼乐教化之事,怎能非要等到君子去做呢?对公西华,孔子惜之,"赤也为之小,孰能为之大"?孔子认为他通晓礼乐,可以大用,惋惜之情溢于言表。对曾皙,孔子与之,明确表示"吾与点也"。

(2)用现代观点看待四位弟子,你赞同谁的说法呢?

鼓励学生各抒己见,并表明个人见解,在现代社会谦虚仍然是一种美德,但是自信也是必不可少的一种素质,子路充满自信勇于展现自己,敢闯敢拼恐怕是现代高速运转的社会中最需要的品质。

(3)你的志向是什么?

每位学生发一张心形小卡片,要求学生将自己的志向写在卡片上。请学生将全班的志向卡片组成一个大的"志"字,让学生牢记自己的"志",锐意进取。

（天津市第六十六中学　钱堃设计）

2. 突出导学案的"六三三"校本教学模式

案例:

《福楼拜家的星期天》导学案设计

学习目标:

一、整体把握课文,把握四位作家的外貌特征和性格特点。

二、学习人物描写的方法,比较几个人物的不同写法。

三、学习本文行文顺序、材料剪裁方面的特点。

重点难点:

一、学习人物描写的方法。

二、通过人物的肖像、动作、语言的描写,归纳人物的性格特征。

导学过程:

一、自主学习

（一）读准下列字音

魅 皙 捋 踝 谬 颅 膺 琐

（二）朗读课文整体把握课文

二、问题探究

熟读课文，分别概括福楼拜、屠格涅夫、都德和左拉的肖像、语言、动作和性格的特点，并用表格说明。

（一）师生一起做

阅读课文第7、8两段，回答以下问题：

接着来的是左拉。他爬了六层楼的楼梯累得呼呼直喘。一进来就歪在一把沙发上，并开始用眼光从大家的脸上寻找谈话的气氛和观察每人的精神状态。他很少讲话，总是歪坐着，压着一条腿，用手抓着自己的脚踝，很细心地听大家讲。当一种文学热潮或一种艺术的陶醉使谈话者激动了起来，并把他们卷入一些富于想象的人所喜爱的却又是极端荒谬、忘乎所以的学说中时，他就变得忧虑起来，晃动一下大腿，不时发出几声："可是……可是……"然而总是被别人的大笑声所淹没。过了一会儿，当福楼拜的激情冲动过去之后，他就不慌不忙地开始说话，声音总是很平静，句子也很温和。

左拉中等身材，微微发胖，有一副朴实但是很固执的面庞。他的头像古代意大利版画中人物的头颅一样，虽然不漂亮，却表现出他的聪慧和坚强的性格。在他那发达的脑门上竖立着很短的头发，直挺挺的鼻子像是被人突然地在那长满浓密胡子的嘴上一刀切断了。这张肥胖但很坚毅的脸的下半部覆盖着修得很短的胡须，黑色的眼睛虽然近视，但透着十分尖锐的探求的目光。他的微笑总使人感到有点嘲讽，他那很特别的唇沟使上唇高高地翘起，又显得十分滑稽可笑。

1.这段文字刻画了谁的形象？抓住他什么特点来写？

2.这段文字从哪些方面来刻画左拉的形象？从中看出他有着怎样的性格特点？

_____

_____

3."他就变得忧虑起来。"说说他为什么而忧虑呢？

_____

_____

4.作者在描写人物外貌时带有怎样的感情？

_____

_____

5.图示引导：

人物	肖像方面的特征	语言方面的特征	动作方面的特征
左拉			

左拉的性格特征 _____

(二)小组合作探究

人物	肖像方面的特征	语言方面的特征	动作方面的特征
福楼拜			

福楼拜的性格特征 _____

（三）独立完成

人物	肖像方面的特征	语言方面的特征	动作方面的特征
屠格涅夫			

屠格涅夫的性格特征 _____

人物	肖像方面的特征	语言方面的特征	动作方面的特征
都德			

都德的性格特征 _____

三、拓展提升

从你所熟悉的人群中选出一位有特色的人物，学习课文的写法，抓住人物外貌、动作、语言等特征进行描写，从而展示其某种特点等，题目自拟，50 字左右。

（天津市第六十六中学　　曹宏宇设计）

三、"明·蕴"美育课堂教学模式

（一）"明·蕴"美育课堂教学模式的理论依据

1. 美育是古今中外教育研究的重要论题

我国古代教育对美育的论述，如孔子曾讲："志于道，据于德，依于仁，游于艺"，强调了美育的重要地位。近代中国教育对美育的探求，如蔡元培认为："吾国古代教育，用礼、乐、射、御、书、数之六艺……盖自数之外，无不含有美育成分者。"他强调美育是一种重要的世界观教育。

外国教育中对美的追求,如席勒在《审美教育书简》中首次提出"美育"概念,并第一次提出了比较系统和全面的美育理论,他主张通过美育来培养理想的人、完美的人、全面和谐发展的人。凯洛夫重视大美育教育,他在《教育学》中写道:"大美育是学生全面发展的一个不可缺少的部分,它的本质在于理解自然和社会的美,理解人与人相互关系的美,在于以艺术眼光来认识周围现实,也在于培养艺术上的美的创造力。"

2. 和谐教育理论

和谐教育是优化教育教学中的诸多要素,使其处于平衡、和谐状态,促进学生"德、智、体、美"全面的、协调的、生动活泼的发展的教育。柏拉图在《理想国》提出应通过"德、智、体、美"诸因素使受教育者养成"身心既美且善"的人。苏霍姆林斯基指出,所谓"个性全面和谐发展",即"劳动与人在各类活动中的丰富精神的统一,人在品行上以及同他人的相互关系上的道德纯洁,体魄的完美、审美需求和趣味的丰富及社会和个人兴趣的多样"。我国著名教育家蔡元培也提出"以世界观为终极目的,以美育为桥梁,要进行体、智、德、美四育和谐发展的教育"。党的十六届四中全会提出了构建社会主义和谐社会的重大战略思想,在理论与实践结合方面,天津市教育科学研究院王敏勤教授创立的"和谐教学",是国内著名教学流派之一。

3. 教育生态理论

党的十八大提出"把生态文明建设放在突出地位,融入经济建设、政治建设、文化建设、社会建设各方面和全过程,努力建设美丽中国,实现中华民族永续发展"。"教育生态学"这一学术术语是美国哥伦比亚大学师范学院院长克雷明首先提出的,教育生态学的核心理论就是把教育视为一个有机的、复杂的、统一的系统。教育生态系统中的各因子,如:学校、社区、教育者、受教育者、课程、教材等,都有机地联系着。这种联系又动态地呈现为一致与矛盾、平衡与不平衡。

（二）"明·蕴"美育课堂教学模式的内涵

"明·蕴"美育课堂教学模式立足于把握课堂教学中教学目标的协调美、教学内容的形象美、教学结构的组织美、教学方法的艺术美、教学活动的节奏美和师生关系的和谐美六个关键要素，由入美、审美、品美、议美、悟美五个教学环节构成，包括课堂教学过程的主结构、教师"明美育人"的亚结构、学生"蕴美发展"的亚结构三个部分。

教师"明美育人"的亚结构主要包括五个环节：第一环节"创设情境、引人入胜"，第二环节"美的信息、美的引领"，第三环节"参与研讨、美的点拨"，第四环节"组织活动、美的讲授"，第五环节"拓展融通、美的升华"。

学生"蕴美发展"的亚结构也主要包括五个环节：第一环节"激情入趣、进入情境"，第二环节"自主学习、审美之形"，第三环节"独立思考、品美之妙"，第四环节"切磋交流、议美之感"，第五环节"迁移践行、悟美之理"。

同时以此修订课堂教学的评价机制、课堂教学的考核机制，使教育模式带动课堂评价，延伸至教学管理，进而打造"美"的课堂体系。

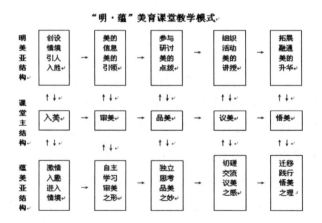

"明·蕴"美育课堂教学模式

（三）"明·蕴"美育课堂教学模式的实践

1. 探寻形式之美的"明·蕴"教学

案例1：

写景抒情散文——必修二之散文阅读单元

情脉梳理铺垫课（一）

学习目标：把握思路，梳理作者思想感情。

学习难点：掌握通过景物、人物的描写抒发情志，展开心路历程的脉络。

一、巩固旧知，新知渗透（入美）

叙事性散文即以写人记事为主的散文。它以叙事为主，叙事情节不求完整但很集中。这类散文对人和事的叙述和描绘较为具体、突出，同时表现作者的认识和感受，也带有浓厚的抒情成分，字里行间充满饱满的感情。如初中学过的《藤野先生》，必修一的《记念刘和珍君》、《小狗包弟》、《记梁任公先生的一次演讲》。

写景、抒情性散文是通过对景物或事物的描写来抒发感情的文章。抒情，是作者把自己对客观事物的喜、怒、哀、乐等主观感受，通过直接或间接的方式加以表现抒发的一种行文技法。抒情的目的是倾吐情感，引人共鸣。这类文章重点在于抒发作者的内心之情，如初中学过的《济南的冬天》、《春》。

散文的特点：形散神聚。形散体现在多种表达方式（叙述、议论、抒情、描写、说明）综合运用，神聚体现在情感脉络的清晰、贯通。

二、整体感知，抓住情脉（审美）

1. 张开慧眼，审视标题

标题有两种作用：表现内容、表明中心（带有外显和内隐的情言）。

给下列标题分类：《马缨花》《雾》《荷塘月色》《雨韵》《老照片上的夏

天》《囚绿记》《饮一口汨罗水》《春》《济南的冬天》《故都的秋》《听雨的奢侈》《海南杂忆》

表明中心：_____

2.丢下包袱，大胆跳读

散文的开头是情感的始发点，结尾是情感的终结点。综观此类散文，开头与结尾有两种形式：结尾是对开头情感的明确、深化、升华，结尾与开头情感形成转折。

审读以下文章的开头与结尾：《老照片上的夏天》

审读以下文章的开头与结尾的情感，看属于哪一种：《雾》《雪野里的精灵》

三、单目标研读、探究(品美)

阅读下文《总想为你唱支歌》，回答问题。

1.以本文为例，审读标题，它属于哪一种类型？

2.开头与结尾的情感变化趋势是哪一种？

3.按照下表，梳理脉络，勾画关键词：

以段落为单位	物、景、事(横线)	行踪、场合、环境(波浪线)	情言(外显——内隐方框)	
第1段				情脉
第2段				
第3段				
第4段				

四、形式与内容的统一(议美)

1.本文的情感线索是什么？

2.文章后一部分写到了"戈壁石"，这对表现文章的主旨有什么作用？请简要分析。

五、方法变通,综合探规(悟美)

1.你在拿到一篇不少于2000字的写景抒情散文后如何阅读、抓住精要,做到读懂文章?

2.推展巩固:

《雾》季羡林

本文以雾为线索展开,请具体分析文章的感情脉络。

_____

_____

案例2:

散文梳理情脉——必修二之《囚绿记》

巩固提升课(二)

学习目标:能比较熟练地运用种种符号对文章圈点批注,通过精读梳理出文章脉络。

学习重点、难点:准确批注"物—境—情";抓住关键词,梳理出文章的情感脉络。

一、张开慧眼,审视标题

文章标题为《囚绿记》,你认为从标题角度看它在表明中心方面属于内隐还是外显?

二、大胆跳读,学会精读

文章的开头和结尾在情感的抒发趋向属于哪一种?

三、单目标研读、圈点批注探究

按照下表速读梳理脉络,勾画关键词。

以段落为单位	物、景、事（横线）	行踪、场合、环境（波浪线）	情言、外显——内隐（方框）	情脉
第1—2段				
第3—4段				
第5—6段				
第7段				

同学间可以交流，也可与教师交换意见。

四、重点局部深入，探析情脉

重点研读"囚绿"部分（第8—11小节）。

1．"囚绿"的含义是什么？作者当时的情感是什么？

_____

_____

2．作者因为爱绿而囚绿，课文哪些语句写出了他对绿友的爱之深？（圈出关键词）

_____

_____

3．作者得到"绿"了吗？找出文中的有关语句来说明。

_____

_____

4．这个绿友的反应是怎样的？（圈点关键词3个左右）

_____

_____

五、难点分析，深入思考

1．理解下列句子在文章中表达的思想感情

(1)我了解自然无声的语言，正如它了解我的语言一样。

(2)人是在自然中生长的,绿是自然的颜色。

(3)我好像发现了一种"生的欢喜",超过了任何的喜悦。

2. 关于文章主题的理解、探究

对本文主题思想的理解,有几种不完全一致的说法,你赞同哪一种说法,说出理由。

(1)以常春藤来象征作家以致整个中华民族的不畏强暴、追求光明的形象,从而表达自己渴求民族解放的执着的爱国主义情怀。

(2)因为爱一样东西至极点,便想把它牢牢占据,置于自己的控制之下,这是人类的共性,可爱而愚蠢。对于那些有生命的东西来说,让它生活在最适合的环境,即是一种真爱、最爱,这也许就是作者想要告诉读者的吧。

(3)借赞美常春藤"永不屈服于黑暗"的精神,颂扬忠贞不屈的民族气节,抒发自己忠于祖国的情怀;并借"有一天"重见常春藤的期望,祈祝沦亡的祖国河山早日获得解放。

我选的理由:＿＿＿＿＿＿＿＿＿＿＿＿＿＿＿＿＿＿＿

六、推荐分析,情感鉴赏

课文除运用托物抒情的手法以外,还运用了直接抒情的手法。请你仔细阅读课文,画出直接抒情的语句,圈点批注。

(1)"绿色是多宝贵的啊! ……也视同至宝。"

(2)"我拿绿色来装饰……无声的歌唱。"

(3)"植物是多固执啊……它损害了我的自尊心。"

(4)"离开北平一年了。我怀念着我的圆窗和绿友。有一天,得重和它们见面的时候,会和我面生么?"

(5)"我渐渐为这病损的枝叶可怜,虽则我恼怒它的固执、无亲热,我仍旧不放走它,魔念在我心中生长了。"

七、小试牛刀,提升训练

《听雨的奢侈》林如求

(天津市第六十六中学　赵小昉设计)

2.探寻内容之美的"明·蕴"教学

案例3:

《素芭》导学案

学习目标:

(1)初步了解印度小说的特点。

(2)进一步理解小说中运用心理、外貌等人物塑造手段。

一、阅读小说时,一般从哪些角度审视人物?

_____

_____

二、素芭是一个怎样的女性?(从外貌审视)

选取文中描写眼睛的句子,品读人物内心世界:

(1)"素芭不会说话,却有一双长长睫毛掩藏着的大黑眼睛;她的两片嘴唇,只要获得心灵情绪的少许暗示,就会像两片娇嫩的新叶,颤抖不已。"

_____

_____

(2)"一双又大又黑的眼睛,任何时候都不需要翻译,心灵自个儿会映照在这双黑眸里。心灵的感触在这黑眼睛的阴影里,时而伸展,时而蜷缩;这双黑眼睛时而炯炯有神,燃烧着;时而灰心丧气,熄灭了;时而犹同静悬的落月,目不转睛,不知凝视着什么;时而若同急疾的闪电,飞速地向四周放射光茫。"

从这双眼睛里,我们看出了那掩饰不住的_____、_____、_____、_____。

三、素芭是一个怎样的女性?(从心理审视)

语句1:(在第一部分找)

_____

_____

体现素芭怎样的内心感受?_____、_____。

语句2:(在第五部分找)

_____

_____

体现素芭怎样的内心感受?_____、_____。

语句3:(在第六部分找)

_____

_____

体现素芭怎样的内心感受?_____、_____。

语句4:(在第四部分找)

_____

_____

体现素芭怎样的内心感受?_____、_____。

四、素芭是一个怎样的女性?(从环境审视)

(1)概括素芭生活的自然环境_____。

(2)在原文找出相应的句子并概括:

村里的人们怎样对待她_____

朋友怎样对待她_____

父母怎样对待她＿＿＿＿＿＿＿＿＿＿＿＿＿＿＿＿＿＿＿＿＿＿＿＿＿

(3)概括素芭所处的社会环境＿＿＿＿＿＿＿＿＿＿＿＿＿＿＿＿＿＿＿

原因：＿＿＿＿＿＿＿＿＿＿＿＿＿＿＿＿＿＿＿＿＿＿＿＿＿＿＿＿＿

五、填写表格，通过比较体会以下女性命运和哪些因素相关

人物	环境	性格	命运
素芭	印度种姓制度	哀婉忧伤　孤独无奈	悲剧
娜塔莎			
翠翠			

《素芭》教学设计中与导学案相一致的教案(局部)

教师活动	学生活动
第二课时 一、齐读小说最后一节,请同学想象素芭嫁人后的命运。 冰心在翻译《素芭》的结尾时是这样翻译的:"她的主人耳目并用,又做了一次仔细的考察。这一次他不只用眼睛,而且用耳朵来仔细地考察,他又娶了一个会说话的妻子。"泰戈尔研究专家董友忱翻译的《泰戈尔短篇小说选》中《素芭》的结尾是这样翻译的:"这一次,她丈夫眼耳并用又相了亲,娶来了一个会说话的姑娘。" 通过不同译作的比较阅读、分析,我们很清楚地知道,素芭的丈夫是另娶了一个会说话的姑娘,而不是把素芭当成是会说话的姑娘。 对小说结尾的理解存在两种观点,一是素芭被她的丈夫理解接纳,从此过上了幸福生活,是一大团圆的结局;二是写她的丈夫抛弃了她,另娶新娘,轻松的笔调背后是深深的悲剧意味。 教师介绍: 揭露印度落后的婚姻制度对女性的戕害是泰戈尔小说的一大主题。 教师小结: 幻灯展示泰戈尔《吉檀迦利》的一首诗歌: 我要唱的歌,直到今天还没有唱出。 每天我总在乐器上调理弦索。 时间还没有到来,歌词也未曾填好, 只有愿望的痛苦在我心中。 《素芭》可以看作泰戈尔为印度女性不幸命运唱的一首哀歌,泰戈尔为印度女性所唱的哀歌一直到死前还未结束,因为他有生之年没能看到印度女性真正翻身做自己的主人。 二、素芭是一个怎样的女性形象呢? 1.贴着外貌写	素芭将会陷入悲惨的境地,"除了心灵的探索者,谁也不会去倾听那无声的哭泣"。 也会有学生表示困惑:为什么小说中的丈夫马上可以再娶?为什么印度女性必须嫁人?明知是把女儿往火坑里推,素芭的父母还"踌躇满志,因为他们终于保住了他们的种姓和美好的来世"? 入美、审美、品美、议美、悟美。

教师活动	学生活动
素芭生活在无声的世界里,读了这篇小说,浮现在你脑海里最深的印象是什么? 　　一双又大又黑的眼睛, 　　任何时候都不需要翻译, 　　心灵自个会映照在这双黑眸里。 　　心灵的感触在这黑眼睛的阴影里, 　　时而伸展,时而蜷缩; 　　这双黑眼睛时而炯炯有神,燃烧着; 　　时而灰心丧气,熄灭了; 　　时而犹同静愚的落月,目不转睛,不知凝视着什么; 　　时而若同急疾的闪电,飞速地向四周放射光芒。 　　(教师这里用幻灯展示的目的就是用诗歌的形式排列来暗示学生,泰戈尔小说中的语言几乎句句是诗) 　　小结:人物的内心世界不是封闭的,情感、情绪、念头,最终都要流露出来。 　　"素芭不会说话,却有一双长长睫毛掩藏着的大黑眼睛;她的两片嘴唇,只要获得心灵情绪的少许暗示,就会像两片娇嫩的新叶,颤抖不已。"这句话给人的感觉是这是一个惊人的美丽的女孩子,她配得上所有没有的东西。 　　从这双眼睛里,我们看出了那掩饰不住的热情和渴望、忧郁与伤感。 　　2.贴着心理写 　　通过环境描写表现主人公,这段关于村庄的描写于细腻中见出人物的心灵世界。 　　无言的星空下无言的女孩,无言的女孩也有一位能说会道的朋友。请同学们仔细阅读第四章最后两段,这里主要用了什么手法? 　　这是心理描写,素芭渴望自己有用。 　　朗读这一句:"哎哟! 我真没想到,我们的素芭会有这么大的本领!"(要求读出语气,并由此探究素芭的人物形象。) 　　这是对素芭的梦境的描述,梦是现实的反映,或是	女主人公迷人的大眼睛,这大眼睛里看出素芭丰富的内心世界。 　　朗读

教师活动	学生活动
潜意识的流露,从素芭的梦境里我们可以看出她对友情的渴望,对自身价值证明的渴望。素芭正处在成长的节点上,她和在座的各位一样,意识到了自我,有许许多多瑰丽的梦。 小结:孤独、无奈、奇幻的思想是她渴望打破现状的心理暗示。 小说《简·爱》里简说:"你不要以为我丑就没有灵魂。"泰戈尔仿佛也在借素芭之口说:"不要以为我哑就没有灵魂。"可是好像素芭周围的人真的把素芭看作是一位没有灵魂的人物。 3.贴着环境写(探讨素芭性格的形成原因) 素芭这种热情与渴望、忧郁与伤感、孤独与无奈和她渴望打破现实的丰富内心世界的形成与环境存在密不可分的联系。 同学根据第一课时所学,概括素芭所处的自然环境。 看起来这个地方似乎是一个和谐社会,下面我们再走进这个小小的社会仔细观察,看看它是否真的那么纯净美好。 (1)村民。 "人们在素芭面前,毫无顾忌地对素芭的前途发表了各色各样令人担忧的议论",对于这么一个可怜的孩子,人们没有过多的同情,根本没有考虑她的感受,只是把她当作一个茶余饭后的谈资。 "现在,父母为操办她的婚姻大事而焦急不安,村人也到处谴责他们,甚至要把他们逐出种姓的流言蜚语到处扩散着。""把自己的哑女托付给人之后,父母踏上了回村的归途,他们踌躇满志,因为他们终于保住了他们的种姓和美好的来世。"人们似乎也把这个哑巴女孩看作是村子的一个耻辱,是一个不祥之物。 问:村里的人们是这样对待她的,再看她唯一的人类朋友、唯一的玩伴——古赛家的小儿子帕勒达帕,他能理解素芭吗?他真的关心素芭? (2)朋友:帕勒达帕。	素芭越渴望,越可以看出她在现实中得不到丝毫的承认。 远离尘嚣的小村庄、小溪、小鸟、树叶、蟋蟀,仿佛是世外桃源。

教师活动	学生活动

"在高等动物里,素芭还有一个同伴,但人们很难描述素芭与他关系的深浅程度,因为他会说话,而素芭是位哑女,他们的话语不会毫无差别。"这句话暗示了素芭的可悲命运,她的唯一的朋友并不真正理解她。
 	
    "其实,世上没有不可能的事。然而素芭却没有诞生在设有臣民的水晶宫的王朝里,而降生在巴尼康托一位庶民家里,所以她今朝无法施展魔术,让古赛家的孩子帕勒达帕感到惊奇。"素芭千方百计想获取朋友的关注却不能。
 	
    "这期间,一天下午时分,在河岸边,帕勒达帕一边专心致志地钓鱼,一边面带笑容问素芭:'喂,素,我听说你有了未婚夫,你准备赴加尔各答结婚?可别把我们忘得一干二净!'"朋友的话显得漫不经心,没有丝毫的分别的惆怅,只是轻描淡写,并带有一种调侃的味道。
 	
    (3)父母。
 	
    "小女儿素芭犹如一块硕大的无言石头,重重压在父母的心田上。""尤其是她母亲把她视为自身的一个残疾","把她视为自己胚胎的污点,因而她始终沮丧不堪",把这个残疾的女儿看作自己的负担。
 	
    "把自己的哑女托付给人之后,父母踏上了回村的归途,他们踌躇满志,因为他们终于保住了他们的种姓和美好的来世。"终于可以扔下这个包袱了!可以看出父母对素芭是多么的冷漠,对女儿的内心、对女儿今后的生活根本没有丝毫的担心。在这里,我们看不到人性的美好,看不到亲情的可贵,只有欺骗和交易,仅仅因为素芭是个哑女!
 	
    素芭没能从她的乡亲,甚至是她的朋友、父母那里得到理解和关爱。素芭生活的这个地方的确是一个美丽如画的地方,同时那也是一个人情冷漠的地方。
 	
    素芭是一个命运悲惨的姑娘:是亲人的负担、让朋友冷漠。
    三、为什么会出现这样一种社会环境呢?
	.
	
	他们随意地支配女孩的命运。

续表

教师活动	学生活动
教师简单介绍一下印度的种姓制度。总结出以下三点： 　　(1)当时印度童婚制盛行，十岁出头的女孩子就得嫁人。 　　(2)女孩的地位很低，嫁人要破费家庭很多钱财，如小说第一章中的描写。 　　(3)女孩如果不能出嫁将是父母的耻辱，甚至会被逐出种姓。从文中素芭父母的不同态度也可以感受到印度婚姻制度对女性的戕害，按常理应该母亲更爱自己的女儿，但母亲却把她视为自己胚胎的污点，看作自己的奇耻大辱。	因为他们生活在这样的社会环境中，认为女孩嫁人是理所当然的。 　　这有点像我们学过的《祝福》礼教杀人，这是种姓和婚姻制度杀人。

课堂小结	四、主题剖析：素芭是一个美丽聪慧、心地善良的哑女，她"有一双长长睫毛掩藏着的大黑眼睛"，有着纯真清澈的心灵，但由于自身的缺陷和世俗的偏见，却只能独享孤独和寂寞，最后被父母骗嫁到远方，最终被抛弃。作者通过对素芭遭遇和命运的叙写，表达了对素芭不幸命运的同情和对世俗的不满情绪。

课堂反馈内容	人物	环境	性格	命运
	素芭	印度种姓制度	哀婉忧伤　孤独无奈	悲剧
	娜塔莎	俄国贵族	憧憬幸福　容易轻信	受骗归于平淡
	翠翠	中国湘西	天真乖巧　不染纤尘	悲剧

板书设计	素芭是一个美丽的姑娘：第一部分眼睛的描写。 素芭是一个感情丰富的姑娘：心理描写。 素芭是一个命运悲惨的姑娘：是亲人的负担、让朋友冷漠、被丈夫抛弃。

（天津市第六十六中学　李爽设计）

"行健教育"的五行教学模式

天津市第五十四中学　王保庆　张明琪

一、行健教育特色

（一）"行健教育"的实施背景

1. 教育改革的迫切需要

由于长期受应试教育的影响,我国许多地区和学校的教育活动围绕着高考的指挥棒转,大搞唯分数论、大搞唯知识论,出现了严重的知行分离的情形。这种逆知行合一的行为,一味地重知轻行,造成很多学生高分低能、动手能力不强、执行力不强、行动能力不强。

由于在教育评价中过度重视考试分数的作用,造成很多学生重文化课轻体育课,学生体质普遍下降,状况堪忧。试想一个身体羸弱甚至病态的人怎能挑起家庭的重担? 一群身体羸弱甚至病态的人怎能肩负民族和国家的重任? 在中华民族实现伟大复兴的征程中,需要雄健的国民而不是病夫。德育、智育、体育均衡发展刻不容缓。

此外,只重分数不看其他的应试教育还造成了言行不一、德行分离的严重后果,在教育教学活动中不尊重学生成长规律和个体差异的现象比比皆是。由于不尊重生命尊严,不重视生命自主发展,很多学生唯唯诺诺,经不起挫折,甚至有严重心理障碍。

这一切都严重制约了教育事业的健康发展,严重影响了学生的健康成长。以"行"为核心,以"运动、行动、活动、实践"为主线,注重"知行合一、德行合一"的行健教育,是一种有益的尝试。

2. 学校发展的内在需要

2011 年 4 月,天津市第五十四中学晋升为天津市重点学校,与同类市级重点校相比,生源整体质量差且参差不齐,给学校的教育教学带来诸多困难。

学校领导班子认为,要正视困难,迎难而上,困难也可以转化为发展机遇。正是因为与同类市级重点校相比第五十四中学学生入学的分数较低、分差较大且个体差异显著,我们更应重视学生的多元化发展,条条大路通罗马,鼓励学生立志成才。人才是一个复合性概念,不是会考试、分数高就叫人才,也不是只有读书能力强的才是人才,人才需要德智体全面发展的综合素养,相比较而言情商比智商更重要,行为能力、执行能力比坐而论道的能力更重要。学校突出"行"的作为,突出"健"的精神,行健教育特色高中校的创建,可以促使学校紧密结合生源特点,采取不同的教育措施,尊重学生的成长规律和个体差异,探索不同层次学生的多元化发展之路。这样,学校行健教育的实验将更具普遍性,实验中积累总结的经验也更具推广价值。

3. 历史积淀

天津市第五十四中学始建于 1955 年,是天津市重点学校,国家级高中示范校。第五十四中学经过六十多年的发展,积淀了深厚的文化底蕴,在教育教学的某些方面有悠久而独特的传统,在特定的领域内具有国内领先的办学水平,是镶嵌在海河之滨的一颗闪亮的明珠。

土生土长的天津人都知道第五十四中学有一项优势项目——足球。早在建校 10 周年之际,第五十四中学男子足球队就曾受到过贺龙元帅的接见;建校 50 周年之际,更是获得了全国冠军;几十年间获得许许多多的荣誉,培养了成百上千的足球人才,仅国脚就有段举、迟荣亮、韩金铭等14人,以及原国家女足主教练裴恩才和原中国国奥队主教练刘春明等一批优秀教练员。

一个项目不代表着一门学科,一门学科也不代表着一所学校,五十四中人深知一所高水平特色学校的真正生成,不仅要在某一实践中有自己的独到之处、领先之处、精致之处与示范之处,而且在教育教学共性的领域也应具有较高水准。

六十多年来,第五十四中学一直在进行坚持不懈的探索,由足球项目优势到体育学科优势再到学校办学优势,由足球运动到体育精神再到学校文化精神,由足球项目经验到学科教学经验再到学校办学理念。薪火相传,经过第五十四中学一代又一代教职员工的不懈努力,探索出以"运动—行动—活动"为主线的实践教育的办学理念,形成了以"健体魄,强精神"为核心的校园文化,形成了"积极、昂扬、永不言败、勇攀高峰"的五十四中精神。

20世纪50年代初,毛泽东题词"发展体育运动,增强人民体质",一个身体强健的民族是全体中国人的渴望,学校体育关系到民族的未来,第五十四中学在建校伊始就在郭克坚、李学勤两任校长及领导班子的带领下大搞体育教育,突出足球项目。

20世纪50年代末,毛泽东提出:"我们的教育方针,应该使受教育者在德育、智育、体育几方面都得到发展,成为有社会主义觉悟的、有文化的劳动者。"贾靖宇、马荣惠两任校长及领导班子大力落实党的教育方针,关注德育、智育、体育均衡发展,到20世纪60年代初,第五十四中学开展班级足球活动并且男子足球队获全国中学生足球比赛第三名,校园足球特色初步形成。

足球是所有球类运动中奔跑距离最长的,可谓苦于行,况且刻苦训练是所有优秀运动员的成功之本。20世纪80年代初,以刘海波为校长的领导班子从足球运动中体会到以苦为乐的体育精神，并结合"学海无涯苦作舟"的古训，提出"励志、苦学"的育人理念。20世纪80年代中期，以周德为校长的领导班子把德育工作放在首位，结合当时由足球界引发的"志行精神"，提出"德育先行、德才兼备"的育人理念。在全国各行各业学习女排精神的大潮中，第五十四中学突出拼搏精神，永不放弃、永不气馁、永不低头，提出"拼尽全力争取胜利"的精神，后来第五十四中学将此提炼为"力行"。足球队的运动员由于经常离开家外出进行训练和比赛，他们的自立意识和自理能力较同龄人要强，第五十四中学总结这方面的经验，倡导凡事要身体力行，后来第五十四中学结合著名诗人陆游"纸上得来终觉浅，绝知此事要躬行"的诗句，将此提炼为"躬行"。

20世纪90年代，素质教育兴起，西方的教育理论影响了第五十四中学的体育教育，"快乐体育"和"终身体育"观念深入人心，同时"乐学"的观念直接影响了第五十四中学的"乐行教育"。何杰、王兆英两任校长及领导班子提出"养成教育"，注重日常行为规范对学生的深远影响，注重实践活动对生命的深刻影响。

在集体性项目中，足球以"竞争激烈、对抗性强且阵法严密"著称，注重众志成城的团队精神，要求相互配合且战术纪律性强。足球运动呈现的是精湛的足下功夫，其特点是脚比手灵活，这与"只要功夫深，铁杵磨成针"的古训相契合。进入21世纪，张家俊校长总结出了"团结合作、遵规重则、拼搏竞争"的足球精神，并以此激励全校师生发奋图强不断进取，正如奥林匹克宪章所说"奥林匹克主义是将身、心和精神方面的各种品质均衡地结合起来，并使之得到提高的一种人生哲学"。第五十四中学教学质量全面提升，2003年第五十四中学徐枫同学以河东区理科状元的成绩考取了清华大学。

在新课程改革的引领下，第五十四中学积极开展综合实践活动，实践、践行的理念深入人心。陈琦校长提出"雅行教育"，注重行为教育，以儒雅文化熏陶、感染学生,提倡儒雅的君子之争,不仅提高了学生的综合素质,而且打造出一支支"比赛中作风顽强,赛场外彬彬有礼"的高水平足球运动队。

2010 年,以陈琦为校长的领导班子提出了"行健教育"的办学理念,以"健体魄、强精神,为学生人生奠基"为宗旨。2013 年,王保庆校长及校领导班子进一步丰富行健教育内涵,提出"厚德而行,自强而健"的行健教育,进一步突出"做中学",明确"知行合一、德行合一"的教育理念,并以和谐理论为指导,倡导"身体康健、言行健强、智能健全、心灵健美"的全面而和谐的行健教育。

在多年的发展中,第五十四中学积累了丰富的教育管理经验,并逐步把"运动""行动""活动"的实践教育理念落实到教育教学工作中,形成了行健教育理念。

更重要的是,行健教育理念在德育工作、常规教学、校本课程、学科教研、校园硬件设施建设等主要工作领域均进行了尝试探索并取得了一定成效,逐步形成"以人为本、厚德而行、自强而健、和谐发展"的办学风格。因此,实施特色高中建设,传承、提升学校办学理念,成为促进学校发展的必然。

(二)"行健教育"的内涵

"行健"出自《周易》:"天行健,君子以自强不息。地势坤,君子以厚德载物。"因为《易经》在四书五经中居重要的地位,被誉为"群经之首,大道之源",而这句话又备受世人推崇,清华大学就以此为校训,所以历朝历代的解释有很多,理解也不尽相同。

"天行健"中的"行"是运行的意思,天的运行以日月星辰不停顿的运转为最显著特征,天的运行以"健"为标准,一是康健、一是强健。"自"是指自己,"强"是增强的意思,"息"是停止的意思,君子效法天,就要学习上天的那种不停顿运行的精神,自己要依靠不断增强自身的力量来达到持续发展,永不停息。"地势坤"中的"势"指力量的趋向,"坤"指女性,女性的自然属性中最深刻之处就是繁衍后代以达成生生不息,大地孕育了万物,大地养育了万物,这是大地的美德,而这一切又都与大地厚广的特点有关。君子效法地,就要学习大地孕育万物的精神,厚积美德方能担承大任。

第五十四中学特色学校建设所用"行健"概念有特定含义,行健——厚德而行,自强而健。"德""行""自""健"是关键词。

"德"是行健教育的基础。在教育工作中德育应始终摆在首位,教师的职责不仅仅是教书,而是通过教书来育人,教师应是学生的人生导师。一所学校的教育价值,也不仅仅在于教给学生多少知识,而在于启迪生命的智慧,使学生养成良好的德与行,在学生离开学校之后还能有深远的影响,还能为未来的人生导航。就个体生命而言,德才兼备是人才,有德无才是常人,有才无德是恶人。一个人可以没有多少才华,但应该是一个有益于社会、有益于国家的人,而不是相反。第五十四中学倡导的校风之一就是"为德尚厚",在行健教育中我们引导学生注意德与行的关系,杜绝恶行,志向善行,修行美德。

"行"是行健教育的核心。从哲学的视角审视,我们将"行"视为生命存在的本真状态,这符合马克思主义对世界本质的认识,即世界是物质的,物质是运动的,运动是有规律的。这里的"行"是运行的意思。对个体生命而言,从生理存在的角度来看,生命在于运动,体育锻炼是非常重要的,第五十四中学倡导的校风之一就是"为身尚健"。从时间存在的角度来看,生命的真谛在于不停顿地发展,而且"行程"即运行过程的意义远大于结果的意义。第五十四中学倡导的校风之一就是"为学尚新",引导学生每天都有新进步,每天都有新超越,在每一天一点一点地进步中做最好的自己。对于一所学校而言,良好的运行机制是可持续发展的关键,其中"学生自主发展机制、教师职业发展机制、教学管理机制"是学校运行机制的核心,"和谐"是各种机制运行良好的标志。

从教育学的角度审视,"行"是行动、是活动、是实践。古老的《易经》提出了很多种"行",如志行、仁行、果行、时行、顺行、独行、同行、偕行、上行、中行、大行、德行等。荀子也曾提出"不闻不若闻之,闻之不若见之,见之不若知之,知之不若行之,学至于行而止矣"(《儒效》)。究竟是贵知还是贵行?是知先行后,还是行先知后?这是每一个教育工作者都必须直面的问题。我们秉承我国古代"知行合一"的教育传统,借鉴近现代教育家如杜威、陶行知先生"做中学"的教育经验,学习新课程改革关于"综合实践活动"的教育理念,努力探索具有第五十四中学特色的行健教学模式,即知行合一的"五行"课堂教学模式,实施"导行、自行、同行、伴行、行思"教学实验;努力探索具有第五十四中学特色的行健育人模式,即德行合一的"五行"育人模式,实施"志行教育、雅行教育、善行教育、乐行教育和笃行教育"。

"自"是行健教育的关键。从主体理论出发,我们实行"自主教育、自立教育、自强教育和自由教育"。建构主义理论认为学习是学习者基于自己与世界相互作用的独特经验建构自己知识的过程,我们倡导自主学习和自我发展。从主体间性理论出发,我们在强调主体自主性的同时,也重视主体之间的相互关系,倡导"乐群"的教育理念,努力使学生个体的"自行"与学生间的"同行"以及教师的"伴行"达成平衡。在强调学生的自主发展的同时,我们也强调教师的自主发展,此外学校的发展也强调自主性。自主不意味着孤立与孤独,自我发展也不意味着故步自封,主体的自主性发展一定是在自己与他者、自己与世界的交互中实现的,和谐是其发展的最高境界,我们推崇和谐教育。第五十四中学的办学目标是"以人为本、和谐发展",培养和谐发展的学生,造就和谐发展的教师,建成和谐发展的学校。

"健"是行健教育的追求。"健"有健全和强健两层意思。健全之"健"体现了"全人"教育,关注学生"整体的人"的发展。第五十四中学实行的"健体、健言、健智、健美",是对德智体全面发展的教育方针的坚决贯彻。学生的全面发展要追求"身体健康、言行健强、智能健全、心灵健美",第五十四中学的校训就是"敏于行,健于言,强于身,美于心"。强健之"健"体现了在育人目标上的高远追求,身体不应是孱弱病态的,言行不应是萎靡不振的,智能不应是畸形发展的,心灵不应是阴暗猥琐的,尤其是信仰的东西不应是邪恶的,这一切都需要用"健"的标准来引领。一言以蔽之,做人要有精气神,做事要有精气神,办学要有精气神。

总之,第五十四中学实行的行健教育突出的特点就是"厚德而行,自强而健"。行健教育就是以"主体性教育"为基础,倡导"自主、自行、自强";以"行"为核心;以"运动、行动、活动、实践"为主线,知行合一,德行合一;以"健"为目标,追求"身体健康、言行健强、智能健全、心灵健美"的和谐而全面的发展。

二、行健教育的五行课堂教学模式

天津市第五十四中学以行健教育为特色,在课堂教学改革方面探索了基于校本的知行合一的"五行"课堂教学模式,课堂教学的主结构是"导行、自行、同行、伴行、践行"的五行教学。"行"是行动、是活动、是实践,是最关键的也是最核心的。正如列宁所阐释:"实践高于(理论的)认识,因为它不仅具有普遍性的品格,而且还具有直接现实性的品格。"(《列宁全集》第55卷)

"五行"课堂教学模式的亚结构分为"学生亚结构"和"教师亚结构"两部分。"学生亚结构"由五环节构成:进入情境,接受任务;根据学案,自学自悟;认真倾听,积极发言;求疑问难,认真听讲;认真练习,积极实践。"教师亚结构"也由五环节构成：创设情境，任务驱动；学案导学，巡视辅导；参与讨论，组织讨论；点拨讲授，答疑解惑；概括总结，练习迁移。教学模式结构图如下：

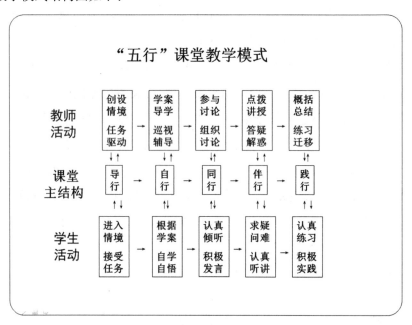

导行，教师要引导学生，使他们知道将要做什么和怎样去做。在此环节可以不说教与学的目标，而只说要做的事，以任务来驱动主体的行动。这就改变了以往知先行后的教学安排，人不是必须先知然后才能行的，人是可以知行合一的。在此环节还可以创设情境，使学生在特定的课堂教学生态中发现问题并自发生成任务，从而促进行为发展。

自行，学生自己去尝试，在亲自做的过程中积累经验。行健教育从主体理论出发，非常重视学生的主体性，实行自主教育、自立教育和自强教育。"天行健，君子以自强不息"，强调的也是自身的力量。凡事要靠自己，要先自己尝试，有了切身体验然后再去请教他人，此时所得会真切而深刻许多，这在一定程度上会避免步入"纸上得来终觉浅"的误区。

同行,在做的过程中要交流经验,同伴之间要互相帮助,在相互鼓励与启发中一起前行。孔子很早就注意到"独学而无友"的弊端,倡导"乐群"的教育理念。现代教育理论也非常重视交流,特别是强调研究过程中的讨论,建构主义理论更是认为学习是学习者基于自己与世界相互作用的独特经验而进行建构的过程。学生在相互交流与帮助中会做到更好,也会走得更远。

伴行,教师要伴随学生学习的全过程,要给予足够的关注、引领和指导。行与知不是割裂的,而是统一的,应该倡导行与知的合一并进,我国明朝著名思想家、教育家王阳明就此提出:"知之真切笃实处即是行,行之明觉精察处即是知。"(《答顾东桥书》)在此环节,教师不仅要释学问之难,更要解生命之惑。要进行全面指导,而且要有陪伴学生生命成长的育人意识。从另外一个角度审视,人类基本的三种学习方式"自主学习、相互学习、向权威学习"至此已经全部经历,这对于学习者而言是极为重要的,在此过程中他们会有极丰富的收获,远胜于某个单一性的结果。

践行,要学以致用,将所学应用于实践,在实践中得到淬炼,获得再一次提升。此时的践行已经具有不同于以往的特殊意义,这是"行—知"之后的"知—行",即由行而知再由知而行。这与《实践论》的观点是一致的,毛泽东的《实践论》有一个副标题"论认识和实践的关系——知和行的关系",书中论述:"实践、认识、再实践、再认识,这种形式,循环往复以至无穷,而实践和认识之每一循环的内容,都比较地进到了高一级的程度。"

"导行、自行、同行、伴行、践行"的五行课堂教学模式,秉承了我国古代知行合一的教育传统,学习了《实践论》的思想,借鉴了现代教育家杜威和陶行知先生"做中学"的教育实践经验,并结合本校的实际情况,所探索的体现了本校行健教育特色的校本教学模式。

三、五行课堂教学模式的理论基础

（一）我国传统文化中的行知理论

知行合一的"五行"课堂教学模式，秉承"行—知—行"的教学理念，具有鲜明的我国本土文化色彩。早在商末周初，《易经》就提出了很多种"行"，如：志行、仁行、果行、时行、顺行、独行、同行、偕行、上行、中行、大行、德行等。春秋战国时期很重视行先的观念，"非知之实难，将在行之"（《左传·昭公十年》），"知之非艰，行之惟艰。"（《尚书·说命》），荀子也曾提出"不闻不若闻之，闻之不若见之，见之不若知之，知之不若行之，学至于行而止矣"（《儒效》）。宋朝时，尽管朱熹秉持知先行后的观点，但他依然认为行重知轻，"致知力行，论其先后，固然以致知为先，然论其轻重，则当以力行为重。"（《朱子语类》卷二）后来到明朝时，王夫之也认为行重于知，他说："知也者，固以行为功者也；行也者，不以知为功者也。行焉可以得知之效也；知焉未可以得行之效也。"（《尚书·引义》）特别是王阳明针对重知轻行、"徒悬空口耳讲说"的学风，提出了"知行合一"的观点。到了现代中国，毛泽东更是在《实践论》中提出辩证唯物论的知行统一观。

（二）马克思理论与实践的辩证关系说

知行合一的"五行"课堂教学模式具有突出的实践性，以"行"为核心来构建教学模式本身就说明了这一点。在"导行、自行、同行、伴行、践行"的过程中，"行"经历了两次飞跃式的发展：第一次是由行而知，在实践中经由感性体验、经验而上升到理性；第二次是由知而行，这是在一定认知的基础上积极主动的践行，在实践中理性历经检验而锤炼得更为纯粹。

（三）杜威的"做中学"理论

知行合一的"五行"课堂教学模式具有鲜明的现代教育特征:学生自主建构。无论是杜威的"做中学",还是陶行知的"教学做合一",都强调学生在做的过程中进行包括知识、能力、情感在内的意味丰富的生命的建构。陶行知先生更是提出:事怎样做就怎样学,怎样学就怎样教;教的方法要根据学的方法,学的方法要根据做的方法。

总之,知行合一的"五行"课堂教学模式,对于应试教育大搞唯分数论和唯书本知识论所造成的知行分离、重知轻行的弊端,是一种有力的矫正。第五十四中学倡导行健教育,"行"的观念深入人心,逐渐形成了推崇"动手能力强、执行力强、行动能力强"的三强价值取向。这正如梅休和爱德华兹在《杜威学校》一书中所描述的那样:"活动的逐步成长,继续的活动,扩展和成就,它们在情绪上的伴随物就是幸福感。无论是儿童还是成人,他们对于成功地做的事情都是感兴趣的。他们有着一种自信和成功的感觉,他们的全神贯注意味着幸福,这不是自我意识到的,而是发展中的能力的标志。"

四、五行课堂教学模式的实践

（一）在"五行"中发现与探索问题

在教学中一直存在着一个"老大难"问题,那就是如何让学生提出有价值的问题并有效地解决。天津市第五十四中学在天津师范大学学科教学论专家团队的帮助下探索知行合一的"五行"课堂教学模式,使学生在做的过程中学与思,在做的过程中问与答,较好地解决了这个难题。

"五行"课堂教学模式的主结构是"导行、自行、同行、伴行、践行"的五环节教学。导行,教师要引导学生,使他们知道将要做什么和怎样去做;自行,学生自己去尝试,在亲自做的过程中积累经验;同行,在做的过程中要交流经验,同伴之间要互相帮助,在相互鼓励与启发中一起前行;伴行,教师要伴随学生学习的全过程,要给予足够的关注、引领和指导;践行,要学以致用,将所学应用于实践,在实践中得到淬炼,获得再一次提升。

现以《沁园春·长沙》一课为例予以说明。

1. 导行——任务驱动和方法导引

教师先与学生一起温习诗词欣赏的一般方法,朗读诗歌,找出重要意象,并体会其中蕴含的情感,然后据此布置阅读任务。

2. 自行——读书、生疑、问难

学生自行读书,在自行环节中学生因个人理解不同会提出各种各样的问题。如:有的同学提出,"看万山红遍,层林尽染",这不符合自然规律,因为秋天的山林无法"红遍"与"尽染",说山林全部霜染成红色,这也太绝对化了;有的同学提出,诗中"问苍茫大地,谁主沉浮"一句,有的教辅书籍解释为革命党人主宰天下,甚至直接解读为诗人自己,但历史事实是早期的中国共产主义者,包括毛泽东本人都没有君临天下的想法,这究竟该做怎样的解读?

3. 同行——相互交流、讨论、互助互学

建构主义理论认为,学习是学习者基于自己与世界相互作用的独特经验而进行建构的过程。关于"尽染"与"红遍"的绝对化问题,有的同学认为此处是主观写景,是作者主观情感的作用结果;有的同学想到了作者的身份,一个革命者,而红色就是革命的色彩;还有的同学引入时代背景资料,当时湘江两岸革命运动如火如荼,毛泽东要离开家乡到广东开展工作;还有的同学在受到启发之后展开想象,描述他理解的诗歌情境"深秋季节,大风起兮,万山红遍,层林尽染,一波一波,就像红色的浪潮"。应该说,在思维的碰撞中,学生对作品的体会更全面了。

4. 伴行——教师释疑解惑、点拨引领

针对学生经过讨论依然困惑的问题,教师要予以正面解答。关于"谁主沉浮"的深意,可以回到文本,联系上下文思考。对于上文的写景,作者以诗句"万类霜天竞自由"作结,"自由"是关键词。在作者眼中,无论是自然界的静物山与林,还是动物鹰与鱼,抑或江船及潜在的行船之人,都有一个共同的特点,不畏惧露结为霜的寒秋,没有一丝一毫的萧索与落寞,竞相呈现自由自在的生命本真状态。"自由"一词是全诗的诗眼。"问苍茫大地,谁主沉浮"主宰人类命运的,是千百年来人们对自由的向往与追求,正如国际歌中所唱的"从来就没有什么救世主",共产主义的本质追求就是人类的自由与解放。

5. 践行——学以致用、躬身力行

通过上阕的学习,同学们无论是在诗歌鉴赏方法的运用上,还是在对具体意象由物象到情意的探索上,都有了一定的收获。下阕的学习,就可以让学生将这刚刚学得的经验运用于新的情境。由上阕的景物意象过渡到下阕的人物意象,由一个人"独立寒秋"到一群人"指点江山",诗歌的境界全出。

"导行、自行、同行、伴行、践行"的五行课堂教学模式,以学生的活动为主线,较好地促进了学生独立思考与自行解决问题能力的发展。

(二)结合导学案的教学设计

案例1:

《新城道中(其一)》导学案

王金玉　张明琪

一、学习目标

(1)能置身诗境(情境),找出诗歌意象,并指出意象之间的关联。

（2）能缘景明情,理解景物意象所蕴含的诗人情感。

（3）运用"以意逆志、知人论世"的方法,探究诗歌的深层意旨。

二、学习重点

掌握"缘景明情""知人论世"的诗歌鉴赏方法。

三、课前预习

1.给下列加点的字注音

铜钲(　　)　　竹篱(　　)　　西崦(　　)　　絮帽(　　)　　饷(　　)

2.解释下列词语

东风:

饷:

3.填空

苏轼:1037——1101 年,字_____,号_____,_____文学家、书画家,在诗、词、散文创作三方面都表现出非凡的才能。学过的作品有:_____、_____、_____、_____。

4.关于风向和方位的问题

诗中"我"是顺风而行,还是逆风而行? 理由是什么? (言语陈述或图示)

_____

_____

四、课堂学习

1.直接在下面圈点诗中的意象

新城道中(其一)

苏　轼

东风知我欲山行,吹断檐间积雨声。

岭上晴云披絮帽,树头初日挂铜钲。

野桃含笑竹篱短,溪柳自摇沙水清。

西崦人家应最乐,煮葵烧笋饷春耕。

2.通过这些意象,可以推测作者的情感(试举两三例)

_____

_____

3.就上面两个问题,相互交流,互相补充

新发现

_____

_____

新问题

_____

_____

4.仿照《天净沙·秋思》,排列一下本诗中的意象

枯藤老树昏鸦　____桃____树　初日

小桥流水人家　_____　_____　人家

古道西风瘦马　岭上

断肠人在天涯　_____　人在道中

5.阅读下列资料,知人论世,从更深的层面理解诗歌意旨

苏轼21岁,进京应试,得到主考官<u>欧阳修</u>赏识,获第二名,一时声名大噪,名动京师。但突然母亲病故,回乡守丧三年。

1061年,苏轼25岁,又进京,中举。

1065年,苏轼29岁,父亲苏洵病逝,妻子王弗病逝,回乡守丧三年。

1069年,苏轼33岁,回京,但赏识他的欧阳修因反对新法与新任宰相<u>王安石</u>政见不合,被迫离京。(王安石变法:1069—1085年)

1071年,苏轼上书谈论新法的弊病,惹怒王安石,苏轼于是请求出京任职。

1073年,苏轼37岁,被派往杭州任通判,《新城道中》。

1079 年,苏轼 43 岁,"乌台诗案",入狱。

1082 年,苏轼 47 岁,《念奴娇·赤壁怀古》。

我的理解:_____

_____

6.阅读下面的诗歌,回答问题

齐安郡中偶题

杜牧

两竿落日溪桥上,半缕轻烟柳影中。

多少绿荷相倚恨,一时回首背西风。

暮热游荷池上

杨万里

细草摇头忽报侬,披襟拦得一西风。

荷花入暮犹愁热,低面深藏碧伞中。

(1)这两首诗描写的都是_____时刻的景色,均以_____为诗歌的主要意象。

(2)这两首诗都运用了什么表现手法来刻画荷的形象?请指出两首诗中荷所表现出来的不同情感特点,并作简要分析。

_____

_____

[解析]2014 年荣获"第三届全国高中语文教师教学基本功展评"一等奖的王金玉老师,在教授苏轼《新城道中(其一)》时,先是声情并茂地范读全诗,"东风知我欲山行,吹断檐间积雨声。岭上晴云披絮帽,树头初日挂铜钲。野桃含笑竹篱短,溪柳自摇沙水清。西崦人家应最乐,煮葵烧笋饷春耕。"将学生引入诗歌特定情境之后,结合诗歌学习的一般路径,指明学习此诗的关键之处。然后学生自行读诗、自行感受、自行体悟。依据

导学案的提示,学生各自圈点诗中的意象。

当学生将自己圈画的意象与他人交流时,发现同学间的差异是那样的大。例如,意象是"积雨",还是"积雨声"?是"云",还是"晴云"?"铜钲"能视为意象吗?诗的尾联,"人家"肯定是意象,那么"葵"和"笋"是意象吗?让学生发表个人见解,相互启发,问题越辩越明,"同行"收到了良好的教学效果。

就像孩子的成长需要父母的陪伴一样,学生的学也总是需要教师的陪伴。在"伴行"阶段,王金玉老师巧妙设计导学案,"仿照《天净沙·秋思》排列一下本诗中的意象:____桃____树 初日,____ ____ 人家,岭上____ ____,_____人在道中。"这既加深了学生对本诗意象的理解程度,又锻炼了语言的概括力和典雅度,同时将学生的思维引向对诗人的理解,"_____人在道中",这需要知人论世。

教师补充介绍历史资料:苏轼21岁,进京应试,得到主考官欧阳修赏识,一时声名大噪,名动京师。但突然母亲病故,回乡守丧三年。1061年,苏轼25岁,又进京,中举。1065年,苏轼29岁,父亲苏洵病逝,妻子王弗病逝,回乡守丧三年。1069年,苏轼33岁,回京,但赏识他的欧阳修因反对新法与新任宰相王安石政见不合,被迫离京。(王安石变法:1069—1085年)1071年,苏轼上书谈论新法的弊病,惹怒王安石,苏轼于是请求出京任职。1073年,苏轼37岁,被派往杭州任通判,《新城道中》。1079年,苏轼43岁,"乌台诗案",入狱。1082年,苏轼47岁,《念奴娇·赤壁怀古》。

当学生进入了历史文化语境之后,他们的思考立刻发生了变化,初读此诗只是感到清新明快,却不知晓这是诗人在人生坎坷之路上的吟唱,知人论世能使思维变得深刻,原来此诗还蕴含着旷达、洒脱的豪情。"_____人在道中",答案是:洒脱人在道中,旷达人在道中。从圈画意象,到体会意象之情,再到知人论世,感悟洒脱与旷达之味,学生在"五

177

行"的过程中入诗、入情、入味。这得到了中国教育学会中学语文教学专业委员会副理事长赵福楼先生和学术委员会主任伊道恩先生的高度评价。

(三)单元教学的综合活动教学

《古代文化常识》是《高中语文教科书·必修5》中的单元综合活动内容,此单元的要旨是"梳理探究"。"中国古代文化博大精深,包括天文地理、历法乐律、典章制度、职官沿革、文化典籍、行政区划、教育科举、宫室建筑、礼仪习俗、姓氏称谓、衣食住行等方方面面。由于年代久远,社会变迁,很多历史事物已难于理解,这给我们阅读古代作品带来了一定的困难。下面就中学语文课文中常见的古代文化知识作一些梳理,希望能借此提高同学们对古代文化的兴趣,加深对古代社会生活的了解。"①

李莹老师和天津师范大学张明琪教授就此共同设计了贯通课内外的综合实践活动。教学目标:①了解中国古代文化常识,加深学生对传统文化的热爱。②积累古代文化知识,提高学生对文言作品的阅读理解能力。③通过思考和交流,培养学生自主学习、独立探索、合作学习的能力。教学重点难点:积累古代文化知识,提高学生对文言作品的阅读理解能力。

由于古代文化常识内容庞杂,且散见于不同的课文之中,梳理起来费时费力,因此"导行"要先引导学生用课外时间一点一点整理。要立足于"自行",逐步积累经验,例如"天色纪时法",古人最初是根据天色的变化将一昼夜划分为十二个时辰:夜半、鸡鸣、平明、日出、食时、隅中、日中、日昳、晡时、日入、黄昏、人定。

注重"同行",既有小组内部的交流,也有组际间的交流,然后在课堂

---

① 人民教育出版社、课程教材研究所等编著:《普通高中课程标准实验教科书·语文·必修5》,人民教育出版社,2006年,第94页。

上交流分享；例如：有的同学谈特殊的日期表述词汇，"晦"是指每月的最后一天，"朔"是指每月的第一天；有的同学谈特殊的地理表述词汇，"河内"是指中国古以黄河以北为河内，"江表"是指长江以南地区，从中原看，地处长江之外，故称江表，南方六朝都泛称江表。

教师的指导要及时，有针对性地解惑答疑，"伴行"是不可或缺的，例如："金樽清酒斗十千"，从"清酒"得出怎样的信息？"潦倒新停浊酒杯"，从"浊酒"得到怎样的信息？在对话与交流的过程中，学生将自己的经验逐步提纯、凝练，此时还需要通过"践行"环节，在具体运用过程中使知识真正化为己有。

以下是课堂上就古代礼仪文化知识进行指导交流的教学设计。

案例2：

古代礼仪文化知识

一、知识梳理

1. 古代礼仪分类（连线）

吉礼	祭祀之礼
凶礼	外交会盟之礼
军礼	丧葬、凭吊之礼
宾礼	师旅操演、征伐之礼
嘉礼	和合人际关系，沟通联络感情之礼

2. 古代礼仪的基本原则

_____

_____

二、阅读下文，从古代对东西南北的礼法规定中揣摩历史人物

项王即日因留沛公与饮。项王、项伯东向坐，亚父南向坐。亚父者，范增也。沛公北向坐，张良西向侍。（《史记·项羽本纪》）

随至小亭，已设樽俎：盘置青梅，一樽煮酒。二人（曹操、刘备）对坐，

开怀畅饮。(《三国演义》)

　　1.关于南北方位的礼法:

　　　　关于东西方位的礼法:

　　2.画出人物座位图

　　3.通过人物座位图,结合古代礼法,谈谈你所获得的历史信息

　　────────────────────────────────

　　────────────────────────────────

　　4.综合上文信息,谈谈你对项羽性格的理解

　　────────────────────────────────

　　────────────────────────────────

　　[解析]按古代礼仪,帝王与臣下相对时,帝王面南、臣下面北;宾主之间相对时,则为宾东向、主西向;长幼之间相对时,长者东向、幼者西向。宾主之间宴席的四面座位,以东向最尊,次为南向,再次为北向,西向为侍坐。鸿门宴上,项王、项伯东向座,亚父南向座,沛公北向座,张良西向座。项王、项伯是首席,范增是第二位,再次是刘邦,张良则为侍坐。

　　在室内礼节性的座次,最尊的座位是:在西墙前铺席,坐在席上面向东,即所谓东向坐;其次是在北墙前铺张席,面向南而坐;再其次是南墙前席上面向北而坐;最卑的位置是东边面朝西的席位。清代学者凌廷堪在他的礼学名著《礼经释例》就更为确切地提出"室中以东向为尊"的说法。由此可以看出,鸿门宴座次的形式,就属于这种室内礼节活动的形式。宴设于项羽军中帐内,刘邦为宾,从座位安排上即可看出项羽目中无人、自高自大且力量的悬殊,刘邦的处境已令人忧心。再看项羽集团内部,项伯是项羽的叔父,项羽没有让叔父坐在低于自己的位置上,但同时谋士范增在项羽心中的地位尚不及告密的项伯,君臣隔阂,事不可谋已初露端倪。

　　《三国演义》里"二人对坐",说明曹操礼遇刘备。

　　在进行比较教学后,教师可以小结一下:文化常识—历史情境—历史

180

人物理解；历史情境—文化常识—历史人物理解。

三、重读《林黛玉进贾府》选段，看看不同的人是怎样试探林黛玉的，林黛玉依据了何种礼法进行应对？请从古代文化常识的角度进行分析

（1）一时进入正室，早有许多盛妆丽服之姬妾丫鬟迎着，邢夫人让黛玉坐了，一面命人到外面书房去请贾赦。一时人来回话说："老爷说了连日身上不好，见了姑娘彼此倒伤心，暂且不忍相见。劝姑娘不要伤心想家，跟着老太太和舅母，即同家里一样。姊妹们虽拙，大家一处伴着，亦可以解些烦闷。或有委屈之处，只管说得，不要外道才是。"黛玉忙站起来，一一听了。再坐一刻，便告辞。邢夫人苦留吃过晚饭去，黛玉笑回道："舅母爱惜赐饭，原不应辞，只是还要过去拜见二舅舅，恐领了赐去不恭，异日再领，未为不可。望舅母容谅。"邢夫人听说，笑道："这倒是了。"遂令两三个嬷嬷用方才的车好生送了姑娘过去。于是黛玉告辞。邢夫人送至仪门前，又嘱咐了众人几句，眼看着车去了方回来。

邢夫人试探林黛玉：_____

林黛玉的言行依据了何种礼法：_____

（依次拜望长辈之礼）

（2）原来王夫人时常居坐宴息，亦不在这正室，只在这正室东边的三间耳房内。于是老嬷嬷引黛玉进东房门来。临窗大炕上铺着猩红洋罽（jì），正面设着大红金钱蟒靠背，石青金钱蟒引枕，秋香色金钱蟒大条褥。两边设一对梅花式洋漆小几。左边几上文王鼎匙箸香盒；右边几上汝窑美人觚（gū）——觚内插着时鲜花卉，并茗碗痰盒等物。地下面西一溜四张椅上，都搭着银红撒花椅搭，底下四副脚踏。椅之两边，也有一对高几，几上茗碗瓶花具备。其余陈设，自不必细说。老嬷嬷们让黛玉炕上坐，炕沿上却有两个锦褥对设，黛玉度其位次，便不上炕，只向东边椅子上坐了。本房内的丫鬟忙捧上茶来。黛玉一面吃茶，一面打量这些丫鬟们，妆饰衣裙，举止行动，果亦与别家不同。

老嬷嬷试探林黛玉：_____

林黛玉的言行依据了何种礼法：_____

（长幼坐立位次之礼）

（3）茶未吃了，只见一个穿红绫袄青缎掐牙背心的丫鬟走来笑说道："太太说，请林姑娘到那边坐罢。"老嬷嬷听了，于是又引黛玉出来，到了东廊三间小正房内。正房炕上横设一张炕桌，桌上磊着书籍茶具，靠东壁面西设着半旧的青缎背引枕。王夫人却坐在西边下首，亦是半旧的青缎靠背坐褥。见黛玉来了，便往东让。黛玉心中料定这是贾政之位。因见挨炕一溜三张椅子上，也搭着半旧的弹墨椅袱，黛玉便向椅上坐了。王夫人再四携她上炕，她方挨王夫人坐了。

王夫人试探林黛玉：_____

林黛玉的言行依据了何种礼法：_____

（夫妇尊卑之礼，长幼座次之礼）

（4）王夫人遂携黛玉穿过一个东西穿堂，便是贾母的后院了。于是，进入后房门，已有多人在此伺候，见王夫人来了，方安设桌椅。贾珠之妻李氏捧饭，熙凤安箸，王夫人进羹。贾母正面榻上独坐，两边四张空椅，熙凤忙拉了黛玉在左边第一张椅上坐了，黛玉十分推让。贾母笑道："你舅母你嫂子们不在这里吃饭。你是客，原应如此坐的。"黛玉方告了座，坐了。贾母命王夫人坐了。迎春姊妹三个告了座方上来。迎春便坐右手第一，探春左第二，惜春右第二。

王熙凤试探林黛玉：_____

林黛玉的言行依据了何种礼法：_____

（宴席位次尊卑之礼）

（5）谈谈你对林黛玉"步步留心，时时在意"性格的理解。

_____

_____

[解析]文中写到邢夫人、王夫人、王熙凤以及老嬷嬷曾四次以礼试探。

林黛玉拜见大舅舅贾赦,邢夫人若留吃晚饭,黛玉以还要拜见二舅舅为由辞谢,邢夫人笑道:"这倒是了。"从这句话可以看出邢夫人是知道这其中的礼数的,她故意试探黛玉是否懂礼。

林黛玉拜见二舅舅贾政,在正室耳房内没有他人的情况下,仆人欺生欺主,"老嬷嬷们让黛玉炕上坐,炕沿上却有两个锦褥对设。"这"却"字用得妙,暗示贾政夫妇之位,点明仆人的用心叵测,幸亏黛玉没有去坐。

后来到小正房内,炕桌东西各有青缎靠背坐褥,王夫人坐在西边下首,"见黛玉来了,便往东让",幸亏黛玉知道东边为尊的礼仪,推测应是贾政之位,不去炕上而在椅子上就座。后经王夫人再三催促,黛玉上炕挨着王夫人坐了,但依然未坐贾政之位。

晚宴时,贾母正面独坐,两边四张空椅,王熙凤"忙拉了黛玉在左边第一张椅子上坐了"。我国传统文化以左为尊,左边第一张椅子是除正位之外的最尊位次,舅母、嫂子等长辈在场,黛玉岂能越礼,她再三推让直到贾母解释缘由后,方才落座。

四、阅读《大观园试才题对额,贾宝玉机敏动诸宾》选段,完成题目

贾政道:"我们就从此小径游去,回来由那一边出去,方可遍览。"说毕,命贾珍在前引导,自己扶了宝玉,逶迤进入山口。抬头忽见山上有镜面白石一块,正是迎面留题处。贾政回头笑道:"诸公请看,此处题以何名方妙?"众人听说,也有说该题"叠翠"二字,也有说该提"锦嶂"的,又有说"赛香炉"的,又有说"小终南"的,种种名色,不止几十个。原来众客心中早知贾政要试宝玉的功业进益如何,只将些俗套来敷衍。宝玉亦料定此意。贾政听了,便回头命宝玉拟来。宝玉道:"尝闻古人有云:'编新不如述旧,刻古终胜雕今。'况此处并非主山正景,原无可题之处,不过是探景一进步耳。莫若直书'曲径通幽处'这句旧诗在上,倒还大方气派。"众人

听了，都赞道："是极！二世兄天分高，才情远，不似我们读腐了书的。"贾政笑道："不可谬奖。他年小，不过以一知充十用，取笑罢了。再俟选拟。"

…………

贾政笑道："倒是此处有些道理。固然系人力穿凿，此时一见，未免勾引起我归农之意。我们且进去歇息歇息。"说毕，方欲进篱门去，忽见路旁有一石碣，亦为留题之备。众人笑道："更妙，更妙，此处若悬匾待题，则田舍家风一洗尽矣。立此一碣，又觉生色许多，非范石湖田家之咏不足以尽其妙。"贾政道："诸公请题。"众人道："方才世兄有云，'编新不如述旧'，此处古人已道尽矣，莫若直书'杏花村'妙极。"贾政听了，笑向贾珍道："正亏提醒了我。此处都妙极，只是还少一个酒幌。明日竟作一个，不必华丽，就依外面村庄的式样作来，用竹竿挑在树梢。"贾珍答应了，又回道："此处竟还不可养别的雀鸟，只是买些鹅鸭鸡类，才都相称了。"贾政与众人都道："更妙。"贾政又向众人道："'杏花村'固佳，只是犯了正名，村名直待请名方可。"众客都道："是呀。如今虚的，便是什么字样好？"

大家想着，宝玉却等不得了，也不等贾政的命，便说道："旧诗有云：'红杏梢头挂酒旗'。如今莫若'杏帘在望'四字。"众人都道："好个'在望'！又暗合'杏花村'意。"宝玉冷笑道："村名若用'杏花'二字，则俗陋不堪了。又有古人诗云：'柴门临水稻花香'，何不就用'稻香村'的妙？"众人听了，亦发哄声拍手道："妙！"贾政一声断喝："无知的业障，你能知道几个古人，能记得几首熟诗，也敢在老先生前卖弄！你方才那些胡说的，不过是试你的清浊，取笑而已，你就认真了！"

说着，引人步入茆堂，里面纸窗木榻，富贵气象一洗皆尽。贾政心中自是欢喜，却瞅宝玉道："此处如何？"众人见问，都忙悄悄地推宝玉，教他说好。宝玉不听人言，便应声道："不及'有凤来仪'多矣。"贾政听了道："无知的蠢物！你只知朱楼画栋，恶赖富丽为佳，哪里知道这清幽气象。

终是不读书之过!"宝玉忙答道:"老爷教训的固是,但古人常云'天然'二字,不知何意?"

    1.说说贾政和贾宝玉的言行是否符合礼仪?

_____

    2.结合古代礼仪文化知识,简单谈谈你对贾政、贾宝玉性格的理解

_____

_____

罗庄子镇初级中学"三个结合" 教学模式的实践

天津市蓟州区罗庄子镇初级中学　岳宝霞

农村教育质量与教育事业发展的要求还有较大的距离,教育公平、均衡发展等新的价值诉求正面临挑战。如何用新的思路来发展农村教育、提升农村学校的办学水平,是亟须破解的新课题。

天津市蓟州区罗庄子镇初级中学(以下简称 L 中学)地处蓟州北部深山区,是一所镇办农村中学。学生来自附近山村,家长大多外出务工,学生多为留守儿童,学习热情及主动性稍差。

为促进教育均衡发展,各级政府及教育主管部门为该校提供了资金及培训支持,目前学校基础设施完备,高标准的理化生实验室、设施齐备的音体美与信息电教等专用教室,为学生全面发展及进一步推进教育教学水平提升奠定了坚实的物质基础。在软件建设上,近几年学校积极探索适合本土化特质、符合农村学校实情的成长路径,调整教学模式,推进课程改革。

由于地缘关系,教育均衡问题以及师资条件等的差异使得许多农村学校存在一些共性问题,大多数学校沿用传统教师讲授式的教学方法,教育观念滞后,"教师中心、教为主导、先教后学"。课堂中缺乏情感参与,只重知识传授。这样的教学模式在一定程度上限制了农村学校教学质量的提高和对农村学生能力的培养。

一、校本教学模式的操作程序确立的途径

（一）找出常态课堂存在的问题

1. 上课就是讲课

笔者在常态课堂教学调研中，经常听到教师这样的开场白："昨天我们讲了……今天我们讲……"在这些教师看来，上课就是"讲课"，讲授法就是唯一的教学方法。虽然在接下来的教学过程中也有问、有答，但学生没有获得真正自主理解和独立言说的自由，只能被动地学习。提问的内容均为封闭性问题，需要学生以记忆作答，或以教师之前总结的答问步骤为模板"依葫芦画瓢"；在提问方式上，都是教师问学生答，学生举手教师点名。偶尔在课堂中也会安排学生小组讨论，但由于讨论题目缺乏深度与层次，讨论往往流于形式。

2. 忽略学生个体差异

绝大部分教师面向四十几个学生进行班级教学时，常常提同样的问题，进行同样的讲解，布置同样的作业，根本不考虑学生间的差异。教师怎么讲，全班学生就怎么学；教师讲多少，全班学生就学多少；教师布置多少作业，全班学生就完成多少作业。甚至部分学生不写或不能全部完成作业，教师将这种情况定义为学生学习态度问题，而没有考虑到学生基础及学习能力等因素。笔者在听课及与教师座谈过程中发现：学生学力水平存在较大差异，有些九年级学生在解基本的方程求解问题时仍会遇到很大困难；部分七年级学生对分数运算、水流速度与船的顺流及逆流速度之间的关系等知识的掌握不牢固。

3. 忽略学生情感需要

L 中学是一所山区农村学校，学生来自附近的几个山村，基础稍差。

大部分学生父母在外务工,教育理念落后,在家庭教育中缺少对孩子的合理引导及督促。学生缺少学习的主动性和自觉性,除了学习任务本身带来的挑战之外,还有知识结构存在缺陷、没能掌握恰当的学习方法等原因。但笔者认为最为关键的原因是由于家长长期忙于工作给孩子造成的情感上的缺失。大多数家长只问温饱,不懂情感沟通,只关心成绩,不关心孩子的身心健康及成长。在这种情况下,教师除了定期与家长交流之外,还应格外关注学生们的情感需要。另外,教育本身面对的对象就是活生生的人,生生之间、师生之间都需要情感的投入与建设。教师不能将自己定位为教书匠,而应该是教育者。

笔者听课发现,大多数教师在课堂上面无表情、缺少激情,课堂的重点在于知识点的传授和学生对知识掌握的效果。对于给出正确答案同学的赞许、不能回答问题同学的鼓励、遇到理解困难同学的理解与支持鲜有为之。教师高高在上,在知识传授环节上站在了学生的对立面,看不到师生之间情感的流动。

(二)关于构建山区农村学校校本教学模式的认识

1. 有利于促进教育均衡发展

农村学校不能依赖城区部分优质学校的"示范"或"辐射"作用来实现发展,国内外有大量的农村学校尤其是农村薄弱学校通过自身的改革与发展而获得成功的案例。事实上,那种带有本土化特质的农村学校成长路径或模式更具有生命力和示范性。因为,城区学校与山区农村学校在师资力量、学生水平、区域文化、培养方向等方面都存在着差异,将城区优质校教学模式照搬过来难免造成"水土不服",甚至造成资金及人力的浪费。农村学校要探索适合本地区的教学模式,提高教学水平,服务于学生发展,培养学生健全人格,交给学生一技之长,学生成功、家长放心。通过坚持不懈的努力,大面积提高农村学校教学质量,缩小城乡差距,促进教育均衡。

2. 有利于突出山区农村学校办学特色

山区农村学校的生源构成单一,学生基础较差。除少部分学生能够升入重点高中继续学习深造外,大部分学生将进入普通高中而后接受职业学习,或者直接进入技工学校学习一技之长。学生中的大部分人会成为新农村的建设者,在这样的现实背景下,我们的办学特色就应该区别于城区学校。以"为学生一生发展奠基"为教育理念,结合实际开设乡土课程,如:手工剪纸、地质勘探、篮球健身等。同时,针对学生基础较差的情况,在教师讲和学生学之间找到平衡点,狠抓教师讲,促进学生学,强调教师在课堂上的主导作用。针对山区农村学生不善表达、害羞、内敛等特点,强调学生课堂上的表达,让学生敢想敢说,培养自信,为他们未来的人生奠定基础。

(三)L中学校本化教学模式的思考

1. 理论基础

依据马斯洛的需要层次理论,将人的需求分成由低级到高级五个层次:生理上的需要、安全上的需要、情感和归属的需要、尊重的需要、自我实现的需要。人只有满足了低层次的需要才会进而追求高一级的需要。学生在生理及安全上的需要已经被满足,他们有情感和归属的需要,有被尊重的需要,有自我实现的需要。意识到自己属于班集体中的一员,在学校被同学爱、被老师爱,同时也付出爱;在课堂内外被他人尊重,最重要的是教师的尊重;他们有自我实现的需要,即体验自我成就感。校本教学模式首先考虑到学生主体的需要,为学生的自我实现创造条件。

建构主义学习理论认为,知识习得是学习主体主动建构的过程。学习不是简单的信息积累,更重要的是新旧知识经验的冲突以及由此而引发的认知结构的重组。校本教学模式要在尊重学生主体性的基础上,创设情境、设计课堂。

2. 教学目标

尊重差异，激发兴趣，以爱育人，和谐发展。笔者听课发现：学生的知识及能力水平存在差异，因此校本教学模式首先要看到差异、尊重差异；学生课上主动性、积极性不高，以被动接受学习为主，因此激发学习兴趣是校本教学研究的重要任务也是提高教学效果的前提条件；学生需要家庭及教师在情感上的认同与支持，任何教育离开了爱与接纳都是不成功的，针对山区孩子不善表达情感同时又渴望教师情感上的给予，我们提出"以爱育人"的目标，将爱与支持带进每一节课堂；和谐发展是 L 学校的教育落脚点，发挥学校校本课程的优势，激发兴趣，满足学生个性化需要，促进学生和谐发展。

3. 校本化教学模式的内容及操作程序

"尊重差异，激发兴趣，以爱育人，和谐发展"是我们基于学校实情及学生发展需要确定的培养目标。在此目标下提出的"三个结合"教学模式指的是"讲、练结合""学、思结合""思、语结合"。

（1）讲、练结合：指教师的课堂讲授与学生的练习相结合。结合学生实际情况，针对山区农村学生主动学习意识不强、缺乏家长的督促与指导、知识基础薄弱的特点，强调教师的讲。要求教师备课时对知识内容进行深入思考，讲的明白、讲的精彩、讲的有吸引力。同时强调学生的学，如：教师讲解完知识点后可设计配套习题当堂练习；在课堂结束前当堂检测，检验学生对当堂内容掌握的程度。

（2）学、思结合：指学生的学习与思考相结合。教学最重要的任务是帮助学生思考，只有通过深入的思考学生才能建构起自己的知识体系，将被动学习的过程变成主动学习的过程。教师的责任不是将自己的思维方式或观念强加给学生，而是要帮助学生建构起自己的思维方式、方法。设计导学案帮助学生思考，导学案的设计要求从学生心理、学力、知识水平出发,不求面面俱到,但要求每份导学案都能围绕 1－2 个重点内容进行深入探讨。借助导学案,让学生课前对教师设计的问题进行思考,课堂上教师引导学生讨论、发表观点。这样不但促进了学生思考,同时养成了学生课前预习的习惯,做到事半功倍。

(3)思、语结合:思考与表达相结合,指在学生思考的基础上鼓励学生课堂上的表达。由于地理原因,山村的孩子较为内敛、不擅表达,甚至不敢表达,或多或少有些自卑心理。教师在课堂上鼓励学生将思考的结论用语言形式表达,不但培养了学生自信心,同时可以加深理解。如果一个学生能将题目解答过程表述清楚或能用自己的语言陈述事实,说明学生已经理解了;如果一个学生能就某一问题发表自己的观点并能阐明理由,说明学生对该问题进行了深入的思考。总之,教师要尽可能地创造机会让学生"说",营造"开放、平等、研究、讨论"的课堂氛围,调动学生积极性,培养学生思考力及自信心。

以上的校本教学模式并不是全新的模式创造,也不是已有成功模式的复制与模仿。它是在结合该校实际情形下提出的符合该校发展水平的教学模式。这里的实际情况包括:教师的思想观念、教学水平;学生的基础知识掌握情况、学习能力水平;学生未来发展需要等。

二、校本教学模式的实现条件建设的策略

(一)学校自身发展的渴望为教学模式改革提供了原动力

目前,L 中学共有 36 名教师、设置四个年级(6－9)、8 个教学班、278 名学生,与所在地区几所重点中学的成绩存在较大差距。学校要生存、要发展,除了提高学生学业成绩还需要发展特色,这些成为了改革的原动力。

1. 硬件建设

学校基础设施完备,高标准的理化生实验室、设施齐备的音体美与信息电教等专用教室,为学生全面发展及进一步推进教育教学水平提升奠定了坚实的物质基础。在篮球、音乐、手工剪纸、科技等课程中取得了一定的成绩,具有较好的校本课程基础。

每个教室配有多媒体设备,支持电子白板教学。但教师对于信息技术在课堂教学中的运用还不够,或者说是想用却不知道如何用,不知道如何更好地用。电子白板在很大程度上成了板书的替代品,在丰富课堂内容、调动学生兴趣、与学科内容整合方面鲜有体现。

2. 教学改革夙愿

学校具有提高教育教学质量的内在动力,学校制定的发展目标为:探索具有学校自身特色的校本教学模式,突出学校办学特色,提高教学质量。

(二)天津师范大学科研项目为教学模式改革提供了理论指导

本篇的撰写是在天津师范大学张筱玮教授主持的科研项目的基础上进行的。该项目以校本教学模式的探索为核心,项目团队人员分别对不同学校的校本教学模式进行了研究,为 L 中学教学模式改革提供了理论指导。

(1)天津师范大学组织相关学科教师深入课堂,通过听课、评课及与教师座谈,找出课堂教学问题,提升教学理念。

(2)组织教师学习教学模式相关理论及现代研究,结合该校实际情况探讨校本教学模式出路。

(三)富有进取精神的学校管理者直接推动了改革的进行

学校的管理者认识到改革的重要性,他们希望运用现代教育理论指导学校教学。学校管理者具有发展地方教育的使命感和责任感,他们勇于探索,敢于创新。

1. 积极开展学科教师培训及全员培训

提高教学质量要从课堂入手,而抓好课堂教学主要靠教师。该校以本项目为平台,通过"走出去、请进来"活动,邀请校外专家到校进行讲座辅导,鼓励并创造机会让学科教师参加学习及系统培训,调动教师工作积极性,提升教育教学理念。

2. 积极进行管理改革

推动课堂听课制度,以学科为单位,组织组内教师听课,促进教师间交流与学习。不定期组织学科组长及专家进行听、评课活动,促进教师教学水平提高;制定详细的学科教研制度,定期组织学科教师进行教研活动,让教学研究发挥实质作用。

(四)地处偏僻的封闭性环境为学生安心学习创造了有利的校园环境

L 中学在地理位置上远离闹市区,地处山区,学生思想单纯,民风淳朴,加上周边安静的环境对学生的安心学习极为有利。

(五)吃苦耐劳有责任感的教师成为改革的中坚力量

教师大多是土生土长的本地人,怀着对本土的热爱更是基于作为教师的责任感,老师们积极配合,交流学习,锐意进取,成为改革的中坚力量。

1. 教师自身成长的需要

教师的职业幸福感始终源于教学、源于课堂。在教与学的互动中,在与学生情感的交流中,在业务水平增长的过程中,体验到价值,获得幸福的体验。因此,作为一名人民教师,他们有提高教育教学水平、提升自我意识等内在需求,教师的发展都需要在课堂教学实践中实现。

2.教育工作者的责任感

教师的职业特点决定了他们必须要起到"指引、扶持、陪伴、纠正"等作用。这一角色定位带给教育工作者以强烈的责任感与使命感,也成为教师愿意投身教育教学改革的内在动力。

三、校本教学模式的教学评价制定的方法

一种教学模式是否成功有效,唯一的标准是通过实践来检验。经过学校的教学实践,验证这种教学模式是否符合本校教学实际、有效改进了学校教学、提高了教学效率、促进了学生的身心发展。在评价策略的选择上,首先要以教学目标为依据,即"尊重差异,激发兴趣,以爱育人,和谐发展"。

(一)学生参与课堂活动的积极性

以往学生在课堂上较为被动,对教学内容表现出畏难情绪,不愿参与课堂活动。使用改革后的教学模式可以考查学生是否积极回答问题、是否主动参与活动。由于尊重学生差异,教师可以分层设计提问,让不同层次的学生在课堂上都有所作为。

(二)学生完成作业情况

以前任课教师经常反映学生不能保质保量地完成作业,批评教育无效,为此教师很苦恼。使用改革后的教学模式可以考查学生完成作业的情况,检查学生解决问题能力是否有所提高。

(三)学生与教师情感距离拉近

学生喜欢教师,体会到教师对他们的关心和爱护,就会主动与教师亲近。如:主动问问题、主动配合教师安排的活动,具有较高的学习热情。

(四)学生特长及能动性发挥

L中学具有较好的校本课程基础,新的教学模式鼓励学生利用学校

资源发挥特长。教师尊重学生特点,促进学生和谐发展。

四、教学实践

基于校本的教学模式,无论采用哪一种方法,在理论和实践上都要经过修改、完善、发展,以构建一个有效的教学模式。对 L 中学教学模式的改革需要经历一段时间的试验与总结,对存在的问题进行及时调整。

(一)校本教学模式研究要与时俱进

L 中学绝大多数教师没有外出交流学习的经历,教师的教学理念较传统,教学手段的现代化水平较低,以上提出的校本教学模式是基于这样的实际提出的。但是,教师、学生、环境都是不断发展的,随着教师教育理念的提升、现代教学技术的培训、区域内整体教学环境的变化等,势必要调整教学模式的某些方面。如:"创设情境"有哪些新的方式?"师生共做"做到什么程度?"布置作业"可以采用在线讨论、提交或撰写小论文形式么?

(二)体现学科及教师的特点

不同的学科在教学方式、教学组织形式等方面是不一样的,原因是各学科要培养学生的学科素养不同。如何在切合学校实际情况的前提下,既符合校本教学模式又能满足学科教学需要,是需要学科教师认真思考的问题。另外,每一个教师都有自身的教学风格,校本教学模式不能抹杀教师独特的教学风格。将教学模式变成僵死的、千篇一律的硬性要求是我们要警惕的问题。

案例1：

酸和碱的中和反应

一、教学目标

（一）知识与技能

1.知道酸和碱之间发生的中和反应

2.了解酸碱性对农作物和生命活动的影响，以及中和反应在实际中的作用

（二）过程与方法

1.通过实验操作让学生形成中和反应的概念

2.掌握中和反应的操作技能和实际生产生活中的运用知识

（三）情感态度与价值观

1.通过实验操作使学生树立对科学的严谨态度

2.通过学习中和反应在生活实践中的应用，使学生树立热爱生活、关注生活的理念

二、教学重难点分析

本课题是在九年级学生学习了常见的酸和碱，及酸和碱的部分化学性质的基础上要学习的一部分知识内容，学生此时对化学实验的现象比较新奇，产生了学习兴趣，但不能从教学内容的本质上了解反应的内涵，对知识体系也仅仅知道一些浅层的内容，所以本课教学的重难点是：

（一）证明酸碱中和反应发生的现象及实验操作

（二）中和反应的实质

（三）中和反应在生活实践中的应用

三、教学方法

（一）实验演示法

酸和碱的中和反应的现象及反应的实质。

（二）合作交流法

在酸和碱的中和反应的教学中采用以学生自主学习、学生之间合作学习为主,培养学生动手实验及小组合作实验的能力,同时启发学生对实验结果进行分析的方法来掌握。

四、教学过程

(一)趣味导入,引入新课

1.问题展示

夏季的一天,小明去野外不慎被蜜蜂蜇了,脸上起了一个大包,很疼,但不知道怎么办?回到家,他上网查了一下,发现用肥皂水涂抹受伤部位管事,于是他试验了一下,十分钟后,还真的不疼了,这是为什么呢?

2.教师解惑

蜜蜂蜇人会释放出一种酸——蚁酸,而肥皂呈碱性,酸和碱发生反应,所以小明的疼痛症状消失了,那么生活中还有哪些物质可以涂抹减缓被蜜蜂蜇的疼痛呢?还有哪些实例可以用化学反应解决呢,今天我们要学习的中和反应就可以解决这个问题。

3.设计意图

通过实际问题设置,给学生带来学习的兴趣,通过教师的解惑,让学生初步了解中和反应,通过教师的追问,让学生学习的欲望高涨,从而为下一步教学奠定基础。

(二)小组合作,自主探究

1.问题展示

以小组为单位,通过阅读,讨论解决以下问题:

(1)酸和碱反应的实质是什么?

(2)推测一下 NaOH 与 HCl、H_2SO_4 反应生成物是什么?

(3)推测一下 $Ca(OH)_2$ 与 HCl、H_2SO_4 反应生成物是什么?

(4)通过课本实例,你分析一下胃酸过多的时候,我们可以采取哪些方法缓解呢?

2. 学生汇报

问题(1)口答,问题(2)、(3)尝试用化学方程式书写,问题(4)口答,教师补充并展开拓展。

3. 教师解惑

(1)酸和碱反应实质。

(2)胃酸过多时可以使用的食品和药物。

4. 设计意图

这一环节,主要体现"三个结合"教学模式中的"学、思结合"及"思、语结合"。教师设计问题链,引导学生带着问题阅读与讨论,这是导学案的一种,也是学生独立探索的过程。通过"学、思结合",学生初步认知本课教学内容,而学生汇报环节中要求学生能够将自己的观点表达出来,实际上是学生知识归纳的体现,使他们对知识进一步深化,这就是"思、语结合"的目的。

(三)探寻本质,知识提升

1. 问题展示

(1)通过大屏幕,观察中和反应微观变化,用一句话总结中和反应实质。

(2)通过实验探究,再次理解中和反应,写出你认为可以发生的中和反应。

(3)实验中为什么要加酚酞试液呢?不加会造成怎样的后果呢?

2. 学生汇报

问题(1)口答,问题(2)尝试用化学方程式书写,问题(3)口答。

3. 教师解惑

教师进一步设置问题:小明在做 $NaOH$ 与 HCl 反应的实验中,忘记了向 $NaOH$ 溶液中加入酚酞试液,他不知道 $NaOH$ 与 HCl 是否完全反应,对此,小组讨论认为他的实验有三种可能:(1)$NaOH$ 过量;(2)HCl 过量;

（3）NaOH 与 HCl 恰好完全反应。

问题：如何判断 NaOH 过量？如何判断 HCl 过量？

4.设计意图

这一环节仍然是通过问题导向促使学生思考，通过"学"与"思"、"思"与"语"的结合让学生对知识的理解达到螺旋式上升。同时化学方程式的归纳练习又是"讲、练结合"的具体体现。

（四）当堂检测，小结归纳

1.当堂检测

（1）一些国家正在试用碳酸水浇灌某些植物，这样做不能起到的作用是（　　　）

A.改良碱性土壤　　　　　　B.改良酸性土壤

C.促进植物的光合作用　　　D.提高农作物产量

（2）质量相同、溶质的质量分数也相同的氢氧化钠溶液和稀盐酸混合后，滴加 2 滴紫色的石蕊试液，振荡后溶液的颜色呈（　　　）

A.红色　　　　B.蓝色　　　　C.紫色　　　　D.无色

（3）下列反应，属于中和反应的是（　　　）

A.$Ca(OH)_2 + CO_2 = CaCO_3 + H_2O$

B.$CuO + 2HCl = CuCl_2 + H_2O$

C.$Cu(OH)_2 + H_2SO_4 = CuSO_4 + 2H_2O$

D.$AgNO_3 + HCl = AgCl\downarrow + HNO_3$

（4）人被蚊子、昆虫叮咬之后，皮肤红肿疼痛，这是因为被注入了一种叫作 wt 蚁酸的物质，此时可以涂抹下列物质中的（　　　）

A.食盐水　　　　B.肥皂水　　　　C.橘子汁　　　　D.米醋

（5）某工厂排放的废水中有大量 NaOH，若直接排入河流会造成水体污染，应怎样处理此工厂中的废水？写出你的想法，并写出相关的化学反应方程式。

(6)有些胃药中含有氢氧化铝 Al(OH)$_3$,它在人的胃内起什么作用?试写出反应的化学方程式。

2.小结归纳

(1)定义:酸与碱作用生成盐和水的反应。

(2)特点:A.反应物是酸和碱　B.生成物是盐和水

(3)表达式:酸 + 碱→盐 + 水

(4)实质:H$^+$ + OH$^-$ ═ H$_2$O

(5)改良土壤酸碱性(酸性)。

(6)处理工厂的废水　　Ca(OH)$_2$ + H$_2$SO$_4$ ═ CaSO$_4$ + 2H$_2$O

(7)用于医药 3HCl + Al(OH)$_3$ ═ AlCl$_3$ + 3H$_2$O　(中和胃酸)

3.设计意图

这一环节主要体现"讲、练结合",一方面符合学生的认知规律,及时强化,加强记忆;另一方面通过当堂检测,学生将所学加以应用,通过归纳形成完善的知识体系。

五、教学反思

三个结合的教学模式根本是"讲练结合、学思结合、思语结合",其目的是使学生成为课堂教学的主体,将教师解脱出来,由传授者变成指导者。本课通过问题导向,让学生有充分的时间去思考,有更多的机会去表达自己的观点,这样不仅使精讲变成了现实,同时培养了学生用于表达的自信心。本课练习内容适度,但方法多样,如:化学方程式书写、知识总结归纳、当堂检测、实验探究,体现了精讲多练,通过课后反馈,学生知识掌握较好,特别是在分析和解决问题能力方面得到了锻炼。

(蓟州区罗庄子镇初级中学　张国锋设计)

案例2：

直线和圆的位置关系（第一课时）

一、教学目标

（一）知识与技能

1. 掌握直线与圆的三种位置关系的定义

2. 掌握用数量关系判定直线与圆位置关系的方法

（二）过程与方法

了解类比、转化、分类讨论的数学思想方法，提高解决实际问题的能力。

（三）情感态度与价值观

通过合作探究与观察分析，培养学生合作交流的意识和敢于探索未知问题的精神。

二、教学重难点分析

（一）重点

1. 经历探索直线和圆的位置关系的过程，得出直线和圆的三种位置关系

2. 用数量关系表述三种位置关系

（二）难点

通过数量关系判断直线和圆的位置关系。

三、教学方法

（一）自主探究法，结合多媒体直观演示、学生自己动手操作体验圆与直线位置关系变化的过程

（二）指导学生采用小组讨论、分析归纳等多种学习方法，从而真正落实到把课堂还给学生，让学生成为课堂的主角

四、教具准备

多媒体课件、三角尺、圆规、同学每人准备硬币一枚。

五、教学过程

（一）复习旧知，做好铺垫

1.问题展示

PPT 出示复习的问题：

(1)点和圆的位置关系有哪几种？

(2)如何判定？

2.学生汇报

选择有代表性的学生回答问题，并互相指正。

3.教师解惑

指导学生运用圆心与点的距离 d 和圆的半径 r 之间数量关系来判断点和圆的位置关系。

4.设计意图

巩固旧知识，为新课做好铺垫。

（二）创设情境，体验新知

1.问题展示

PPT 出示复习的问题：

(1)你看过日出吗？在太阳升起的过程中，太阳与地平线的位置关系给我们直线与圆的位置关系的印象，由此你能得出直线和圆的位置关系吗？

(2)请同学们在纸上画一条直线，把硬币的边缘看作圆，在纸上移动硬币，发现直线与圆的位置关系是怎样的？直线与圆的公共点个数是怎么变化的？

(3)为什么分成这三种情况呢？

2.学生汇报

学生在纸上画出直线并用硬币模拟太阳升起的过程，并把三种位置关系画在练习本上。学生代表到黑板画出直线与圆的位置关系,表述观点,全体同学参与讨论,最终得出结论。

3.教师解惑

教师用 PPT 演示太阳升起过程中的三种不同位置图片,让学生观察;倾听学生的交流,指导学生探究。要求学生到黑板画出三种直线与圆的位置关系,并总结为什么分成这三种情况。

4.设计意图

由现实中的实际问题入手,设置情境问题,激发学生的兴趣,导出本课的主题。通过探究,让学生寻求直线与圆不同的位置关系,为具体内容的讲解作好铺垫。为学生提供参与活动的时间和空间,调动学生的主观能动性,激发好奇心和求知欲。通过这些活动使学生达到学与思的结合,并能把所思用自己的语言表述出来,做到了思与语的结合。

(三)合作交流,知识探究

1.问题展示

(1)怎样判断直线和圆的位置关系?

(2)填一填。

直线与圆位置关系			
公共点个数			
公共点名称			
直线的名称			

(3)看图辨析。(选择两张用公共点个数无法判断的图形)

(4)"直线和圆的位置关系"能否像"点和圆的位置关系"一样进行数量分析?

(5)补全 d 与 r 的关系。

直线与圆位置关系			
公共点个数			
公共点名称			
直线的名称			
d 与 r 的关系			

2. 学生汇报

总结出直线和圆的位置关系的第一种方法：用公共点的个数判断。学生通过对直线与圆的位置关系的概念的理解填空。

共同完成(看图辨析)题目。

让学生探究如何用数量关系说明直线与圆的位置关系。学生通过合作交流,讨论不同位置下 d 与 r 的数量关系。反过来,如果 d 与 r 的关系确定了,那直线与圆的位置关系也就确定了,从而得到第二种判定方法。

3. 教师解惑

教师利用 PPT 演示直线与圆的三种位置关系图,分清直线与圆的公共点个数与两者位置之间的关系。演示直线与圆的三种位置关系图,引导学生观察、验证圆心与直线的距离与圆的半径的关系。教师根据学生的回答适时出示结论,最后以填表的形式给出最终答案。

4. 设计意图

通过学生的思考与回答,加深对相关概念的理解。并通过第5小题产生认知矛盾,让学生产生继续探索的激情。通过多媒体演示,借助观察特征,使问题形象化而不枯燥,能有效地帮助学生理解直线与圆不同的位置关系下 d 与 r 的数量关系,进一步培养学生归纳、抽象概括的能力,让学生看到数学是如何以模型的方式解决实际问题。

(四)拓展运用,知识内化

1. 问题展示

(1)设⊙O 的半径为 r，圆心到直线 a 的距离为 d，若 $d=r$，则直线 a 与⊙O 的位置关系是(　　)

A. 相交　　　B. 相切　　　C. 相离　　　D. 相切或相交

(2)设⊙P 的半径为 4cm，直线 l 上一点 A 到圆心的距离为 4cm，则直线 l 与⊙O 的位置关系是(　　)

A. 相交　　　B. 相切　　　C. 相离　　　D. 相切或相交

(3)(重庆中考)已知圆的半径等于 5，直线 l 与圆没有交点，则圆心到直线的距离 d 的取值范围是_____。

(4)(青岛中考)已知⊙A 的直径为 6，点 A 的坐标为 $(-3,-4)$，则 X 轴与⊙A 的位置关系是_____，Y 轴与⊙A 的位置关系是_____。

(5)在 △ABC 中，∠A＝45°，AC＝4cm。以 C 为圆心、r 为半径的圆与直线 AB 有怎样的位置关系？为什么？

①$r=2$cm　　②$r=2\sqrt{2}$cm　　③$r=3$cm。

(6)在 Rt△ABC 中，∠C＝90°，AC＝3cm，BC＝4cm。以 C 为圆心、r 为半径的圆与直线 AB 有怎样的位置关系？为什么？

①$r=2$cm　　②$r=2.4$cm　　③$r=3$cm。

(7)(济南中考)⊙O 的半径为 3，圆心 O 到直线 l 的距离为 d，若直线 l 与⊙O 没有公共点，则 d 为(　　)

A. $d>3$　　　B. $d<3$　　　C. $d\leqslant3$　　　D. $d=3$

(8)圆心 O 到直线的距离等于⊙O 的半径，则直线和⊙O 的位置关系是(　　)

A. 相离　　　B. 相交　　　C. 相切　　　D. 相切或相交

(9)判断：若直线和圆相切，则该直线和圆一定有一个公共点。(　　)

(10)(珠海中考)等边三角形 ABC 的边长为 2，则以 A 为圆心、半径为 $\sqrt{2}$ 的圆与直线 BC 的位置关系是_____，以 A 为圆心、_____为半径的

圆与直线 BC 相切。

2. 学生汇报

学生自主探索题目,遇到不会的问题及时与同伴交流、讨论,完成所有题目,过程中要学会思考,并能用语言表述清楚,达到"学、思结合"、"思、语结合"。

3. 教师解惑

教师鼓励学生自主探索题目,并予以适时适当的点拨,深挖每一道题目的作用,达到很好的训练效果,要鼓励学生勤于思考、勤于表达,让他们每个人都有不同的收获。

4. 设计意图

培养学生运用知识的能力,进一步巩固怎样用数量关系来确定直线与圆的位置关系,以及已知直线与圆的位置关系时如何确定 d 或 r 的取值范围。最终目的是学生能独立分析问题,得出问题的正确答案。

(五)反思归纳,知识总结

1. 问题展示

(1)本节课你都学会了哪些判断直线与圆的三种位置关系的方法?

(2)你是否学会了利用类比、分类及数形结合的思想总结通过数量关系来判断直线与圆的位置关系的方法。

2. 学生汇报

学生小结并回答,确认直线与圆有哪三种位置关系。

3. 教师解惑

教师引导学生回忆,帮助学生熟练记住三种位置关系下的 d 与 r 的关系式。

4. 设计意图

学生能很快地想到所学问题,掌握直线与圆的三种位置关系。

这是本节课的重点和难点。通过总结强调,让学生有更深的认识,掌握本节所学内容。

（六）作业布置，知识运用

1.课程练习中本节内容

2.课外思考问题

3.设计意图

学生独立运用所学知识解题，培养学生解决问题的能力。课外思考问题较难，能使学习有余力的同学提升自身实力，让他们"吃得饱"。

六、教学反思

在以学生为主体的原则下，课堂教学应采用"情境—问题—探究—发现—创新—总结—练习—升华"的探索过程。运用"三个结合"的教学模式，即讲练结合、学思结合、思语结合，其目的是使学生成为课堂学习的主体，教师在精讲的基础上指导学生讨论、探究、解决问题，由传授者变成指导者，本课通过边实验边探究的方式使学生有更多的机会去表达自己的观点，这样不仅使精讲变成了现实，同时培养了学生勇于表达的自信心，更体验到数学来源于实践，从生活中"找"数学、"想"数学，让学生真正感受到生活之中处处有数学。

（蓟州区罗庄子镇初级中学　王晓川设计）

案例3：

《海纳百川，有容乃大》教学设计

一、教学目标

（一）知识目标

知道宽容的内涵及宽容合作的基础，懂得宽容是一种美德，理解宽容的原则性和重要性。

（二）能力目标

通过教学活动锻炼学生的语言表达能力,提高学生人际交往与合作的能力,帮助提高辨别是非、分析解决问题的能力,使学生在生活、学习中能以自己的行动宽容别人。

(三)情感、态度与价值观目标

体会宽容对人对己的重要意义,学会与他人和睦相处,形成良好的人际关系和健全的人格。

二、教学策略与方法

在教学中创造性地使用、整合教材,用猜谜的活动形式导入新课,提高学生课堂活动的积极性;通过"李明的一天"设计了不同的活动内容,使教学环节清晰,目标明确;用小组讨论、合作探究的方法来理解宽容;用案例分析的方法理解宽容的原则性;用情境体验、多媒体展示等方法践行宽容;活动即教学,通过活动提高学生学习兴趣,学生在体验思考、探究发现、讨论交流的过程中学习新知、提高能力、增强情感体验。

三、教学重点及难点

(一)教学重点

宽容的重要性。

(二)教学难点

把握宽容的原则,让学生在生活中学会宽容,体验宽以待人带来的快乐。

四、教学过程

(一)导入新课:猜字游戏

教师:同学们,大家好! 今天我们先来一个猜字游戏,根据提示,看看哪位同学猜的又快又准确。猜猜这两个字是什么? (课件展示)

它们都是人世间的宝贝:

第一个字:对待一件事可以允许有像杂草一样多的见解存在;

第二个字:8 个人你说你的,我说我的,允许有各自不同的观点。

学生:根据提示认真思考后回答问题,第一个答对的同学把答案写在黑板上。

教师小结:宽容,是中华民族的传统美德,是我们每个人必备的道德品质。今天我们一起通过"李明的一天"来学习了解有关宽容的话题。(板书:海纳百川,有容乃大)

设计意图:通过猜字游戏导入新课,活跃了课堂气氛,激发学生参与课堂活动的兴趣,学生乐于思考,提高学习的积极性,谜底的展示很自然地引入课题,为整节课的学习奠定了良好的基础。

1.情境一:认识宽容

背景材料:假期的一天,李明和家人准备自驾游去著名的旅游景点"六尺巷",想体验一下古人宽广的胸怀。出发前,李明要先了解一下"六尺巷"的来历。

教师:同学们,你们知道"六尺巷"的故事吗?哪位同学能讲一讲和大家一起分享。

学生:学生代表讲"六尺巷"的故事。

教师:故事中张英的家人和邻居的态度为什么都发生了变化?

学生:学生们思考后进行交流。

教师:从古至今,还有很多有关宽容的故事,大家还知道哪些?(仁义胡同、负荆请罪、宰相肚里能撑船、韩信胯下之辱等)

学生:学生们思考后交流,交流时进行评价。

教师:同学们在品味故事的同时,体会到了宽容的巨大力量,那么你们觉得什么是宽容呢?

学生:学生们表达自己的想法。

教师:宽容就是宽大有气量,原谅和不计较他人。

设计意图:这一活动,学生通过讲解历史故事既提高了语言表达能力又增加了历史知识,通过师生互动交流使学生由感兴趣的故事出发,通过问题探究理解了宽容的内涵。

2.情境二：了解宽容

背景材料：和李明一起出游的还有宋飞一家，李明的爸爸和宋飞的爸爸是同事。李明和宋飞年纪相当，但李明是急脾气，宋飞正好是慢性子，宋飞家的车上带有导航在前边带路，途中因为导航出了点问题导致两家白跑了几十千米的路，李明非常着急，心里很不舒服。

教师：请大家设想一下他们这次出行能够愉快吗？有可能出现什么情况？

学生：学生们积极表达自己的看法。

教师：大家觉得他们应该怎样做才能使这次出行变得愉快？

学生：学生小组讨论相互交流。

教师：我们都有好朋友，你与好朋友之间出现过矛盾或冲突吗？你是怎样解决的，把你的经验分享给大家吧。

学生：学生交流分享。

教师小结：通过李明的事例和大家的诉说，我们懂得了人与人之间会存在各种差异，"矛盾、冲突"的存在也是正常的，我们应该以大局为重，学会宽容理解，所以"和而不同，求同存异"是我们宽容合作的基础。

设计意图：这一活动，以李明出行的途中为背景呈现情境，激发了学生参与活动的积极性，不同问题的设计使学生们互相交流想法，为李明的愉快出行献计献策，提高了分析解决问题的能力，学生诉说自己与朋友之间问题处理的方式，提高了语言表达能力和交往能力。通过活动学生们懂得了人非圣贤，犯错需要宽容，知道了"和而不同，求同存异"是我们宽容合作的基础，让学生体验原谅别人、被别人原谅的感受，增强了情感体验。

3.情境三：理解宽容

背景材料：近中午时到达目的地，李明建议先用餐再游玩。由于旅游旺季,好不容易找到地方坐下,点餐、交费,等待上餐。李明和宋飞交流餐后游览的路线,商量完后发现餐还没有上,再看看四周,后到的游客都用上了,气的李明去找经理理论,经理要求李明出示点餐的收据,可收据被李明给撕碎扔掉了,李明就在餐馆里大吵大闹。

这时宋飞走了过来,劝住李明说自己有办法解决,然后找到经理,请经理调出餐馆的监控录像证实了点餐、交费的全过程,经理很诚恳地道歉,其他游客对宋飞的行为表示赞赏。

教师:经理为什么诚恳地道歉?为什么其他游客对宋飞的行为表示赞赏?

学生:学生思考交流,感受宽容的重要性。

教师归纳:是宽容化解了这场纷争,宽容是一种美德,为人宽容能解人之难、补人之过、扬人之长、谅人之短,能获得更多的友谊和朋友。

教师:李明与宋飞对问题的不同处理方式使你对宽容又有了哪些更深的感悟?

学生:学生进一步交流体会,再次感受宽容的重要作用。

教师归纳:宽容是一种境界,学会了宽容就是一种自我提高。宽容利人利己,使对方吸取教训,使自己远离烦恼、仇视,体验快乐与安宁。

教师:发生在餐馆的事例让同学们懂得了宽容是十分重要的,请同学们以小组为单位讨论归纳:宽容的重要性是什么?为什么生活中要做到宽以待人呢?

学生:学生小组合作,探究归纳宽容的重要作用。

教师小结:宽容是一种美德,为人宽容能解人之难、补人之过、扬人之长、谅人之短,能获得更多的友谊和朋友;宽容是一种境界,学会了宽容就是一种自我提高。宽容利人利己,使对方吸取教训,使自己远离烦恼、仇视,体验快乐与安宁。

背景材料:景区的游玩是非常快乐的,游客们都选取最合适的地方拍照留念,李明和宋飞两家来到了写有"六尺巷"三个字的古墙边一起合影。拍照结束大家收拾东西准备返程,这时李明的心里突然有了一种不舍的想法:这几百年的名胜,这么远的路,只照了几张照片作纪念太不过瘾了,于是他想……李明向宋飞借刀子用一用,可宋飞却跟李明急了,坚决不借给他。

教师:大家猜到李明想做什么吗? 你同意宋飞的做法吗? 为什么? 大家还能列举生活中还有哪些不能宽容的事情吗?

学生:对问题进行思考,交流自己的想法。

教师:有人认为"犯错是在所难免的,应该给人留下改过的机会,所以对他人犯的所有错误我们都应该宽容。"请你谈谈对此观点的看法。

学生:对问题进行小组探究,通过合作讨论理解宽容不是盲目的,而是有原则的。

教师点拨归纳:这种观点是错误的。宽容是一种美德,我们应该学会谅解他人,真诚的原谅别人的过失;宽容是有原则的,不是盲目的,宽容要讲究策略,对于坏人、恶人等在原则问题上决不能让步。

设计意图:这一环节是整个教学过程中的重点内容,通过李明和宋飞在餐馆处理问题的方式,设计了不同的问题让学生思考、讨论归纳,提高了解决问题的能力和小组合作归纳总结的能力,懂得了宽容对于自己和他人的重要作用,从而突破了本课的教学重点。通过李明想在古墙刻字的事例猜想,提高学生参与课堂的积极性,列举生活中不能宽容的事情,并组织小组探究活动让学生明白了"宽容是有原则的,而不是盲目的",并对原则问题进一步探究,使学生理解了原则的底线是不能违法,一些恶意的违反道德、纪律的行为也是不可宽容的,从而对本课的教学难点进行了突破。

4.情境四:体验宽容

背景材料:一天的游玩结束了,李明回到家躺在床上心里很乱,回想起餐馆用餐和想刻字留念的事情对自己和宋飞的做法进行比较,觉得自己的做法和想法不可原谅,非常苦恼,脑海里又浮现一些过去生活中需要得到他人宽容原谅的事情。

教师:怎样帮助李明摆脱苦恼呢?你有过需要得到别人宽容或者应该宽容他人的事情吗?请你勇敢地说出来。大家通过李明的故事得到了哪些启示?

学生:帮助李明出主意,结合自身实际进行反思并交流心得体会。

教师归纳:我们不仅要宽容他人,还要宽容自己。践行宽容,我们收获的是快乐,留下的是信心和希望。

设计意图:这一活动中通过大家帮助李明摆脱苦恼的事例明白了不仅要宽容他人,还要宽容自己。学生通过反思自己的行为,体验宽容给自己带来的是快乐和希望,从而增强情感体验,提升道德水平。

(二)课堂总结

教师:通过本课的学习,你觉得自己收获了什么?(学生畅谈收获体会)

教师通过学生的回答进行知识梳理并板书:宽容的含义、合作的基础、重要性、原则。

教师:希望宽容这朵道德之花在每个同学心中开放!最后,以一首配乐诗歌与大家共勉。(学生代表有感情地朗读,其他同学欣赏宽容诗歌,情感得以提升)

宽容是大海,能容下江河,也能容下小溪;能容下竞游的百舸,也能容下一叶扁舟。

宽容是高山,能容下鲜花,也能容下荆棘;能容下参天的大树,也能容下一棵小草。

宽容是丝丝春雨,能融化坚固的冰层,敲醒沉睡的爱心;宽容是萧萧秋风,能吹散自卑的阴云,换回迷失的良知。

宽容是涵养,是理解,是关怀体谅;宽容是给予,是奉献,是新月一弯,是彩霞一片。

学会宽容,你会友好待人,积极面对人生;宽以待人,你就多了一扇窗,拥有了一份温馨,同时净化了自己。

(三)课堂延伸

践行宽容:将你心中需要宽容的人或事写在废纸上并随之忘掉吧!

五、教学反思

在教学设计时,教师创造性地使用教材,在教材的基础上以更贴近学生生活实际的情境设计激发学生参与课堂的兴趣。根据我校学生的实际情况,在教学过程中采用了"讲练结合、学思结合、思语结合"的教学模式,以学生为主体,让全体学生参与课堂得到展示自己的机会,通过师生互动、生生互动提高了学生分析理解、合作总结的能力,通过事例分析、情境体验提高了学生语言表达、解决问题的能力,学生在参与活动时既收获了新知又增强了情感体验,感受到了宽容所带来的快乐。

(蓟州区罗庄子镇初级中学　王立东设计)

参考文献

1. 茅建华:《对构建校本教学模式的认识与实践》,《中国培训》,2007年第2期。

2. 曹一鸣:《基于校本的教学模式研究策略》,《教育科学研究》,2005年第5期。

3. 方展画:《农村教育发展亟待三大突破》,《中国农村教育》,2010年第3期。

4. 王波:《农村校本课程开发——问题与对策》,《中国农村教育》,2005年第21期。

5. 王倩:《农村校本课程开发与农村学生的有效学习》,《天中学刊》,

2010 年第 2 期。

6. 温守轰、李连奎:《农村学校校本课程开发的困境及出路》,《桂林师范高等专科学校学报》,2009 年第 3 期。

7. 常志强:《农村学校内涵发展主题文化建设的实践与思考》,《济源职业技术学院学报》,2013 年第 3 期。

8. 张新海、李婕:《农村学校文化调查:问题、原因与展望》,《教育理论与实践》,2014 年第 1 期。

9. 吴良根:《基于课堂教学的校本教研活动》,《江苏教育研究》,2010 年第 25 期。

10. 黄德华、黎耀志:《香港小学数学教学模式及课堂学习行动探究》,《杭州医学高等专科学校学报》,2004 年第 5 期。

校本教学"四五四"模式下高中数学课堂教学研究

天津市滨海新区塘沽第一中学　段淑芬

一、塘沽一中校本教学模式

基于我校特色校建设，在多年教育探索和实践的基础上，根据本校学生实际，以"课程标准"和"课程纲要"为引领，探索实施了目标、教学、评价一致性的"四五四"有效教学模式。其主要内容为：课前"四问"、课堂教学"五个环节"、有效课堂"四个特征"。课前"四问"的指向为"眼中有生命、心中有学生"，即(1)我打算这节课让学生获得什么？(2)我打算用多长的时间让学生获得？(3)我打算让学生怎样获得？(4)我怎样知道教学是否达到了教学要求，有多少学生达到了要求？课堂教学"五个环节"的指向为"教学融合、多元互动"，即设疑导入、自主学习、多元互动、总体提升、反馈拓展。有效课堂"四个特征"的指向为"关注学生的学习显性成效和隐性成效"，即自主、开放、生成、分享，努力做到教得有效、学得愉快、考得满意。

二、教学模式实施的必要性

以"学生发展为本"的号角已经奏响多年，但当前的教学实践仍以讲授式为主，高中数学是抽象性、逻辑性很强的学科，难度与复杂性往往使学生望而却步,教师传统的教学模式更是让学生失去兴趣。新课程倡导高中数学课程"自主探索、动手实践、合作交流、阅读自学"等学习方式。这些方式有助于发挥学生学习的主动性,使学生的学习过程成为在教师引导下的"再创造"过程。以学生为主体的"四五四"有效教学模式较好地体现了新课程理念。该模式下的数学学习强调学生自己或合作共同体针对要学习的概念、原理、法则或要解决的数学问题主动地思考、探索,是一种学生主动参与的学习方式。

三、"四五四"有效教学模式下的五步法

高中数学函数单调性知识是学生进入高中学习函数性质的第一部分内容,该内容的学习无论在学生数学思维、思想、方法养成上,在教师的教学中,还是在学生的后续知识学习、课堂学习中,甚至是在学生评价中,都占有举足轻重的地位。又由于函数单调性知识的特性,灵活性、应用性强,与其他知识关联性、综合性强,多数学生学习遭遇了前所未有的困难。而对勾函数是研究函数单调性的一个很好的载体,以前的教学中我们只是作为一个习题草草而过,基本上是教师的思考代替学生的思考,或是少数几个学生的思考掩盖大部分学生的想法和疑问。以往开展的探究学习,针对函数内容盲目拔高,脱离了学生的认知,致使事倍功半,本次在我校开展"四五四"有效教学模式学习时,塘沽一中段淑芬老师采用"五步法"的自主探究学习设计,灵活开放,让学生亲身经历、感受和理解知识产生和发展,有助于学生拓宽思维空间,依靠自己的探究创造性地发挥。

塘沽一中段老师根据教材内容引领学生以探究的眼光去看教材,结合对勾函数既灵活开放又突出函数性质的特点,针对对勾函数单调性的一个习题进行拓展设计"五步法"自主学习课题。第一步,以低起点灵活开放的情境入手,诱发每个学生心灵的学习声音。第二步,让学生能把所

学内容纳入新的问题,使学生进行浅层次的迁移探究,点燃每个人学习的欲望。第三步,以问题串的设问、学生分组的形式创设学生自由发言的空间,突出可操作性的特点,使所有学生动起来,开始尝试的学习阶段。第四步,将原数学问题进行分化、变化,探究某一数学问题的等价形式,使全体学生面临新的问题情境,然后让其根据自己已有的知识和经验去试探获取结论,体验感悟学习进入学生高级的思维活动。第五步,将问题细化、转化、深化,在各种发展变化中进行,拓展探究数学的规律性,充分发挥每个学生的学习潜力成为数学问题的发现者。"五步法"步步相依,对学生自主探究学习数学、培养学生的理性思维起到了推进作用。

四、"四五四"有效教学模式下的五步法诠释

第一步:问题激趣,诱发问题探究

这里的"问题"是指有一定的研究价值、能激活数学思维的问题。问题的提出可由教师、学生或教师学生共同参与提出,可以采取不同的创设手段,通过情境创设使学生明确探究目标、给思维以方向、给思维以动力。让学生在一种包含未知的、新的情境中处于一种期待心理困境,诱发认知冲突,产生心理悬念,唤起求知欲望与探究的兴趣,这一环节起着影响全局、辐射一节课的作用。

第二步:检索信息,迁移问题探究

在研究教材、弄清新旧知识内在联系的基础上,通过问题引领让学生回忆、再认,利于解决当前问题的相关知识,通过探究实现"同化"与"顺应",即把新知识纳入已有知识结构中获得理解。为帮助学生尽快地解决问题,教师可适时引导学生回顾已有知识,提供素材,便于学生信息提取,实现知识的正迁移。

第三步:合作交流,尝试问题探究

这一阶段,在学生已有的基础上首先让学生独立尝试解决当前需要解决的新问题。然后以四人小组合作的学生活动为主,使每个学生动手动脑、资源共享,鼓励学生共同交流解决,当学生的思维发展到某一点上出现停滞时,生、师生合作可列举一些矛盾现象或可喜线索,让学生产生强烈的求知欲望,通过模拟、方法的碰撞转换形成积极的知识迁移,实现创造性的学习。

第四步:修正方案,体验问题探究

当学生根据已有经验尝试解决问题后,应及时引导学生对问题解决过程进行必要的反思:方案是否正确? 有无其他解决路径? 结果意味着什么? 能否通过修正使方案最优化? 能否从个案上升为通法,获得对问题一般性的解法? 数学中的发现活动离不开感悟、体验、数学的直觉思维,数学直觉和数学灵感对数学发现具有重要的意义,只有学生真正体验到了,自己悟出来了,才可以强化学生对数学的直觉和问题的判断,并适时修正和优化原有方法。

第五步:评价激励,拓展问题研究

这一阶段可开展组内评价、组组评价、教师评价,以鼓励每个学生的学习态度,对学生积极主动参与学习探究程度给予表扬肯定,一个肯定的表情或手势会让学生感到自己是一个发现者、探索者,又要总结自主学习活动的收获并加以拓展。数学学习活动是一个循序渐进、螺旋式上升的认识过程,在自主学习活动中、在积极引导学生认识事物属性的过程中要不断变更学习材料或事例的呈现形式,产生新问题的情境,诱发学生从不同角度思考问题,进而创生新的发现。

五、"四五四"有效教学模式下的五步法教学案例

案例1：

函数的基本性质(综合复习课)

在《普通高中课程标准实验教科书数学必修1》，学完函数的单调性、奇偶性内容后，提前布置分小组查阅资料，查找关于对勾函数相关内容，为课上自主学习下列问题做好准备。

第一步：问题激趣，诱发问题探究

我校准备建造一个长方形花坛，面积64平方米，由于周围环境的限制，每边的长度均不能超过16米，也不能少于4米，求花坛周长一半的最小值与最大值。

问题1：如何将实际问题归结为数学问题？

学生1：设花坛一边长为 x 米，则另一边长为 $\dfrac{64}{x}$ 米。

因为 $\begin{cases} 4 \leq x \leq 16 \\ 4 \leq \dfrac{64}{x} \leq 16 \end{cases}$，所以 $4 \leq x \leq 16$，两边之和 $f(x) = x + \dfrac{64}{x}$ $(4 \leq x \leq 16)$

设计意图：问题1从学生熟悉的校园环境入手，激发学生的兴趣，通过长方形面积和建造一个有限制大小的长方形花坛的优化，使数学问题化，要求周长的最值，需化实际问题为数学问题，建立函数关系式，留下了学生探索的空间。这一过程要求学生独立完成，目的是点燃所有学生探究的欲望，调动所有学生进行积极地思考。

第二步：检索信息，迁移问题探究

问题2：如何求 $f(x)$ 的最大(小)值？

学生2：代入特殊值验证的最大值 $f(4) = f(16) = 20$，最小值 $f(8)$

=16。

学生3：这样做不能取遍区间的所有值，在学函数单调性这一节课本例4已知函数 $y = \dfrac{2}{x-1}(x \in [2,6])$ 求函数的最大值和最小值是先证明的函数的单调性，做草图得到最值。

问题3：如何研究函数 $f(x) = x + \dfrac{64}{x}(4 \leq x \leq 16)$ 的单调性？

学生4：描点作图，观察图像发现单调性（全体同学动手做草图）。

学生5：$f(x)$ 在 $[4,8]$ 上递减，$[8,16]$ 上递增。

由于作图描点个数的差异，学生得到的结论不太正确，再次引发学习热情。

学生6：定义证明函数的单调性（学生动手操作，教师展示学生的答案证明，学生2答案正确）。

设计意图：问题2、3从学生熟悉的问题最值、单调性，以开放式问题切入，促进学生提取以往储存信息，激活学生对新问题的知识生长点，学生可从多角度迁移探究，在课堂营造一种生动活泼、宽松自由的氛围，突出学生的自主性，学生通过旧知识的迁移广视觉的认识数学问题，发展学生对问题的求异思维，这一过程需要回归教材，不断完善正确的数学意识。

第三步：合作交流，尝试问题探究

问题4：函数 $f(x) = x + \dfrac{64}{x}(x > 0)$ 单调性如何？

小组代表学生7：$f(x) = (\sqrt{x} - \dfrac{8}{\sqrt{x}})^2 + 16 \geq 16$，猜想：$f(x)$ 在 $(0,8)$ 上为减函数，在 $(8, +\infty)$ 上为增函数。（学生大胆的猜想，学生给予掌声）

小组代表学生8：设 $0 < x_1 < x_2$，则：

$$f(x_1) - f(x_2) = (x_1 + \frac{64}{x_1}) - (x_2 + \frac{64}{x_2}) = \frac{(x_1 - x_2)(x_1 x_2 - 64)}{x_1 x_2},\ 当$$

$f(x_1) - f(x_2) > 0$ 时，由 $0 < x_1 < x_2$，知 $x_1 x_2 - 64 < 0, x_1 x_2 < x_2^2$，只需 $x_2^2 \leqslant 64, x_2 \leqslant 8, f(x)$ 在 $(0,8)$ 上为减函数，同理在 $(8, +\infty)$ 上为增函数。

对学生们的精彩表现给予高度评价，每个学生体验了一次成功的学习经历，脸上洋溢着喜悦。树欲静而风不止，这时一位同学站了起来。

问题 5：类比探究函数 $f(x) = x + \frac{64}{x} (x > 0)$ 单调性，可以研究函数

$f(x) = x + \frac{64}{x} (x < 0)$ 单调性吗？（学生自己提出问题）

小组代表学生 9：$f(x) = x + \frac{64}{x} = -(-\sqrt{-x} - \frac{4}{\sqrt{-x}})^2 - 8 \leqslant -8$，当

$x = -4$ 时，函数的最大值是 $-8, f(x)$ 在 $(-8, 0)$ 上为减函数，同理在 $(-\infty, -8)$ 上为增函数。

小组代表学生 10：设 $x_1 < x_2 < 0$，则

$$f(x_1) - f(x_2) = (x_1 + \frac{64}{x_1}) - (x_2 + \frac{64}{x_2}) = \frac{(x_1 - x_2)(x_1 x_2 - 64)}{x_1 x_2},$$

当 $f(x_1) - f(x_2) > 0$ 时，由 $x_1 < x_2 < 0$，知 $x_1 x_2 - 64 < 0$，$x_1 x_2 < x_1^2$，只需 $x_1 \leqslant 64, -8 < x_1 < 0$，$f(x)$ 在 $(-8, 0)$ 上为减函数，同理在 $(-\infty, -8)$ 上为增函数。

（同学们热情高涨，人人不甘落后，一位学生站起来）

小组代表学生 11：由于 $f(x) = x + \frac{64}{x} (x \neq 0)$ 是奇函数，其图像关于原点对称，依次由函数 $f(x) = x + \frac{64}{x} (x > 0)$ 单调性可知函数 $f(x) = x + \frac{64}{x}$ $(x < 0)$ 单调性。

这是学生有了主动发现问题、提出问题的意识以后才会迸发的思维火花，"最精湛的教育艺术遵循的最高准则，就是学生自己提出问题"。

自主学习数学课堂所追求的不正是学生这种创新思维吗？

设计意图：这一过程主要以小组合作学习为主，合作共同体相互的影响、教师的评价，调动了主体的全身心投入。本步骤共涉及两个问题4、5，以变式、类比问题探究为基础，由于与上面探索问题的因果关系，学生可以通过有步骤地探究活动得出答案，促进了学生的尝试探究。探究离不开猜想与证明，学生经历类比推理到演绎推理，促进学生加深对知识的体验，掌握数学探究的基本方法。探究学习关键在于其精神实质的领悟，并切实付诸行动。

第四步：修正方案，体验问题探究

问题6：请归纳函数 $f(x) = x + \dfrac{64}{x}(x \neq 0)$ 的单调性，你能画出函数的图像吗？

学生分组画图，各小组展示，并发表见解。（有画成一、三象限的两只抛物线）

问题7：哪种图像正确，能通过解析式探究图像特征吗？一石激起千层浪，学生跃跃欲试，人人享有平等的发言权，享受着火热思考带来的深层快乐。

学生12：（边画边讲）当 $x > 0$ 时，$x + \dfrac{64}{x} > x$，知 $f(x)$ 的图像在直线 $y = x$ 的上方，又当 $x + \infty$ 时，$\dfrac{64}{x} \to 0$。因此，$f(x)$ 的图像向右逐渐靠近直线 $y = x$（向上逐渐靠近 y 轴）。这样就得到 $f(x)$ 在 $x > 0$ 时的图像，利用奇函数得到整个函数的图像。

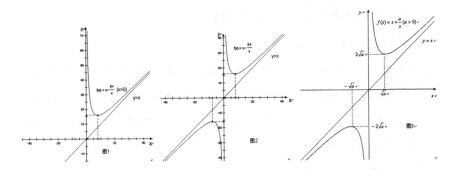

随后教师几何画板演示,与学生12作图完美结合,学生们对学生12的探究精神、出色表现报以热烈的掌声,学生脸上流露出成功的喜悦。如今的学生,在数学课堂上思维活跃、兴趣浓厚、激情奔放、个性张扬,情境创设点燃了学生思维的火花。

问题8:对勾函数 $f(x) = x + \dfrac{a}{x}(x \neq 0, a > 0)$ 的单调性及图像。(完成特殊到一般证明)

学生提出问题:对勾函数 $f(x) = x + \dfrac{a}{x}(x \neq 0, a \neq 0)$ 的单调性及图像。(问题进一步的开放,探究难度加大,当学生遇到问题,教师适时引导)

设计意图:问题6、7、8的提出,是一个体验式的探究问题,使学生多角度开展思路分析与探索,激活了学生的发散思维。学生参与问题的解决、体验探究过程带来的生成的喜悦,这个课堂让学生拥有了更多的自由创作与尝试的时空。学生的生活经验、已有知识的作用得到充分的发挥。教师必要的指导和帮助、解决问题的碰壁更增添了学生一份探究的欲望,每个学生经历亲身实践,自主建构、自主纠错,主动探究为什么、是什么。

第五步:评价激励,拓展问题研究

小组探究1:已知函数 $y = x + \dfrac{a}{x}$ 有如下性质:如果常数 $a > 0$,那么该函数在$(0,\sqrt{a}]$上是减函数,在$[\sqrt{a},+\infty)$上是增函数。

(1)如果函数$y=x+\dfrac{2^b}{x}(x>0)$的值域为$[6,+\infty)$,求b的值;

(2)研究函数$y=x^2+\dfrac{c}{x^2}$(常数$c>0$)在定义域内的单调性,并说明理由;

(3)对函数$y=x+\dfrac{a}{x}$和$y=x^2+\dfrac{a}{x^2}$(常数$a>0$)作出推广,使它们都是你所推广的函数的特例。研究推广后的函数的单调性(只需写出结论,不必证明),并求函数$F(x)=(x^2+\dfrac{1}{x})^n+(\dfrac{1}{x^2}+x)^n$($n$是正整数)在区间$[\dfrac{1}{2},2]$上的最大值和最小值(可利用你的研究结论)。

小组探究2:函数$f(x)=ax+\dfrac{b}{x}(x\neq0,a\neq0,b\neq0)$的单调性。

教师提高探究3:研究对勾函数的单调性、最值还有其他方法吗?(问题探究具有可持续性)

设计意图:在前面问题研究的基础上,小组内成员之间互相交流看法,相互打分,记下对探究问题有创意的思路,学会从他人的评价点燃新思维。组与组之间进行了评价,再次点燃每个小组学习的欲望,合作互助查阅资料,对今天的例题进行拓展(包括:推广、应用、扩散、变式等),两个探究问题是小组提出很好的研究题材。人们对事物本质的认识不可能一次性完成,三个探究问题的设计螺旋上升,学生探究问题使用的方法、思考数学问题的方式将在新的探究中获得思维过程的训练和更高级的运用,加速学生深层次的认知参与。这个过程,教师应不失时机的帮助引导学生对一些富有思维价值的问题通过"观察、类比、联想、归纳、猜想"等思维方法,获得新的数学命题及结论,发现新的数学关系和规律,从而培养学生的创新思维。

案例2：

函数与方程思想的教学设计

函数与方程既是初等数学的基础，又是初等数学与高等数学的连接纽带。在近几年的高考中，函数思想主要用于求变量的取值范围、解不等式等。本节课精心建构"问题系统"，引导学生感悟函数与方程思想，让学生恰当的设方程、建函数，明确知识间的内在联系，有意识的应用函数与方程思想解题，提高思维的发散性、深刻性、思辨性，让数学的理性美在体验中绽放。

一、设计的依据

（一）函数与方程思想的界定与考情分析

函数思想就是利用运动变化的观点分析和研究具体问题中的数量关系，通过函数的形式把这种数量关系表示出来，再利用函数的性质和图像去分析问题、转化问题，从而使问题获解。方程思想就是从问题的数量关系入手，运用数学语言将问题中的条件转化为方程（组）问题，然后通过解方程（组）或者通过方程的性质去分析问题、转化问题，从而使问题获解。函数与方程的思想，既是函数思想与方程思想的融合，也是两种思想综合运用的体现，是研究变量与函数、相等与不等过程中的基本数学思想。函数与方程的思想和方法几乎渗透到了中学数学中的各个领域，广泛的运用于解题之中，也是高考数学对通性通法考核目标要求中的核心思想。

考试说明指出，对数学思想方法的考查是对数学知识在更高层次上的抽象和概括的考查，考查时必须与数学知识相结合，通过对数学知识的考查反映考生对数学思想方法的掌握程度。数学思想方法是更为上位的知识，是数学的骨架与灵魂。函数与方程的思想历来是高考数学中重点考查的内容之一，在高考数学试题中占有较大的比例，在高考试题中一般通过选择题、填空题考查学生对函数与方程思想的基本运用能力,通过解答题考查学生对函数与方程思想及其他数学相关知识的综合运用能力。

(二)教情、学情分析

数学思想与方法是一个抽象与具体并存的统一体。当我们偏重于提炼其对数学学习的指导性作用时,称之为数学思想;当我们侧重于它的数学操作性时,称之为数学方法。严格地说,数学方法是数学思想的具体化。由于数学学科的特殊性,无论怎样的数学实践活动都需要数学方法,更离不开数学思想的指导,而数学思想不是一朝一夕就能形成的,它需要长期对大量的数学实践中的做法、规律等进行思考总结和提炼才能获得升华。本次高三复习对数学思想方法我们准备分三个轮次:第一轮,放在了复习完向量的后面,学生基本掌握了有关函数与方程的一些知识,如何把零散的、片段式的对函数方程思想的认知、感悟应用到数学问题中,采用了阶段梳理,引领学生应用函数与方程思想的意识,达到体验问题解决、建构思想方法;第二轮,进行专题指导训练,进一步强化应用意识、提升能力;第三轮,设计综合问题,藏而不露地让学生达到自然而然顺畅地想到使用思想方法。本节课的设计就是在学生已基本掌握了函数与方程的有关知识,复习完三角函数、向量后,对函数与方程的知识结构有了相对整体的认识,而对于函数与方程的思想及其应用虽有所认识,但不系统,更不能做到深刻理解和灵活应用,还不能站在学科的整体角度与思维价值方面去把握,应用函数与方程的有关知识解决问题。

二、设计思路

数学思想是数学的灵魂,它们蕴含在一个个具体的数学问题及其解决问题过程中。本节课结合具体的解题活动引导学生提炼、概括其中的函数与方程的思想方法,本设计采用任务解决的方式进行。

(1)突出"引领—问题—探究"二轮复习的基本模式,问题的设计突出基础性、层次性与发散性,设计以函数与方程思想为核心,多层次的"问题系统"引导学生独立思考探究,并注重函数与方程思想方法的提炼与概括,突出问题解决的过程性与体验性。

(2)突出学生的主体地位,教学过程以问题为主线,突出学生独立思考、共同探究、合作交流为基本活动方式,也使解题体验更丰富、更完善,对函数与方程思想的方法体会更深刻。

(3)突出教师的主导作用,教师精心设计探究问题、把握探究方向,不断鼓励、引导、评价学生的探究活动,并对探究结果中涉及的思想方法进行概括与总结。

本次课的设计从庖丁解牛的游刃有余切入主题,深化概念的理解达到心向往之的意境,问题串解剖问题,带领学生感受、理解、创设使用思想方法的情境。问题设计本着一个原则:层层递进,边学边实践,让学生思维过渡自然、不断完善。最后一个例题突出体现函数是中学数学的核心,是联系方程不等式的纽带,零点问题是函数的具体应用。多视角看方程与函数两者的相互转化,转化角度不同解法就有差异。最后的总结,一是回顾,我学习了什么;二是提醒,通过学习我掌握了什么;三是反思与渗透,我还应该注意什么。

三、教学目标、重点、难点设置

对于函数与方程思想的教学,在高一和高二新课的教学中,通常已经在蕴含有函数与方程的思想的相关教学内容中得到了逐步渗透。在高三的教学中,应在原来渗透的基础上对函数与方程的思想进行进一步的挖掘、提炼、总结和提升,提高学生对数学本质的认识,让函数与方程的思想方法成为学生解决问题的有效策略和锐利武器。数学思想方法的教学要切合学生的认知水平,不能盲目地拔高把其强调到不适当的高度。关键是加强对思想方法教学的重视,引导学生对思想方法的掌握和运用,只有学生通过自己的参与,才能逐步地从感性发展成理性、从潜意识上升到有意识。正如波利亚所说:"思想应该在学生头脑中产生出来。"根据以上

分析,本节课的教学目标、重点、难点确定为:

(一)教学目标

(1)理解函数与方程思想的含义及其蕴含的一般解题思路,恰当的设方程、建函数,能有意识地应用函数与方程的思想解题。

(2)通过具体问题的分析,促进对函数与方程思想的感悟与理解。

(3)经历解决问题的建构过程,沟通知识间的内在联系,提高思维的深刻性与思辨性,体验数学的理性美。

(二)教学重点

在解题实践中,领悟如何从题目中挖掘运用函数与方程思想解题的关键信息,以及运用函数与方程思想解题的应用价值,加深对函数与方程思想的认识,并尝试应用。

(三)教学难点

怎样想到运用函数与方程思想解题,以及运用该思想解题的关键信息的挖掘,函数与方程思想的深化理解与应用。

四、教学过程

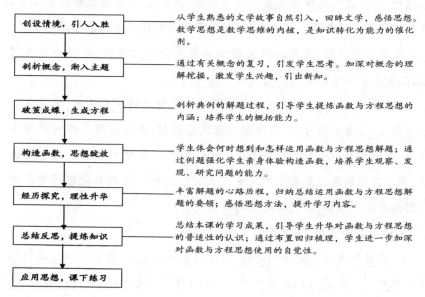

创设情境,引人入胜	从学生熟悉的文学故事自然引入,回眸文学,感悟思想。数学思想是数学思维的内核,是知识转化为能力的催化剂。
剖析概念,渐入主题	通过有关概念的复习,引发学生思考。加深对概念的理解挖掘,激发学生兴趣,引出新知。
破茧成蝶,生成方程	剖析典例的解题过程,引导学生提炼函数与方程思想的内涵;培养学生的概括能力。
构造函数,思想绽放	学生体会何时想到和怎样运用函数与方程思想解题;通过例题强化学生亲身体验构造函数,培养学生观察、发现、研究问题的能力。
经历探究,理性升华	丰富解题的心路历程,归纳总结运用函数与方程思想解题的要领;感悟思想方法,提升学习内容。
总结反思,提炼知识	总结本课的学习成果,引导学生升华对函数与方程思想的普适性的认识;通过布置回归梳理,学生进一步加深对函数与方程思想使用的自觉性。
应用思想,课下练习	

（一）创设情境，引人入胜

教师：在《庄子·养生主》里有一篇非常著名的文章，叫作"庖丁解牛"。讲的是有个叫庖丁的人解牛非常的厉害，别人的解牛刀用一个月就钝了，但一把普通的刀庖丁用了 19 年仍旧锋利无比，这是为什么呢？道理很简单，因为他心中有牛的骨架模型，所以他的刀从来不会碰到牛的骨头，这样才使他的刀损耗最小，以至于能十年如新。那么在数学解题中，有没有好的模型可以帮助我们在解题时花费的力气最小呢？数学思想是数学的灵魂，今天我们首先学习函数与方程的思想。

设计意图：知识的复习融入一个文学故事之中，既有文化味道，又让学生眼前一亮，吊起学生的胃口，自然引出课题。

（二）剖析概念，渐入主题

教师：

（1）函数的思想，是用运动和变化的观点分析和研究数学中的数量关系，建立函数关系或构造函数，运用函数的图像和性质去分析问题、转化问题，从而使问题获得解决。简单地说，就是学会用函数和变量思考。函数思想是对函数概念的本质认识，用于指导解题就是把字母看作变量，把代数式看作函数，善于利用函数知识或函数观点观察、分析和解决问题，把表面上不是函数的问题划归为函数问题。

（2）方程的思想，就是分析数学问题中变量间的等量关系，建立方程或方程组，或者构造方程，通过解方程或方程组，或者运用方程的性质去分析、转化问题，使问题获得解决。方程的思想是对方程概念的本质认识，用于指导解题就是善于利用方程或方程组的观点观察处理问题。方程思想是动中求静，研究运动中的等量关系。

（3）函数与方程，不等式的关系。

①函数和方程是密切相关的，对于函数 $y = f(x)$，当 $y = 0$ 时，就转化为方程 $f(x) = 0$，也可以把函数式 $y = f(x)$ 看作二元方程 $y - f(x) = 0$。函

数问题可以转化为方程问题来求解,方程问题也可以转化为函数问题来求解,如解方程 $f(x)=0$,就是求函数 $y=f(x)$ 的零点。函数问题方程化,方程问题函数化,体现了转化的思想。

②函数与不等式也可以相互转化,对于函数 $y=f(x)$,当 $y>0$ 时,就转化为不等式 $f(x)>0$,借助于函数图像与性质解决有关问题,而研究函数的性质,也离不开解不等式。

设计意图:数学思想方法是数学知识在更高层次上的抽象概括,它蕴涵在数学知识发生、发展和应用的过程中。引出函数与方程的思想,而让学生联想到自己的解题经历,唤起同学们对这种数学思想的感性认识。

(三)破茧成蝶,生成方程

是否需要把一个等式看作某一个未知数的方程(方程的思想)。

例1　请仔细阅读,并完成思考题

若 $p,q \in R, p^3+q^3=2$,求证 $0<p+q \leq 2$

证明:等式 $p^3+q^3=2$,变形,

$(p+q)^3-3pq(p+q)=2$,(为什么进行这样的变形?)

学生:(答案:结合已知与所求,寻找关系)

设 $p+q=k$(这是数学的什么方法?)

学生:(答案:换元法、整体代换,优化解题)

则 $pq=\dfrac{k^3-2}{3k}$(这是数学的什么思想?)

学生:(答案:方程思想)

p、q 是方程 $x^2-kx+\dfrac{k^3-2}{3k}=0$ 的两实根(这是数学的什么思想?)学生:(答案:构造方程,方程思想)

$\triangle=k^2-4\dfrac{k^3-2}{3k}=\dfrac{8-k^2}{3k}\geq 0$,　　解得 $0<k\leq 2$,　　即 $0<p+q\leq 2$

变式练习:已知 $\dfrac{\sqrt{5}b-c}{5a}=1(a,b,c\in R)$,则有(　　)

A. $b^2>4ac$　　　B. $b^2\geq 4ac$　　　C. $b^2<4ac$　　　D. $b^2\leq 4ac$

学生:解法1:依题意有 $a\cdot 5-b\cdot\sqrt{5}+c=0$,

$\therefore\sqrt{5}$ 是实系数一元二次方程 $ax^2-bx+c=0$ 的一个实根,

$\therefore\Delta=b^2-4ac\geq 0,\therefore b^2>4ac$,故选 B。

学生:解法2:去分母,移项,$\sqrt{5}b=5a+c$

两边平方得:$5b^2=25a^2+10ac+c^2\geq 10ac+2\times 5ac=20ac,\therefore b^2\geq 4ac$

教师:[反思]解法1:通过 $5=(\sqrt{5})^2$ 简单转化,敏锐地抓住了数与式的内在特点,将其看作一个一元二次方程的解,利用方程思想使问题迎刃而解。

老师:[反思]解法2:转化为 b^2 关于 a、c 的方程,利用重要不等式求解,其求解的思想实质是方程与不等式的相互转化。此题的选项是两个数的大小,也可以通过作差 b^2-4ac 完成。

设计意图:解题过程中学生亲历探寻函数与方程思想的内涵,使学生感悟和反思函数与方程思想,打通知识间的内在联系,提高思维的深刻性与思辨性。在这里,我们看到了方程思想的作用、价值和使用的基本模式。方程思想是从问题的数量关系入手,运用数学语言将问题中的条件转化为方程问题,然后通过解方程(组)使问题获解。

(四)构造函数,思想绽放

是否需要把一个代数式看作函数,构造函数利用函数的性质解题。

例2　函数 $f(x)$ 的定义域 R,$f(-1)=2$,对任意 $x\in R$,$f'(x)>2$,则 $f(x)>2x+4$ 的解集为(　　)

A. $(-1,1)$　B. $(-1,+\infty)$　C. $(-\infty,-1)$　D. $(-\infty,+\infty)$

学生:解:构造函数 $F(x)=f(x)-2x-4$,$F'(x)=f'(x)-2>0,\therefore$

$F(x)$在 R 上是增函数, $\because F(-1) = f(-1) - 2 = 0$, $\therefore F(x) > 0 = F(-1)$, $\therefore x > -1$,故选 B。

教师:面对所给的条件如何解不等式呢？如何利用这个条件呢？构造一个新的函数,利用导数研究单调性,创造两个函数值的大小,解出不等式,也充分体现了函数与不等式内在的联系。

教师:[反思]变式练习:设 $a > 0, b > 0$

A. $2^a + 2a = 2^b + 3b$ 则 $a > b$ 　　　　B. $2^a + 2a = 2^b + 3b$ 则 $a < b$

C. $2^a - 2a = 2^b - 3b$ 则 $a > b$ 　　　　D. $2^a - 2a = 2^b - 3b$ 则 $a < b$

学生:解:$\because a > 0, b > 0$ $\therefore 2^a + 2a = 2^b + 3b > 2^b + 2b$

构造函数 $f(x) = 2^x + 2x \ (x > 0)$,函数是增函数,$\therefore a > b$。

教师:[反思]函数思想就是利用运动变化的观点分析和研究具体问题中的数量关系,通过函数的形式把这种数量关系表示出来并加以研究,从而使问题获解。已知条件是一个二元方程,怎样直接求解呢,而是通过构造函数,通过放缩转化为已知函数值的大小,比较自变量的大小,也体现了函数、方程、不等式的相互联系。

设计意图:函数思想与方程思想是研究变量与函数、相等与不等过程中的基本数学思想。认识到"取势、明道、优术"的道理,领悟到问题是思想的起点与核心,思想由此出发,发展学生已有的基本活动经验,寻求给定问题中的数量关系,逐渐析出函数与方程思想的内涵和价值。

(五)经历探究,理性升华

函数与方程的相互转化。

例 3　已知 a 是实数,函数 $f(x) = 2ax^2 + 2x - 3 - a$,如果函数 $y = f(x)$ 在区间 $[-1,1]$ 上有零点,求 a 的取值范围。

学生:解法 1:函数 $y = f(x)$ 在区间 $[-1,1]$ 上有零点,即方程 $f(x) = 2ax^2 + 2x - 3 - a = 0$ 在 $[-1,1]$ 上有解,

$a = 0$ 时,不符合题意,所以 $a \neq 0$,方程 $f(x) = 0$ 在 $[-1,1]$ 上有

解 < = >

$$f(-1)f(1) \leq 0 \text{ 或 } \begin{cases} af(-1) \geq 0 \\ af(1) \geq 0 \\ \triangle = 4 + 8a(3+a) \geq 0 \\ -\dfrac{1}{a} \in [-1,1] \end{cases}$$

$f(x) = 2ax^2 + 2x - 3 - a$ 或 $a \leq \dfrac{-3-\sqrt{7}}{2}$ 或 $a \geq 5 \Leftrightarrow a \leq \dfrac{-3-\sqrt{7}}{2}$ 或 $a \geq 1$。

所以,实数 a 的取值范围是 $a \leq \dfrac{-3-\sqrt{7}}{2}$ 或 $a \geq 1$。

教师:通过零点,将函数问题转化为方程问题。

学生:解法 2:$a = 0$ 时,不符合题意,所以 $a \neq 0$,又

$\therefore f(x) = 2ax^2 + 2x - 3 - a = 0$ 在 $[-1,1]$ 上有解,$(2x^2 - 1)a = 3 - 2x$ 在 $[-1,1]$ 上有解 $\Leftrightarrow \dfrac{1}{a} = \dfrac{2x^2 - 1}{3 - 2x}$

在 $[-1,1]$ 上有解,问题转化为求函数 $\Leftrightarrow y = \dfrac{2x^2 - 1}{3 - 2x}$ 在 $[-1,1]$ 上的值域。设 $t = 3 - 2x, x \in [-1,1]$,则 $2x = 3 - 2t$,

$t \in [1,5], y = \dfrac{1}{2} \cdot \dfrac{(5-3)^2 - 2}{t} = \dfrac{1}{2}(t + \dfrac{7}{t} - 6)$,

设 $g(t) = t + \dfrac{7}{t}, g'(t) = \dfrac{t^2 - 7}{t^2}, t \in [1, \sqrt{7})$ 时,$g'(t) < 0$,此函数 $g(t)$ 单调递减;$t \in [\sqrt{7}, 5)$ 时,$g'(t) > 0$,此函数 $g(t)$ 单调递增,$\therefore y$ 的取值范围是 $t \in [\sqrt{7} - 3, 1)$ 时,

$\therefore f(x) = 2ax^2 + 2x - 3 - a = 0$ 在 $[-1,1]$ 上有解 < = > $\dfrac{1}{a} \in [\sqrt{7} - 3,$

1) 时 $\Leftrightarrow a \leq \dfrac{-3-\sqrt{7}}{2}$ 或 $a \geq 1$。

教师：通过零点，将函数问题转化为方程问题，又将方程变形转化为一个新的函数的值域。

变式练习：实数 a 为何值时，$\cos 2x + \sin x - a = 0$ 有解。

设计意图：函数思想主要用于求变量的取值范围、解不等式等，方程观点的应用可分为逐步提高的四个层次：①解方程。②含参数方程讨论。③转化为对方程的研究，如直线与圆、圆锥曲线位置关系函数的性质。④构造方程求解。本课所设计的问题与练习明确应用函数思想解决问题的思路方法，能从方程问题中联想到相应的函数，并利用函数来解决问题，是本题讨论的关键。问题的多向思维引发学生对运用函数与方程的思想方法产生冲突，通过辨误利弊，激活思想，让函数与方程的思想更加鲜活地扎根于学生的思维活动之中，"变量等式常相依，函数方程本一体；割裂分家失价值，相互结合显威力"。

（六）总结反思，提炼知识

师生活动：学而不思则罔，我们共同回顾今天学习了：

一种模型：函数方程的思想。

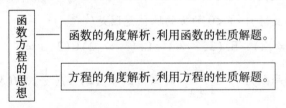

二种构造：构造函数、构造方程。

三种思想：解题过程涉及函数与方程的思想、化归的思想、数形结合的思想。

四个步骤：析结构、找变量、构函数与方程、得结论。

函数与方程的思想体现了转化的思想，它的应用有两个最基本的层次:①具备函数与方程的,可用函数与方程的相关性质直接解答。②没有函数与方程的,需要构造相应的函数与方程之后再解答。

问题思考:今天对函数与方程的思想进行了研究,同学们有什么新的体会与认识? 怎样理解函数与方程的思想? 整理高考是怎样考查的函数与方程思想? 在函数与方程思想的理解和应用上有哪些地方还需要完善?

设计意图:回归梳理,放飞思想。通过布置回归梳理,学生进一步加深对函数与方程思想的自觉性。通过总结本课的学习成果引导学生升华对函数与方程思想的普适性的认识,进一步加深理解函数与方程思想含义及蕴涵的一般解题思路,恰当的设方程、建函数,能有意识的应用函数与方程思想解题。通过思想方法的教学,让学生学会多想少算,领悟函数与方程的思想方法体现出的"融合、统领、层次"的特点。正如 F. 克莱因(F. klein)所言:"一般受教育者在数学课上应该学会的重要事情是用变量和函数来思考。"总结归纳运用函数与方程思想的经验、感悟、困惑和教训,安排后续课堂再次展示,绽放思想。

(七)应用思想,课下练习

1. 若函数 $f(x)$ 是定义在 R 上的偶函数,在 $(-\infty,0]$ 上是减函数,且 $f(2)=0$,则使得 $f(x)<0$ 的 x 的取值范围是(   )

A. $(-\infty,2)$ B. $(2,+\infty)$ C. $(-\infty,2)\cup(2,+\infty)$ D. $(-2,2)$

2. 已知函数 $f(x)=\dfrac{x^2}{1+x^2}$,那么 $f(1)+f(2)+f(\dfrac{1}{2})+f(3)+f(\dfrac{1}{3})+f(4)+f(\dfrac{1}{4})=$ _____

3. $f(x)=3ax^2+2bx+c$,若 $a+b+c=0,f(0)f(1)>0$,求证:

(1) 方程 $f(x)=0$ 有实数根;

(2) $-2<\dfrac{b}{a}<-1$;

(3)设 x_1，x_2 是方程 $f(x)=0$ 的两个实根，则 $\dfrac{\sqrt{3}}{3} \leq |x_1 - x_2| < \dfrac{2}{3}$。

4.(1)关于 x 的不等式 $2x-1 > m(x^2-1)$ 的解集是 $[-2,2]$ 时，求 m 的范围。

(2)设不等式 $2x-1 > m(x^2-1)$ 对满足 $|m| \leq 2$ 的一切实数 m 的取值都成立，求 x 的取值范围。这两个的解法有什么本质的差别？

5.对于函数 $f(x)$ 若存在 $x_0 \in R$ 使 $f(x_0) = x_0$ 成立，则称 x_0 为 $f(x)$ 的不动点。已知函数 $f(x) = ax^2 + (b+1)x + (b-1)$ $(a \neq 0)$。

(1)当 $a=1$、$b=-2$ 时，求函数 $f(x)$ 的不动点；

(2)若对任意实数 b，函数 $f(x)$ 恒有两个相异的不动点，求 a 的取值范围；

(3)在(2)的条件下，若 $y = f(x)$ 图像上 A、B 两点的横坐标是函数 $f(x)$ 的不动点，且 A、B 两点关于直线 $y = kx + \dfrac{1}{2a^2+1}$ 对称，求 b 的最小值。

设计意图：习题进行再认识，挖掘解题过程、提炼思想内涵、分享活动经验、总结方法要领，将函数与方程的思想方法有效地凸现出来，进一步加深学生对函数与方程思想的自觉性。

六、"四五四"有效教学模式下的五步法教学思考

（一）"五步法学习"问题设置是核心

本次活动的主题是研究一道例题引发的，这次活动打破课时、计划的限制和约束，把话语权交给学生，学生成了课堂学习的主角。"五步法"，通过 13 个问题向学生展示了问题的发现过程、解决过程、运用过程，让学生思考这些问题是怎么来的，我们从中想到什么，还可以得出什么结论，改进了学生的学习方式，学生成了知识的主动建构者。研究发现，"五步

法"取决于提出的问题能否引起学生的认知冲突,能否引起学生思想上的共鸣。本次课设置问题由浅入深、循序渐进,提供可探索的空间,问题的引领用在了刀刃上,步步引导学生经历数学中的"发现、观察、猜想、类比、验证"等探究活动。激疑、设疑、有意悬疑,问题层层递进,让学生有一份渴望,始终经历探究的艰辛和创造的艰难,一起感悟发现的快乐和成功的喜悦。

(二)"五步法学习"突出思维参与

思维活动是解决数学问题的基本活动。"五步法"在提出、解决数学问题的每一环节几乎都涉及"抽象、概括、归纳、演绎、分析、综合"等数学的思维、推理活动。研究函数 $f(x) = x + \dfrac{64}{x}(4 \le x \le 16)$ 的单调性,研究函数 $f(x) = x + \dfrac{64}{x}(x > 0)$ 的单调性,研究函数 $f(x) = x + \dfrac{64}{x}(x < 0)$ 的单调性,归纳函数 $f(x) = x + \dfrac{64}{x}(x \ne 0)$ 的单调性,特殊到一般证明对勾函数 $f(x) = x + \dfrac{a}{x}(x \ne 0, a > 0)$ 的单调性。以问题为契机,体现了"分阶段、分层次、多角度"的知识网络建构,使学生逐步理解数学知识形成的过程,体会蕴含其中的数学思想,通过"类比、联想、知识的迁移和应用"等方式,使学生体会知识之间的有机联系,感受数学的整体性,进一步理解数学的本质,更重要的是要对其合理性加以分析、推理和证明,更加强调思维的参与性,这无疑需要更大的思考量。

(三)"五步法学习"营造合作交流、宽松参与的环境

主体参与是自主学习的根本保证,没有主体的全身心投入,设计再好的学习活动也只能是纸上谈兵。"五步法"问题学习,无论是小组内,生

生、师生互助的氛围,以及问题由浅入深的设置,都给学生搭建了台阶式的学习探究平台。问题 7 哪种图像正确,能通过解析式探究图像特征吗?一石激起千层浪,融洽的课堂气氛、自由的探究空间、浓厚的探究风气,它决定了主体参与探究的主动性和积极性。因为,独立钻研、缜密思考作为数学学习的主要特色,必须建立在自觉自愿的基础之上,如果是被强制或者勉强的参与学习,不可能收到良好的学习效果。学生 12 回答问题说明,如果学生处在一个开放、民主、充满信任和鼓励、轻松愉快的环境里,则容易形成一种情绪高涨、思维活跃的最佳探究欲望,参与探究学习的热情和效率自然也就不言而喻。学生探求真理的过程并非坦途,积极的情感能提高人的心理和生理活动的正能量,驱使人克服困难、追求真理。"五步法"既鼓励学生大胆猜想、质疑问难,同时又对学生提出的问题积极合理的评价,捕捉学生思维中的闪光点,使学生有一种愉快的心理体验,感受成果的乐趣。

(四)"五步法学习"强调教师的作用

"五步法"学习强调学生的自主性,但并不排斥教师的指导。学习中教师了解学生的心声,与他们平等对话与合作,想方设法打开学生那扇紧闭的"大门"。充分运用随机应变的教育机制,通过实时的引话、插话,补白和评论,把握好点拨的时机与引导的尺度。教师教学中指导学生从事数学学习的情况如何? 数学学习能否富有成效地开展下去? 关键还在于教师的正确引导。学生是在教师的指导下通过自主开展合作学习能动地开展认知活动,实现其在"最近发展区"的自主发展。因此,"五步法"学习,教师的教是关键,否则学生自主的学必然缺少指导和引领,这样很难开展深入。同样,学生自主的学,又促进了教师的教,即"学习是一把双刃剑"。

"五步法"学习的课堂改变了师生关系,学生的主体地位受到尊重,提出问题的意识加强,展现的是有生命力、创造力的课堂。落实"五步法"要认真研读教材,研究学习中所涉及的一些问题,去伪存真,把学习真实、自然、有效的立足于平时教学,恰当问题驱动,引导学生动起来。落实"五步法"提升学生自主探究学习的动力,保持学生探究问题的持之以恒,让学生在课堂中发现问题、提出问题、张扬个性,让学生在"做中学"的过程中享受数学学习的乐趣,让学生的思维之花在师生互动中绽放。

参考文献

1. 中华人民共和国教育部:《普通高中数学课程标准(实验)》,人民教育出版社,2003 年 4 月。

2. 陶增元:《学生自主探索活动的设计与反思》,《数学通报》,2012 年第 4 期。

3. 刘久成:《提出问题:层次·因素·策略》,《数学通报》,2012 年第 4 期。

4. 何雅芬:《留白,让数学课堂更具魅力》,《数学教学研究》,2012 年第 12 期。

海南省文昌市田家炳中学"521"校本教学模式

海南省文昌市田家炳中学　陈云妮

一、校本教学模式的确立

(一)新课程改革的呼唤

应试教育与素质教育的矛盾一直是困扰基础教育改革的现实问题。由于家长、老师片面的追求分数,所以直至今天应试教育仍是长盛不衰。长期以来,以这种方式培养出来的学生确实拥有很强的解题能力和应试技能,然而这并没有成为一项优势使得我国由此跻身世界科学技术发展的前列,更没有表现出很强的应对实际问题的能力。因此,如何培养人,培养符合 21 世纪发展需要的人才,是基础教育面临的挑战。

新课程改革是我国基础教育顺应时代发展需要提出的重要举措,其核心理念是为了每一个学生的发展,即使学生发展为一个"完整的人"。在学习方式上,新课程寻求"以学生为主体对知识的构建"为基本理念,要求改变长期以来注重知识传授的倾向,将接受学习、死记硬背的学习形式转化为主动参与、探究学习。在评价与考试的功能上,从甄别、选拔转变为激励、促进学生的发展。然而在实际教学中,很多教师仍停留在以教师为中心,忽略了学生的主体性、差异性,严重的挫伤了学生的积极性。因此,更新教育观念,清除应试教育遗留下来的痼疾,探索寻求符合当今发展的教学模式,是新一轮基础教育课程改革的呼唤。

(二)学校发展的迫切需要

文昌市田家炳中学创办于 1979 年,前身为文城镇英城中学,1993 年更名为文昌市第二中学,而后为了加速改善办学条件、提高办学档次,受中国香港慈善家田家炳先生捐资,于 2006 年 5 月更名为文昌市田家炳中学。目前是文昌市仅有的三所普通公办完全中学中最为年轻的,也是教学基础最为薄弱的。一直以来,学校秉承"德育为先,能力为重,全面发展"的教育理念,坚持培育德智体美全面发展的学生。2013 年,顺应海南省乡镇高中整合大趋势,将文昌市联东中学、琼文中学、罗峰中学三所乡镇中学合并到文昌市区,组成文昌市实验高级中学。实验中学先进的教学设备、年轻的师资力量、崭新的学习环境赢得了大批较好的生源,这无疑对文昌市田家炳中学在招收高中生源的质量和数量上都是一次冲击,录取分数也一降再降。2015 年,文昌市与清华大学规划合办清华附属中学文昌学校,并计划于 2016 年 5 月开工建设、2017 年 9 月投入使用。可以说,这一消息对于一直教学质量不高、生源数量少、质量较差的文昌市田家炳中学而言,无疑又是一次巨大的挑战。

在面临"落后即是被淘汰"的残酷事实下,学校高中部必须改革已是迫在眉睫的事情。"穷则思变"的生存发展本能迫使学校必须有所改变,必须要探究合适的教学模式以提高教学质量。于是,近两年学校正走在改革的探寻之路上。

二、学校高中部的现状

(一)教师教学

文昌市田家炳中学高中老师绝大部分都是教学经验丰富的,可以说,整体上对教材的把握是相当精准,在教学上毫无悬念都是很优秀。但多年的教学会使教师在有意或无意中养成一定的习惯,有时甚至过于坚信自己多年的教学见解,不注重思想观念上的更新和学习,造成了面对一代又一代的新学生,思想观念、方式方法显得陈旧、成效不高。加之一直以来学生们在高考中的成绩没有取得很大程度的提高,许多老师在心理上对教学稍微失去信心,在教学上没有探究欲、更没有思变意识。因此,更新教师的观念是学校在寻求改革发展过程中需要重视的。

(二)学生学习

文昌市田家炳中学高中部的学生在入学时分数是最低的。在学习上,学生的最大特点是:大部分学生各科基础差;小部分学生偏科严重,在个别科目上相当擅长,但其他科目完全放弃。基础差的学生,由于长期在学习上不见成效,对学习失去信心,更多是抱着得过且过的心态;偏科严重的学生,由于兴趣使然,长期以来通过学习擅长的科目获取喜悦感和成就感,以至于失衡越严重,也越没有信心。整体而言,学生们都是受过考试创伤、对学习留下阴影的。想学但是基础差,无从下手,注意力难以集中,以至于惰性强,加之没有持之以恒的毅力,缺乏信心。因此,在学习上他们更渴望的是得到教师给予方法上的指导、长期不间断的督促和提醒,以及在这个过程中不断地激励。

此外,还应当重视这么一部分学生,各科成绩相对平衡、基础稍好或是只是个别科目薄弱、其他都相对均衡的学生。因为相对而言,这部分学生的提升和进步的速度快、空间也大。他们在短期的进步可以使得正走在改革探寻之路上的教师获得成就感、倍增信心,亦可以给其他学生提供示范,激励他们不断地努力,取得进步是指日可待的。

虽然这部分学生相对基础较好,但是由于学校录取分数是最低的,所以较之其他学校的学生,他们的基础还是很薄弱的。然而对于这部分学生而言,学习上最大的困难是"从知识的获得到知识的应用"这一环节。学生常常反映:上课时认真参与也能紧随上老师的思路,整节课下来感觉很不错,基本上没什么大问题,但一做作业或是练习时却又不知所措。学生反映的这种现象实际上是理论和实践上的断层现象,也就意味着突破"从知识的获得到知识的应用"这一关卡是我校进行教育改革必须考虑的重要因素。

(三)家长表现

学生在经历了初中三年的学习后,家长认为孩子在学习状态、态度上已经基本定型,所以大部分家长对孩子在学习上没有基本的期望,甚至对孩子学习的态度是:能学就学,不要有压力。然而对于处在迷茫、缺乏信心又想在高中尝试性改变的学生而言,家长没有给予一定程度上的指导和期望,容易让他们处在无压力的漂游状态,甚至有些孩子开玩笑说,父母让我来学校只是为了"养大"就可以了。家长的这种放任表现极其不利于孩子们在迷茫中重新拾起信心,这也意味着学校在教育改革上除了进一步需要和家长沟通外,仍需要投入更多的耐心、更多的精力、更为有效的方法去督促和鼓励。

三、校本教学模式的内涵

为了提高教学质量,促进学校的发展,结合本校学生的实际情况,学校对高中教学提出了"521"教学模式,该教学模式现处在起步阶段,仍需要长期的磨合和调整。

所谓的"521"教学模式,即五个环节、二个关键、一个核心。

五个环节,即预知、探究、践行、自测和总测。

二个关键,即自测环节和总测环节。

一个核心,即如何突破"从探究获得新知到践行新知的运用"这一关卡。

"521"教学模式是基于文昌市田家炳中学高中学生的实际情况确立的,它的最大不同是:这一模式不只是局限于课堂内的教学,而是延伸到课堂外的消化、反思以及知识的整合。这主要是考虑到学生学习积极性不高、自我约束能力差等特点,期望能够在课后起到监督的作用,促进学生的学习。

"521"教学模式

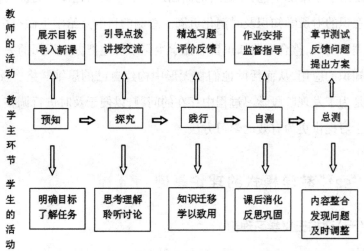

该教学模式目前仍处在探索阶段,仍需要调整,并向更多科目推广。新课程改革要求教学要体现学生的主人公地位,然而考虑到学生的基础差、自觉性不高、惰性大等实际问题,所以我们的教学模式没有一般意义上的学生自主探究环节,而是教师始终像一根绳索一般牵绊学生的学习过程中,做这个过程的监督者、协助者、引导者。

在探究环节,教师除了讲授新知外,亦可以通过问题讨论、活动探究等形式使学生参与到学习中,发挥其主人公作用。在践行环节,每一个新知学完后,教师可以筛选相应有代表性的习题,让学生在课堂上自主完成。一堂课上，探究环节到践行环节其实是一个承接式的循环过程，这个部分我们秉承的理念是"一课一练一得"，每学完一个新知，学生相应的要尝试练习。这种承接式的循环旨在针对性的突破"从知识的获得到知识的应用"这一关卡，每一次的成功突破，便是知识、能力、情感、思想方法上的一次提升和收获，这也是教学模式的核心所在。

二个关键：自测和总测。该部分秉承的是建构主义学习理论强调的"知识是学生自我内化获得的"理念。这两个环节将学习延伸到课堂外，并不是给学生增加负担，而是给他们创建一个自我内化知识的机会，让学生有意识的对所学知识及时消化巩固。总测的目的是给学生做一个阶段性梳理和反馈，整合章节知识旨在让学生更系统地把握知识间的关系，有利于知识的应用，从而帮助他们在无形中构建自己的思维脉络。反馈的目的是为了发现阶段学习过程中存在的问题，以便于及时进行调整，为今后的学习提供更为有效的学习方法。

四、"521"教学模式的理论基础

（一）建构主义学习理论

"建构主义学习理论"是以学生为中心的教学模式的主要理论基础。建构主义认为：学生是自己知识的建构者，而不是简单的信息输入、贮存和提取的过程。因此，在建构主义的教学过程中，应当强调学习的主动建构，教师应该是学生有意义建构的服务者、促进者和组织者。

建构主义学习理论强调：（1）学习是一种有意义的过程，学生对知识的理解与其自身的认知结构有关。凭借原有认知结构以及自身的经验解释将知识内化，从而使得新知识内化到原有的认知结构中或是通过顺化改变已有的认知结构。这也进一步说明，教师在教学中不要轻视学生的主体地位,更不要一味地传授,而是引导、提供支持和帮助,同时一定要保证给予学生独立内化知识的时间,更要督促和帮助学生完成知识的真正获得。(2)学习是一种真实情境的体验。只有在真实情境中,学习才是更为有效的,而学习的目的不仅是懂得并理解了知识,更应该是能真正的运用所学知识去解决实际问题。因此,在实际教学中注重"知识理解提升到知识应用"的过程尤为重要。

(二)奥苏伯尔的动机理论

奥苏伯尔认为,学生最为主要的学习动机是学业成就动机,即学生想得到优良成绩的倾向性。奥苏伯尔认为,学校情境中的成就动机主要由三个方面的内驱力组成:认知的内驱力、自我提高的内驱力和附属的内驱力。认知的内驱力指学生要求理解事物、掌握知识、系统地阐述并解决问题的需要;自我提高的内驱力指学生由自己的学业成就而获得相应的社会地位的需要,随着学生年龄的增长,这种需求是日益加剧的;附属的内驱力指学生为了获得教师、家长的赞许或是同伴的接纳而努力学习的需要,随着学生年龄的增长,其重要性是日趋下降的。奥苏伯尔强调,每个学生的成就动机都包含这三方面的内驱力,但随着年龄、性别、社会文化等因素的不同,三种成分的比重是不同的。

对于处在中学阶段的学生而言,初中生通常是附属的内驱力比较突出,这时候的孩子更热衷于追求父母的赞许和认可为基础的派生地位,并享受其中;高中生通常是自我提高的内驱力更为突出,因此在教学过程中更需要注重过程性评价,培养学生的成就感和信心,从而提高学生自我提高的内驱力,变被动学习为主动学习。

五、"521"校本教学模式的实践

(一)突出"预知"的"521"教学模式

《同名三角函数的诱导公式》教学设计(局部)

教师活动	学生活动
教师:今天我们将学习的内容是——同名三角函数的诱导公式,听了这个需要弄明白两个基本概念:什么样的三角函数叫同名? 什么是诱导公式? 此外,我们首先了解一下本节课的学习目标。 一、学习目标 1.了解诱导公式的推导方法。 2.能够准确的理解并记忆诱导公式。 3.掌握诱导公式,并能灵活的应用。 二、复习 教师:前面我们已经学习了终边相同的同一三角函数的值相等。借助前面的定理,我们可以弄清"同名""诱导公式"这两个概念。 问题1:运用上述公式一,我们可以把求任意角的三角函数值转化为求0到三角函数的值,那么对于0到范围内的非锐角三角函数,能否转化成锐角三角函数呢?	在教师的引导下,明确今天学习的目标,了解学习任务。 经过老师一步一步地引导再次明确今天的学习任务,同时从整体的角度把握今天学习的新课的地位与作用。
任意角的三角函数值 ⇓ 公式一 0到2π的角三角函数值 ⇓ 本节课的内容 0到$\dfrac{\pi}{2}$的角三角函数值	

　　在开始新课学习之前,简单明了的向学生展示本节课的学习目标,明确今天的学习任务,这便是"预知"环节。在这一环节给学生展示主要侧重的是知识与技能方面的要求,而在思想方法、情感、态度等方面的目标

需要教师在教学过程中有意或是无意的实现,让学生无意识的收获和提高。

(二)突出"探究—践行"的"521"教学模式

《同角三角函数的基本关系》教学设计(局部)

教师活动	学生活动
⇒探究环节: 　1.复习引入 　回忆:任意角的三角函数的定义? 　(教师在 PPT 上演示在单位圆定义三角函数的过程,并引导学生回顾旧知)	根据老师的引导,回顾所学知识。
2.新课引入 　问题:任意角的三角函数之间有什么关系呢? 　3.计算并观察下列式 　(1)$\sin^2 30° + \cos^2 30° =$ 　(2)$\sin^2 45° + \cos^2 45° =$ 　(3)$\sin^2 90° + \cos^2 90° =$ 　(4)$\sin^2 \alpha + \cos^2 \alpha =$	快速计算下列各式,并观察这些式子的共同特征,进而猜想任意角的正弦、余弦的平方等于多少。
4.探索新知 　如图,设 α 是一个任意角,它的终边与单位圆交于点 P,由任意角的三角函数的定义有: 　∵ $\sin\alpha = ?, \cos\alpha = ?$ 　且 $r^2 = ?$ 　∴ $\sin^2 \alpha + \cos^2 \alpha = ?$ 　同角三角函数的基本关系——平方关系	根据老师的引导,结合前节课的内容,完成同角三角函数平方关系的证明,并体会数学的严谨性,猜想后仍需要严格的证明才能下结论。
⇒践行环节: 　5.概念的理解 　判断(正确的打"√",错误的打"×") 　(1)对任意角 α,$\sin^2 \alpha + \cos^2 \alpha = 1$ 都成立。(　　)	结合前面探究所学习的新知,尝试应用概念,检测自身对理论概念

教师活动	学生活动
(2) 对任意角 α,$\sin^2\dfrac{\alpha}{2}+\cos^2\dfrac{\alpha}{2}=1$ 都成立。( ) (3) 对任意角 α、β,$\sin2\alpha+\cos2\alpha=1$ 都成立。( ) 特别注意: (1) $\sin^2\alpha$ 是 $(\sin\alpha)^2$ 的缩写,不同于 $\sin\alpha^2$。 (2) 对"同角"的含义的理解:"同角"即角相同。 ⇒探究环节: 　6.计算并观察下列式子 　(1) $\dfrac{\sin30°}{\cos30°}=$　　$\tan30°=$ 　(2) $\dfrac{\sin60°}{\cos60°}=$　　$\tan60°=$ 　(3) $\dfrac{\sin180°}{\cos180°}=$　　$\tan180°=$ 　(4) $\dfrac{\sin\alpha}{\cos\alpha}=$ 　7.探索新知 　同角三角形的基本数量关系——商数关系 　8.概念理解 　判断(正确的打"√",错误的打"×") 　对任意角 α,$\dfrac{\sin2\alpha}{\cos2\alpha}=\tan2\alpha$ 都成立。( ) 特别注意: 商数关系不是对任意角都成立的,是在等式两边都有意义的情况($\alpha\neq\dfrac{\pi}{2}+k\pi$)下,等式才成立。 ⇒探究环节: 　9.新知理解 　同一个角 α 的正弦、余弦的平方和等于1,商等于角 α 的正切。 　　平方关系:$\sin^2\alpha+\cos^2\alpha=1$ 　　商数关系:$\tan\alpha=\dfrac{\sin\alpha}{\cos\alpha}(\alpha\neq k\pi+\dfrac{\pi}{2})$ 　10.新知的应用	的理解和把握程度,及时发现问题,及时采取行动解决。 　认真听取老师的点拨和题型,认清学习中的易错点,加上理解,争取今后不出现这类错误。 　同前面探究平方关系一样,先计算,然后观察,再下结论,最后再严格的证明。 　结合前面探究所学习的新知,尝试理解概念,检测自身对概念把握程度,及时发现问题,及时采取行动解决。 　在进一步理解概念的基础上,在教师的引导下,同学之间、师生之间互相讨论探究所学知识在求值上的应用,并思考变式后如何应对、有何不同。

教师活动	学生活动
求值:"知一求二" 已知 $\sin\alpha = -\dfrac{3}{5}$,且 α 在第三象限,求 $\cos\alpha$、$\tan\alpha$。 变式:已知 $\sin\alpha = -\dfrac{3}{5}$,求 $\cos\alpha$、$\tan\alpha$。 其中渗透了分类讨论的数学思想方法。 ⇒探究环节: 11. 小试牛刀 (1)已知 $\cos\alpha = -\dfrac{5}{13}$,求 $\sin\alpha$、$\tan\alpha$ 的值。 (2)已知 $\tan\beta = -\sqrt{3}$,求 $\sin\beta$、$\cos\beta$ 的值。 (方程的思想方法)	在教师的督促下,尝试性应用新知解决问题,加深理解,再次巩固。

在同角三角函数的基本关系教学中,平方关系从观察、发现、猜想到证明、获取新知,这一探究环节始终体现了学生在课堂上的主人公地位。紧接着就是对新知的理解应用,即我们所说的践行环节。整体上看,从平方关系的"探究—践行"环节到商数关系的"探究—践行"环节,再到两种关系的"探究—践行"环节,实质上是"521"教学模式的核心,探究环节到践行环节的往返重复,旨在将课堂中的重难点知识划分为一个个小片区,课堂上在教师的引导帮助下逐个突破。条理清晰的获取新知、理解应用新知的过程,有利于学生对学习任务的把握以及后期的检测和知识的整合。

参考文献

1. 冉汇真、殷沙沙:《"531"教学模式改革试验研究——以涪陵十四中学校为例》,《长江师范学院学报》,2014 年第 5 期。

2. 宋静:《建构主义教学理论在课堂教学中"实践乏力"现象研究》,内蒙古师范大学 2014 年硕士学位论文。

3.洪明、余文森:《"先学后教"教学模式的理念与实施条件——基于杜郎口中学、洋思中学和东庐中学教学改革的思考》,《中国教育学刊》,2011年第3期。

4.姚永妃:《新课程背景下小学数学有效教学策略的研究》,广西师范大学2014年硕士学位论文。

5.李婕:《"先学后教"教学模式在初中化学教学中的实践与研究》,湖南师范大学2014年硕士学位论文。

6.许爱红、刘延梅、刘吉林:《农村中学课堂教学模式的重大变革——解读杜郎口中学"三三六"自主学习模式》,《当代教育科学》,2005年第11期。

7.张帆:《基于新课程背景的有效教学模式研究》,内蒙古师范大学2008年硕士学位论文。

8.韩亚梅:《奥苏贝尔学习教学理论及其对教学实践的启示》,《陕西广播电视大学学报》,2008年第3期。

9.郝路军:《奥苏贝尔认知结构同化学习理论对我国教学改革的启示》,《中国农业教育》,2008年第5期。

10.曹一鸣:《基于校本的教学模式研究策略》,《教育科学研究》,2005年第5期。

11.温彭年、贾国英:《建构主义理论与教学改革——建构主义学习理论综述》,《教育理论与实践》,2002年第5期。

塘沽六中"精致导学、有效反馈"教学模式研究新进展

天津师范大学　张筱玮

引言

　　"天津师范大学服务滨海新区基础教育项目"于 2011 年 4 月正式启动以来,各个学校从其学校发展特点出发,制定出适合本校教学发展需要的研究主题。我们在与学校的校长、副校长、教研主任等管理人员的共同研究分析后认为,"精致导学、有效反馈"是塘沽六中已经在学校推行的一种旨在提高教学质量、引导学生掌握有效学习方法的教学改革行动,有比较充分的前期准备基础,切合当前国家课程改革所提倡的教育理念,虽然还存在一些尚待解决的问题,但该研究具有理论意义和实践价值。

一、概念解析

　　教学模式理论自从诞生以来,它对不同水平的教学活动都起到了指导和引领作用,也诞生出许多在我国影响广泛的模式,如:杜郎口教学模式、洋思中学教学模式等,这些都表明只有把教育理论与教育实践有机结合起来,才能成为促进教育变革的力量。

　　美国的乔伊斯和韦尔最先将"模式"一词引入到教学领域,并加以系统研究。"教学模式"是在一定的教学思想或教学理论指导下建立起来

的各种类型的教学活动的基本结构或框架,是表现教学过程的程序性的策略体系。

古代传统教学的典型模式是传授式,其程序结构是"讲—听—读—记—练"。17 世纪,夸美纽斯提出了以"感知—记忆—理解—判断"为程序结构的教学模式。19 世纪,赫尔巴特提出了"明了—联合—系统—方法"的四阶段教学模式,莱因又将其改造为"预备—提示—联合—总结—应用"的五阶段教学模式。在 19 世纪 20 年代,杜威的实用主义的教育理论得到了社会的推崇,同时也促进了教学模式向前推进了一步。杜威提出了"以儿童为中心"的"做中学"为基础的实用主义教学模式。这一模式的基本程序是"创设情境—确定问题—占有资料—提出假设—检验假设"。

20 世纪 50 年代以来,现代心理学、思维科学的新发展和系统科学理论的产生与发展,促使人们利用这些新的理论和技术去研究学校教育和教学问题,对教学实践产生了深刻的影响,也给教学模式提出了许多新的课题。进入 21 世纪,以学校自身教学条件为背景探索适合不同学校发展的教学模式,是其理论应用的必由之路。

"精致导学、有效反馈"的教学模式,是塘沽六中以现代教学思想和教学理论为依据,以基础教育改革理念为指导,依据学校办学条件、师生特点建立起来的一种教学活动的基本结构。所谓"精致导学",是指教师的备课、教学和评价活动要以学生当前的学习水平为依据,以未来发展目标为方向,精心设计教学各环节活动,突出教学是为学生从"想学"到"会学",再到"乐学"转变而设计,教是为了学,让学生掌握学习的方法,具有可持续发展的学力,为其终身发展奠基;所谓"有效反馈",是指要注重"教"与"学"的反思,教师的教学活动不应该止于课堂教学的结束,还要关注学习者的学习效果,研究其学习过程的得失,并及时将褒奖评价和改进建议转达给学生,为其有针对性的不断提高学习能力和学习效率、改进学习方式和提升学习水平服务。简言之,做到"导学—议学—促学"相统一,教学的一切是为学习者服务。

二、研究计划的设定

我们研究"精致导学、有效反馈"教学模式的结构,寻求"精致导学、有效反馈"教学模式的理论依据、教学目标、操作程序、实现条件和教学评价。

(一)"精致导学、有效反馈"教学模式的理论依据

"精致导学、有效反馈"教学模式秉持何种教育观? 构建过程中以何种教学理论或教学思想来指导教学行为规范。

(二)"精致导学、有效反馈"教学模式的教学目标

"精致导学、有效反馈"教学模式指向和需完成的教学目标是什么? 教学目标处于核心地位,并对"精致导学、有效反馈"教学模式的其他因素起着制约作用,它决定着该教学模式的操作程序和师生在教学活动中的组合关系,也是教学评价的标准和尺度。

(三)"精致导学、有效反馈"教学模式的操作程序

"精致导学、有效反馈"教学模式需要确立操作程序,它规定了在教学活动中师生先做什么、后做什么,各步骤应当完成的任务和逻辑步骤。

(四)"精致导学、有效反馈"教学模式的实现条件

"精致导学、有效反馈"教学模式的实现条件是指能使该教学模式发挥效力的各种条件因素,如:教师、学生、教学内容、教学手段、教学环境、教学时间等。

(五)"精致导学、有效反馈"教学模式的教学评价

不同教学模式所要完成的教学任务和达到的教学目的不同,使用的程序和条件不同,其评价的方法和标准也有所不同。"精致导学、有效反

馈"教学模式的教学评价是指在实行该教学模式过程中完成教学任务、达到教学目标的评价方法和标准等。

三、实践"精致导学、有效反馈"教学模式需实现教学评价多元化

依据马斯洛需求层次理论,社会中的人有自我实现的需要时,会竭尽所能使自己趋于完美,期望自己行为受到广泛的认可。教学活动中的师生也不例外,如何评价教学活动会直接影响到师生对该教学活动的积极性。

教学改革不能一味追求立竿见影的效果,需要耐得住寂寞、经得起挫折,更要有好的舆论环境,这都需要教学评价的有力支持。

(一)量化评价与质性评价相协调

尽管质性评价是作为对量化评价的反思、批判而出现的,但质性评价本质上并不排斥量化评价。质性评价与量化评价从不同的侧面、用不同的方法对事物进行评价。在课程评价领域中,两者都无法单独使用来解释所有问题。它们是互为补充、互相支持的,质性评价内在地包含了量化评价。质性评价为量化评价提供了应用的框架,而量化评价又为质性评价的深入创造了条件。[①]

(二)评价要"淡化形式、注重实质"

在此借用陈重穆先生在数学教育改革中提出的观点,"淡化形式"即不拘泥于"精致导学、有效反馈"教学模式的操作程序是否规范,"注重实质"即看教学过程是否体现出"导学—议学—促学"相统一,教学的一切

---

① 参见张杨:《论课程评价中的量化评价与质性评价》,《宁波大学学报》(教育科学版),2004 年第 3 期。

是为学习者服务,只要符合这一目标,就是好的教学。

(三)评价要为师生发展服务

正如孔企平先生所言:"对于课堂教学过程而言,评价是一种了解情况、沟通信息的过程;把评价与教学整合起来是促进教师与学生对话、互动的重要策略;把评价有机地融入教学过程之中,充分释放评价的教育功能。"①

从不同的评价视角来看待评价问题,根据课程评价的目的、对象、条件与环境以及评价者自身特点,选择适当的评价方法,以获得全面、准确的信息②,使教育评价方法多元化是促进教学改革所必需的。

我们要强调的是,不论教师的教学设计多么精彩,也不论"导学案"多么适合学情,一旦进入课堂教学环节,预设代替不了生成,教学是活动生成的过程,变化是永恒的主题,应对变化不外乎两种策略:一种是顺应变化,因势利导,生成有利于学生思维发展、能力提高的高效课堂环境,在这种环境下,学生的学习兴趣会不断增长,学习能力会不断提高,可以感受到学习的快乐,激发出创造的热情,课程改革所期待的教学目标也就可以实现了;另一种是以预定计划统治课堂教学,以纪律性约束学生完成既定任务,这样的教学过程在一段时期内可能是高效的,学生的学业成绩也可能是优异的,但却是以扼杀课堂活力、失去课堂"灵魂"为代价的,学生的学习积极性和创造力难以得到真正的发展,甚至会永久地丧失,教学过程就成为一个真正的"生产线",培养出大量"统一规格、同一型号"的"合格产品"来,却不是国家未来发展最需要的人才。为了明天,保持教育的创新性是每一个教师应该承担的责任。

①　孔企平:《关于教学评价的几个问题》,http://wenku.baidu.com/view/80f51533f111f18583d05a55.html。

②　参见张杨:《论课程评价中的量化评价与质性评价》,《宁波大学学报》(教育科学版),2004年第3期。

闽侯路小学"三学五步"教学模式

天津市河西区闽侯路小学　张颖

天津市河西区闽侯路小学践行"小金鹰"校园文化,提出"三学五步"的校本教学模式。"三学",即让学生"想学、会学、爱学"。"五步",即课堂教学环节大体分为"自学质疑、释题定标、体验探究、巩固拓展、检验小结"五个步骤。

一、自学质疑,让学生想学

学生自主学习是课程改革的主旋律,"以学生为主体"是当代教学的基本思想。激发学生兴趣使学生成为学习的主体,让学生的学习由被动改为主动是终身学习的基础。

小学数学课堂上的自学主要以"预习"的方式体现,课前预习对于提高课堂教学效率、提高学生的自学能力、发挥学生主体作用、减轻教师负担、提高教学成绩有着重要的作用。

自学课本时,学生由于认知能力的局限往往不能很到位的理解某些知识,只是有一些模糊的认识。让学生大胆提出不懂的问题,尽管在老师看来非常简单,但这些问题是学生思考后的思维断点。由于学生间存在较大差异,有的问题具有思考的价值,有的甚至幼稚,我们重在培养学生提问题的意识,让学生越来越想学。长此以往,滴水穿石,学生提出的问题肯定越来越精彩。

经过预习后,有些简单的问题学生自己可以解决,教师没有必要在课堂上设置情境让学生解决。在单位时间内,解决三个问题与解决两个问题,哪个更有效率? 不言而喻。学生都有强烈的好奇心和探究兴趣,对自己疑惑的问题肯定会倍加关注。教师要及时抓住学生的"模糊点"进行有针对性的探究和澄清,鼓励学生学有所思、思有所疑、疑有所得。经教师的点拨,让学生体验成功的快乐。对教师来说,间接实施了因材施教;对学生来说,易突出学习重点、突破学习难点。

在预习的基础上,教师还应鼓励学生不满足于课本知识的获得,敢于向课本挑战,从不同的角度提出不同的见解,运用自己的智慧填补课本的空白点,从而达到对课本知识的深层次理解,构建自己清晰的知识网络体系。

在学生预习后,教师也会相应地改变教学策略,站在学生发展的高度,根据学生预习的情况从学科的总体目标拟定出每节课的教学目标,再根据教学内容与学生实际灵活的选用教法,设计合理的、科学的教学过程,以教材为依据但不拘泥于教材。如:学习在数学学科《认识除法》一课时,教科书中的数学问题"课本上是 12 根小棒,平均分成 4 份,怎样分?"重点是平均分及如何平均分。为了防止学生背答案而不去深入思考,可以改为"12 根小棒,平均分成 6 份,怎样分?"

低年级段小学生可能还不知道如何去预习,这就需要教师进行辅导。教师可以在一节课即将结束时留出 5 分钟时间来一起预习下一节课的内容,教给学生预习的方法,为学生在家如何预习给予示范,以此逐步培养学生预习的能力和意识。对于小学高年级段的学生来说,就可以通过布置预习作业来促进学生预习。在预习过程中,要鼓励学生发现并自己解决问题。

二、释题定标，帮助学生明确学习目标

学生能否在一节课上有针对性、有目的性的高效学习，与学习目标的制定有着十分密切的关系，当教师充分了解学生的预习情况后，应根据学生预习水平以及对本节课已有知识的掌握情况有针对性地帮助学生制定本节课的学习目标。在制定教学目标时，应注意三点：(1)将教学目标细化为一个个更为具体的学习任务。(2)在制定教学目标时应尽量用行为动词表述教学目标，使目标指向更为具体、明确、易于学生理解与操作。(3)对教学目标进行必要调整，使其更适合学生此时的学习基础和学习能力。

这样可以避免教学目标指向的不明确，也可以避免教学目标制定得过于空泛或不切合学生实际，从而更加高效地达成教学目标。

三、体验探究，让学生会学

"授人以鱼，不如授人以渔，授人以鱼只救一时之急，授人以渔则可解一生之需"，通过教育使学生学会学习是现代教育理念中的核心。学生是学习活动的主体，所以新课改的重要思想之一就是倡导学生通过"自主、合作、探究"的学习方式在学习过程中有所体验与收获，从而在长期的积累中掌握一种学习的方法，养成一种学习的意识，最终形成一种学习的能力。

四、巩固拓展，让学生爱学

学习的目的并不仅仅在于应对考试，其核心在于指导学生解决生活

中的实际问题。教学活动要紧密联系学生的生活实际,从学生的生活经验和已有知识出发提出变式问题,结合小学生的心理特点创设生动有趣的情境,引导学生开展"观察、操作、猜想、推理、交流"等活动,对已学知识进一步巩固甚至拓展延伸。

如:在学习数学学科《分类》一课时,新知识创设的情境是整理房间,将日常生活用品如"服装、文具、玩具"等进行分类,巩固环节则创设了超市的情境,让学生将"水果、蔬菜、零食"等进行分类。根据课堂情况更可以将超市情境进一步拓展,让学生制定分类的标准后再进行分类活动。教师更会在课堂上融入德育教学,创设废物是否可回收的情境等。数学活动使学生掌握基本的数学知识和技能,初步用数学的眼光去观察事物、思考问题,激发学生对学习数学的兴趣,建立学好数学的愿望,让学生爱学习、想学习、愿意积极主动地投入到学习活动当中去。

五、检验小结,评价反馈

课堂检验能及时掌控学生当堂课的学习情况,并对重要知识点进行总结,与五步中的"释题定标"形成呼应。总结的方式可以多样化,不拘泥于教师的单方面小结,可以让学生说一说通过本节课的学习学会了什么,有哪些收获? 倾听学生的想法,教师再进行必要的补充,作出适切的评价。

评价是课堂教学的重要组成部分,是实现课程目标的重要保障。好的评价可以使学生在课堂教学中不断体验进步与成功、认识自我、建立自信,促进学生能力的全面发展;使教师获取教学活动的反馈信息,对自己的教学行为进行反思和适当的调整,促进教师不断提高教育教学水平。展示与评价是现代教学中的一种十分必要的教学手段,每个学生都可以从他人的成功与不足中得到灵感与启迪,自觉的更新自己的观点,进行再创造。教师不应因学生的一点不成熟的想法、一次不成功的实践活动而焦躁,此时恰恰是培养学生创新的最佳时机,即"借鉴—尝试—再创新"。

如:在学习数学学科《有趣的图形》一课时,教师布置了一项作业:第一天,让学生用带来的生活中的废旧物品组合设计成自己喜欢的模型,并进行统计"使用立体图型的种类和个数",提出数学问题。一开始进行得并不顺利,大多数学生设计的模型样式单一,不便于进行下一步的统计活动。此时,教师引导了几个模型制作较好的学生介绍自己的作品名称、使用的材料和统计的结果,展开全班性的交流讨论,使学生们大受启发,一致决定要重新设计更好的作品。第二天,学生们设计了小魔术师、轮船、汽车、机器人,有的造型优美、有的设计巧妙。当学生拿出自己的作品描述、展示和统计时,都带着掩藏不住的兴奋和自豪,学生的交流热情被激发出来了。但这还远远不够,如果就这样去交流,势必会使学生你一句我一句,听不能听全面,说不能说完整,达不到交流的目的。教师首先请一组同学作示范,请其他组观察、倾听,然后提出有效活动方案。这样,学生在交流中懂得倾听,吸取了同学的经验和思考、表达方式,在小组中畅所欲言;在相互沟通中逐步锻炼了表达能力,同时发现自己的不足,产生要进一步改进、提高的欲望。

评价不但能促进学生的学习,而且可以促进教师的教,所以教师不断的自我评价和反思也是提高教学水平的一种手段。

总之,在小学课堂教学中,可以针对不同年龄段的学生适时调整自己的教学策略,充分把握"三学五步"的关键,高效完成教学活动,促进学生全面发展。

案例:

小学数学课堂中的合作学习

《数学课程标准》指出:"动手操作、自主探索、合作交流"将是学生学习数学的重要方式。"合作"可以体现个人品质与风采素质,培养学生的合作意识与探究能力已成为素质教育的一项重要内容。合作探究的学习模式是新课程改革倡导的小学数学的重要学习方式，从学习数学的最初阶段就为学生开辟了自由交互学习的天地。

一、合作学习的要素

合作学习不是单纯地布置给小组一份作业，让他们在做作业的过程中相互讨论。真正的合作学习是让学生一起参与探讨学习问题并相互协作。因此合作学习务必具有一些基本的要素，从而与其他的教学策略加以区别。

美国明尼苏达大学合作学习中心的约翰逊兄弟俩提出了合作学习"五因素论"：积极互赖、面对面的促进性相互作用、明确的个体责任、人际和小组技能、小组自评。

(一) 积极互赖

积极的相互依赖是指在合作学习的任务中，学生们要建立集体观念，不仅自己要完成学习任务，同时也要保证同组的其他成员也能完成学习任务，否则一样是失败的。积极互赖可以体现在小组目标、身份、资源、奖励等方面，以集体观念激发学生的合作动机。

(二) 面对面的促进性相互作用

面对面的促进性相互作用是学生间互动作用和互相鼓励之后所产生的效果。在合作学习课堂上，学生们可能彼此解释他们是如何得出问题的结论，借助非言语与言语发生反馈彼此的学习情况，对小组内学习动力不强烈的同伴产生积极带动，学生将得到更多的机会彼此之间产生最直接的积极作用。

(三) 明确的个体责任

个体责任是指每个学生都必须承担并且确保完成一定的学习任务。为了真正地落实个体责任，所有的小组成员务必进行活动评估，且要向个体成员反馈评估结果。个体责任是使所有的小组成员通过合作性学习取得进步的关键。

（四）人际和小组技能

合作学习非常重视学生人际交往技能的发展和小组合作技能的训练，在合作学习中学会彼此认可和相互信任，进行准确的交流。高质量的合作以及个人学习动力的产生，本质上都取决于小组成员人际交往技能与合作技能的有效性。

（五）小组自评

合作学习小组定期地评价共同活动的情况，可以是某个活动时间之内小组成员在反思小组合作活动应当完善的地方，以保持小组活动的有效性。教师需要给学生留出足够的时间进行自评，对于低年级段学生可以提供自评结构，如列举出你的小组做得好的一位同学、做得最好的一件事和一件值得改进的事等。强调积极的反馈，使自评尽量具体，维持学生对自评的参与，提醒学生运用他们的合作技能进行自评。

二、合作学习的优点

（一）体现学生学习主体性

合作学习使学生主动参与学习，为了可以更好地解决问题，他们需要仔细地分析与阅读学习材料。合作学习能激发学生的学习积极性和主动性，有助于学生自主学习能力的提高。

（二）提高学习效率

在合作学习中，小组内成员各司其职，共同分担学习任务，集思广益，相互启发，能更加有效地解决问题。

（三）增进学生间感情

合作学习为学生提供了沟通和交流的机会，增强学生的集体意识，探究的过程中认真倾听同伴的想法，相互支持和鼓励，在自评中成长。

（四）提升学生学习的综合能力

合作学习能够增强学生的团队意识，结合实际情况的组内分工可以提高学生的组织能力和大局意识,探究过程中的生生互动和师生互动可以将知识进一步拓展延伸。

三、合作学习实施中存在的问题

(一)合作形式化

在教学的过程中,一部分教师不结合教材目的和学生情况,仅仅为了体现课堂形式多样化而设计小组合作探究这一教学过程,有些学生很容易掌握的知识也组织合作探究,甚至在一节课中多次组织短暂的合作,浪费了课堂上的宝贵时间,降低了课堂效率。合作探究的目的应该是突破课堂重难点,而非流于形式。

(二)规则不清晰

合作探究容易流于形式,其中一个重要原因在于教师的讲解不够,提出的规则不清晰,学生不知要学习什么以及该如何学习,不能够迅速地将新的知识跟固有的认知有效地统一起来。

(三)参与不均衡

在小组合作中,由于每个学生的学习程度不同,常常会产生一些矛盾,最容易产生的矛盾就是学优生的主导性与学困生的被忽视。学优生对于旧知识的掌握比较牢固,在探究过程中较容易形成迁移,从而快速且流畅地表达自己的观点;而学困生由于思考较为迟缓,问题被同组的学优生抢先解决了,往往就失去了独立思考的机会,在合作中处于被动地位,从而不能实现共同发展。

(四)时间不充分

小学课堂一节课只有短短的40分钟,在一节内容丰富的新授课中,常常是教师提出问题之后不久就要求学生合作学习,没有给学生太多的独立思考时间,然后再过几分钟就要求学生停止并进行汇报,此时有的小组才刚刚开始合作学习,不利于完成合作学习任务。

(五)指导不到位

在学生进行合作学习的过程中，常会见到教师漫无目的地巡视或是自顾自地浏览教科书和教案，几分钟后就宣告讨论结束。在这几分钟内，课堂是混乱的，有的小组讨论没有条理，讨论的过程中经常脱离核心与重点作无谓的探讨，浪费了大量的时间，难以实现合作学习的目的。

四、合作学习课堂实施策略

(一)选取恰当的合作时机

合作探究不能只注重形式，看重的应该是合作学习的实质，即教学目标。教师应在认真钻研教材的基础上，结合教学目标、教学重难点以及学生的实际情况等有效地体现合作学习的优势。在小学数学课堂中，以下几个时候可以设置合作探究环节。

1.动手操作实验

在小学数字教学中，不少的数学知识来源于生活，要求学生动手操作和实验，此时可以让学生相互启发，凭借集体的力量来实现。

例如，在《角的度量》一课中，需要学生掌握"量角器"的用法。教师为学生测量一个角的大小准备了学具：已知度数的大角卡片和小角卡片。在合作探究活动中，教师让学生思考如何用已知度数的角去测量未知度数的角。在学习中，学生自主地探索和研究，十分积极，热烈探讨。最初有学生发现未知的∠1可以由三个大角卡片拼成，从而知道了∠1的度数；但未知的∠2却不能由整数个大角卡片拼成，这时有学生想到了不足的地方可以用已知度数的小角卡片来填充，顺利测量出∠2的度数；最困难的是测量未知的∠3的度数，学生手中的所有卡片都不能拼成未知的∠3，聪明的孩子们开始找老师索要更小的已知角卡片。在这个合作学习的过程中，学生们亲自动手，相互探讨，记录着他们的发现，探索角度量的实质。

2.突破课时重难点

在教学的难点、重点处开展合作学习是非常有效的，能够体现学生学习的主体性。

例如,在《用乘法口诀试商》一课中,需要解决"$42 \div 6 = ?$"的问题。有了前面学习的基础,学生们可能会想到多种解决方法,如:用点子图圈一圈、画表格填一填、画线段图算一算、用乘除法互逆的关系算一算、用乘法口诀试一试等。教师组织学生小组合作,要求小组内每一名学生用一种不同于组员的方法解决这个问题,并说一说是怎样想的。经过合作学习,小组内互帮互带,每一个小组、每一名学生都出色地完成了学习任务,学生们发现无论用哪一种方法来计算,要解决的本质问题都是 42 里面有几个 6,深化了对除法意义的理解,同时通过比较选出了最简捷的解决除法算式求商的方法——用乘法口诀求商。

3. 开放性学习

为了提高学生的创新意识与发散思维能力,教师在遇到一些开放性问题、答案不唯一问题的时候可以要求学生合作学习,从而培养学生全面思考问题的能力,帮助学生建立取长补短的好习惯。

(二)建立合作规则

在小组合作学习前,教师务必提出清晰的要求,从而让学生明确自己的任务,否则盲目的探究会让合作杂乱无章,影响小组学习的有效性。鉴于小学生的记忆时间短暂、理解能力较差,教师可以将学习任务要求用媒介显示出来,以备学生活动中随时查阅。

(三)合理调控,明确个体责任

教师在分组前需要先下一番功夫了解学生的学习程度,在每一个小组内分布学习程度不同的学生,选择其中一名学生为组长,协助教师组织和协调小组活动,管控小组学习情况,组长实施轮换制,以便所有的学生享受发展的机会。小组座位安排也可以根据课堂上的探究要求发生改变,实施"U 字形"等。为了更加有效地体现面对面促进性相互作用,小组规模一般控制在 2~6 人,其中 3~4 人的小组最佳。

小组合作学习是否有效的关键就在于个体责任的体现,如何将消极思考的学生人数尽可能降到最少,是教师在组织合作学习时值得深思的问题。为了保障全员参与,教师可以实施各种策略,如设立的问题由易到难,让学困生在组内优先发言,学优生做必要补充,让不同层次的学生都有收获;在小组汇报后,随机抽取某个学生的学习成果并充当小组成绩的一部分等。

(四)保证充足的合作时间

在小组合作学习中,充足的合作时间必须得以保证,这包括:学生的独立思考时间、小组成员发表自己观点的时间、小组成员互相讨论且形成一致见解的时间等。

教师给出待解决的问题后,应该先给学生独立思考的时间,合作学习也绝不能与独立思考相冲突,只有经历了充分独立的思考才能形成自己的观点。小组成员分别发表观点的时间充足才能表述完整,彼此认真倾听,引发思考。最终,在成员间的讨论时间中可能发生互助,形成统一观点。

(五)教师积极参与,及时指导

学生是合作学习的主体,但教师依然发挥着重要的主导作用,除了要设置目标、制定规则、组织合作,还要及时指导、科学评价。

教师可以在课前做好预测工作,当小组合作面临问题时加以引导;当小组讨论受到限制或是脱离主题时有效指点,确保小组合作学习正常进行。

教师的积极参与不仅体现在制定规则和宏观调控上,科学地评价合作学习也是重要的一部分。评价合作学习可以是注重结果和过程,如:在小组合作顺利的时候及时地肯定和表扬学生;也可以在完成阶段针对个人和集体设立荣誉称号,如"积极思考奖""互助互爱奖""最大进步奖""集体智慧奖""个人突出贡献奖"等,用全面和积极的评价将激励和导向发挥到极致。

五、思考

新课程改革要求"教学面向所有学生,促进学生的整体发展"。合作学习有利于学生主体性的体现,将有效的"合作探究"应用于小学数学课堂,可以让全体学生得到适合自己的发展,也对提高学生的综合素质很有帮助。

参考文献

1.冯春花:《小学数学小组合作学习有效性研究》,聊城大学 2014 年硕士学位论文。

2.孙洪超:《小学数学课堂中小组合作学习的问题与策略研究》,曲阜师范大学 2014 年硕士学位论文。

3.陈朝霞:《小学数学合作探究教学中存在的问题及策略》,《师道:教研》,2012 年第 8 期。

4.高天韵、盛桂红:《学习中合作 合作中探究》,《中国电化教育》,2006 年第 5 期。

5.王庆明、董默佑:《新课程的综合、实践、探究与合作》,《中国教育学刊》,2006 年第 11 期。

基于"手持技术"的高中数学实验教学研究

天津市中小学教育教学研究室　　沈婕

一、问题提出与文献综述

(一)问题的提出

1. 高中数学新课改的需要

《国家中长期教育改革和发展规划纲要(2010—2020 年)》明确提出:"强化信息技术应用,提高教师应用信息技术水平,更新教学观念,改进教学方法,提高教学效果,鼓励学生利用信息手段主动学习、自主学习,增强运用信息技术分析解决问题能力,加快全民信息技术普及和应用。"[①]《普通高中数学课程标准(实验)》中倡导:"高中数学课程应提倡利用信息技术来呈现以往教学中难以呈现的课程内容,在保证笔算训练的前提下,尽可能使用科学型计算器、各种数学教育技术平台,加强数学教学与信息技术的结合,鼓励学生运用计算机、计算器等进行探索和发现。"

2. 教育现代化发展的需要

2010 年 4 月,图形计算器就被列入了《高中理科教学仪器配备标准》(JY/T 0406—2010),随着天津市普通高中校现代化达标的逐步落实,各

---

① 　中共中央、国务院:《国家中长期教育改革和发展规划纲要(2010—2020 年)》,2010 年 7 月 29 日发布。

高中校已经普遍配备了现代化的教学设备,电子白板、掌上电脑、图形计算器等数学学习设备也已经进入部分高中学校的教室,还有不少学校已经筹建或正在筹建数学实验室,这些都为数学教师开展数学教学研究提供了非常好的条件,但如何有效地利用这些现代化的学习和教学设备开展数学教学,目前绝大部分学校还都在探索和研究阶段,迫切需要有教研部门的引领和指导。

3.已有课题研究深化的需要

天津市教研室数学室自 2009 年就着手开展图形计算器与高中数学教学整合的研究,研究图形计算器与高中数学教学在哪些方面可以整合,以及如何整合等,在引领一线教师开展信息技术与学科教学整合方面发挥了积极的作用。自天津市各高中校陆续完成现代化达标,一些学校配备了图形计算器和高中数学实验室,具备了开展数学实验教学的环境和条件后,课题组将已有研究进一步深化和推广,重点放在了如何利用图形计算器这个手持技术来开展数学实验教学的研究上。

基于以上需要,课题组确定了《基于手持技术的高中数学实验教学研究》这一课题,其主要研究内容包括:高中数学教材中适合开展数学实验教学的内容、基于手持技术的高中数学实验教学的基本原则、基于手持技术的高中数学实验教学的模式和样式、基于手持技术的高中数学实验手册编写等。主要的研究方法采用了文献研究法、行动研究法、案例研究法和经验总结法。希望通过我们的研究,在如何开展基于手持技术的高中数学实验教学上给一线教师以理论和实践两方面的参考。

(二)国内外研究现状

数学实验是顺应现代技术的发展而诞生的。在 2000 年的国际数学教育大会上,与会代表认为,"信息技术"和"数学应用"成为数学教育改革的重点,以计算机技术为代表的"信息技术"出现了人类历史上的第四个数学高峰。美国的曼荷莲学院数学系于 1989 年起增加了一门大学二年级水平的导引性课程——数学实验室，施普林格出版社出版了该大学编写的《数学实验室》一书。我国高等教育出版社于 1998 年将其译本出版发行，在我国教育界引起了强烈反响，不少中国学者对"数学实验"进行了深入的研究，相关的书籍及论文如雨后春笋般纷纷展现在人们面前。1998 年我国教育部颁发的《普通高等学校本科专业目录和专业介绍》中把数学实验课规定为数学与应用数学（含师范）专业的主干课程之一，数学实验成了目前大学数学教育教学所关注的热点问题之一。

国际数学教育委员会成立后不久，即在 1912 年的大会上特别讨论了"中学数学教学中的直觉与实验"，可见"数学实验"在中学数学中的历史地位。在大学开设数学实验课程已成为共识，而把数学实验课程及时引入中学来，对中学教育改革必将起到重要而深远的影响。与此同时，强大功能的数学软件平台和手持技术的出现，如：Maple、几何画板、图形计算器、掌上电脑等，也为中学开展数学实验研究提供了可能。近几年来，中学数学课程改革力度加大，教学内容和结构变化显著，数学实验已逐渐成为不同层次数学教育的重要和基本的思想方法，并形成一种体系，数学实验正逐步真正走进中学数学课堂。

自 1995 年，美国德州仪器公司将图形计算器带入了中国，图形计算器率先进驻教育市场，并在上海、北京等地中学进行普及与推广试点。此后，惠普公司、卡西欧公司的图形计算器也相继敲响了中国学校的大门。由于图形计算器自身丰富强大的功能和便捷性、专用性、网络化的特点，它逐渐成为中学数学课堂教学中开展数学实验教学和探究活动的有力工具，被誉为"移动的数学实验室"。十余年来，我国数学界的一些教授、专家和一线教师积极开展手持技术与中学数学课程整合的研究工作，取得了许多可喜的成绩。如北京教育学院王长沛教授和北京师范大学曹一鸣教授自 2007 年起以惠普图形计算器为主要工具开展了《掌上移动实验室——手持技术与中学数学新课程整合》的课题研究,该研究在全国100所实验校分期分批开展,取得了许多突破性的研究成果。自2010年起,由中国教育学会中学数学教学专业委员会副理事长章建跃博士主持的基于卡西欧图形计算器的《图形计算器与高中数学教学整合研究》的课题研究也在全国范围内逐步展开,同时人民教育出版社中学数学室与美国德州仪器公司也合作开展了《手持技术与高中数学整合研究》的课题研究,这些课题在图形计算器与高中数学教学"整合些什么、如何整合以及整合的效果如何"方面都取得了大量的实践研究成果,这些研究成果都为本课题的研究提供了非常好的参考和借鉴。

二、基于手持技术的数学实验教学的探索过程

(一)初期阶段

1. 编写学习教程,方便教师的操作和应用

图形计算器不同于普通的计算器,因其功能强大,在其系统里整合了多个应用程序,因此对于初次使用者来说掌握其操作方法是要花费一定的时间的,特别是一些高端机型,其英文界面及英文说明书也让一些年龄较大的老师感觉比较困难。为了使课题组教师及后续使用图形计算器的教师和学生能够更快地掌握图形计算器的操作技能,课题组采取了任务驱动的方式,核心成员按照图形计算器的模块功能分头研究,并根据各功能结合高中数学教材编写了具体的学习教程。2009—2014年,课题组共编写了4本和图形计算器相关的教程、整合案例和使用手册。笔者和课题组王凯歌老师还根据大家编写的培训教程录制了技术操作的培训光盘,供大家学习参考。

2.开展培训活动,提高对实验的认识和技能

在编写上述培训资料的同时,课题组积极开展培训学习活动,进行了系列讲座,向课题组的老师们进行了"基于图形计算器的高中数学教学设计""数学实验""图形计算器与高中数学教学整合的切入点"等专题培训。一方面,我们进行这种面对面的理论和技能的培训;另一方面,我们将录制的培训光盘和编写的培训资料发给每位课题组老师,让大家在研究过程中根据学习资料进行自主学习,从而使老师们很快掌握了各种型号的图形计算器的操作方法,也对图形计算器与高中数学教学整合的基本理念以及利用图形计算器开展数学实验教学的方法有了比较清晰的认识。在市级培训的基础上,我们又通过教研渠道和课题实验校对部分区县的骨干数学教师和实验校的学生进行了技术和理念的培训。

3.建立沟通渠道,促进教师的交流与研讨

为方便交流,课题组建立了课题公共邮箱和 QQ 群,利用公共邮箱里面的网盘将每次课题活动的资料及时上传供大家参考学习,同时利用 QQ 群及时发布课题活动公告,课题组成员间也经常利用 QQ 群进行问题解答、图形计算器操作技术交流、数学实践经验心得交流等多方面沟通。

(二)中期阶段

1.开展教材研究,确定数学实验的定位和内容

图形计算器虽然功能强大,但并不是教材中的所有内容都适合利用图形计算器开展数学实验教学,因此课题组通过对高中必修 5 本教材及选修 5 本教材的逐一扫描分析和遴选,确定了教材中适合利用图形计算器开展数学实验教学的内容近 80 个知识点,如:

(1)必修 1:函数的概念、单调性、奇偶性、最大(小)值等性质,指数、对数、幂函数的图像与性质,用二分法求方程的近似解,几类不同增长的函数模型的对比分析,函数模型的应用等。

(2)必修 2:两条直线的平行与垂直、直线系方程、圆的方程、直线与圆的位置关系、圆与圆的位置关系、点的轨迹的探究等。

(3)必修 3:算法中的循环语句、算法案例、两个变量的线性相关、随机数的产生等。

(4)必修 4:三角函数的诱导公式,正弦、余弦、正切函数的图像与性质,函数的图像,三角函数模型的简单应用,平面向量基本定理的探究等。

(5)必修 5:数列的概念与简单表示法、等差数列的前项和、等比数列图像的探究、借助一元二次函数图像求解一元二次不等式、二元一次不等式(组)与平面区域、简单的线性规划问题等。

(6)选修 2-1:曲线与方程、椭圆定义的探究、转代法求轨迹方程的问题、椭圆的几何性质、双曲线的几何性质、抛物线的几何性质、轨迹方程等。

(7)选修 2-2:函数的单调性与导数、曲边梯形的面积、定积分在几何中的应用、牛顿法——用导数方法求方程的近似解、图形技术与函数性质、导数及其应用等。

(8)选修 2-3:正态分布、回归分析等。

2. 开展案例研究,提高设计的能力和水平

研究中,课题组基于已确定的适合开展数学实验教学的内容和课题组织老师们认真撰写教学设计,研究利用图形计算器开展数学实验的途径与方法。

课题组采取任务驱动的方式,列出高中数学教材中适合利用图形计算器开展数学实验教学的课题,采取主动认领和课题组指定相结合的形式进行任务分工,由课题组的部分核心成员及后续加入课题研究的骨干教师承担了每个课题教学设计的撰写工作。针对此项工作,课题组组织召开专项工作会议,在工作会议中向老师们布置工作任务,并对如何撰写"基于图形计算器的高中数学实验教学设计"进行培训,在老师们提交了

教学设计的初稿后,课题组又组织多次交流与研讨活动,对大家在教学设计中存在的问题进行了分析,并提出总体修改建议。

在教学设计研究中,图形计算器与高中数学教学整合的教学设计按照人教社核心概念课题组研制的教学设计框架书写,该框架包括六部分,即:内容和内容解析、目标和目标解析、教学问题诊断分析、教学支持条件分析、教学过程设计、目标检测设计。课题组对每个项目如何撰写都提出了具体的要求,特别是在教学问题诊断分析和教学支持条件分析两个项目上提出了撰写时应注意的问题。

3. 进行课例研究,探索实验的方法与途径

课题研究的最终落脚点是课堂教学,课题组的课题研究活动也紧紧围绕着课堂教学展开,通过课堂教学的实践去检验教学设计的优劣,去确定数学实验教学的途径和方法。在课例研究中,我们采用了以下流程:撰写教学设计→说课→课堂教学实践(试讲)→反思、自评、互评→修改教学设计→课堂教学的再实践(作课、录像)→再反思、点评→再次修改教学设计→形成教学设计、反思和点评的成稿。

多年来,课题组开展的市级及市级以上的课例研究活动如下:

表1 2011—2015年课题组教师开展的市级及市级以上研究课目录

时间	展示地点	课题	授课教师	活动性质
2011.9	天津市杨柳青第一中学	指数函数	高俊欣	市级研讨课
2011.10	南京师范大学附属中学	抽象函数的性质	王洪亮	全国展示课
2012.1	南开大学附属中学	三角函数模型的简单应用	傅剑	未来教育家展示课
2012.5	天津市复兴中学	循环语句的应用	王红革	市级研讨课
2012.5	天津市复兴中学	非线性回归分析	何韬	市级研讨课

续表

时间	展示地点	课题	授课教师	活动性质
2012.9	天津市耀华中学	二元一次不等式(组)与平面区域	王洪亮	教育部德育精品课
2012.10	天津市第五中学	对数函数的图像和性质	宗琦	市级研讨课
2013.9	天津市实验中学	对数函数的图像和性质	宗琦	市级研讨课
2013.9	天津市实验中学	三角函数模型的简单应用	傅剑	市级研讨课
2013.10	沈阳市第一〇二中学	幂函数	何韬	全国展示课
2013.11	天津外国语大学附属外国语学校	函数的零点	张磊	市级研讨课
2013.12	长春二实验中学	三角函数模型的简单应用	傅剑	交流展示课
2014.4	天津市耀华中学	二元一次不等式(组)与平面区域	刘立兴	市级研讨课
2014.4	天津市耀华中学	对方程近似解的探究	卢翔	市级研讨课
2014.10	天津市南开中学	几类不同增长的函数模型	张广民	市级展示课
2014.10	天津市耀华中学	迭代法求方程近似解	卢翔	全国参评课
2015.5	天津市实验中学	三角函数模型的简单应用	傅剑	全国精品课
2015.5	天津市南开中学	几类不同增长的函数模型	张广民	全国精品课

通过以上课例研究,我们归纳总结了基于手持技术的高中数学实验教学模式以及系列教学样式。

4.组织评选活动,促进师生的学习与提升

(1)教师层面。2012—2015 年,课题组连续 4 年组织老师们参加了中国数学会组织的"图形计算器与高中数学教学整合优秀教学设计和论文征集与评选"活动,累计提交教学设计 80 余篇、论文 40 余篇,在全国各地提交的教学设计和论文中,无论数量和质量都名列前茅。

(2)学生层面。2009—2015 年,课题组一直坚持开展"卡西欧杯"全国高中数学图形计算器应用能力测试活动。"卡西欧杯"全国高中数学图形计算器应用能力测试活动是由中国教育学会中学数学教学专业委员会组织的全国性公益测试活动,旨在推动学生借助图形计算器来思考问题、分析问题和解决问题。此项测试活动包括两部分内容:一是闭卷答题部分,试题主要是以生产、生活实际为主要背景的数学问题,以及数学内部的本身问题,问题包括必要的猜想、归纳和计算,并且使用图形计算器;二是自选命题论文,以开放式研究为主,参加活动的学生利用课余时间自选命题,在规定时间内完成一篇应用图形计算器开展活动的论文。

由于天津课题组在此方面的研究比较早且卓有成效,几年来中国数学会都全权委托天津课题组来组织此项全国性活动,从征题、命题、组织考试到阅卷、活动总结等,课题组周密安排、精心组织,充分发挥了课题组的团队协作精神,圆满完成了各项任务。2012 年和 2013 年所命制的试卷分别刊登于《中国数学教育》2012 年第 9 期和 2013 年第 9 期。在这项活动中,课题组克服了各种困难,积极组织天津各实验校的学生参赛和撰写论文。由于此项活动是公益性的,且能够充分调动学生利用图形计算器开展数学学习的积极性与兴趣,所以参赛人数在逐年增加,在社会上产生了一定的影响。

(三)后期阶段

1.提炼模式样式,固化研究的思想与成果

在课题研究中,课题组以布鲁纳的发现教学法、斯金纳的程序教学和巴班斯基最优化教学理论为依据,结合图形计算器本身的特点和优势,通过大量的教学设计研究和课例研究,总结归纳建构了基于图形计算器的高中数学实验教学模式和教学样式,并将其在课堂教学中进行了实践与推广。

2.编写实验手册,提供实验的问题与载体

在基于我们所建构的教学模式开展数学实验教学过程中,为了有效引导学生在数学课堂教学中开展数学实验研究,课题组从 80 余个适合开展数学实验的课题中又精选了 33 个,经过"理论学习→集体研讨→样张交流→试教研讨→确定模版→提交初稿→修改完善→提交定稿"的研究流程,编写了 33 节课程的数学实验报告,并结集为《高中数学实验手册》,供高中数学教师和学生参考使用。

3. 搭建交流平台,注重成果的宣传与推广

为了使更多教师能够了解数学实验、了解图形计算器,因此每次课题活动后,我们都及时将课题活动的相关资料放在课题组的公共网盘中供大家下载学习,并及时记录课题活动情况,撰写《天津教研简报》,在天津教研网的主页和数学学科网页进行课题活动的介绍和展示,课题研究期间共撰写 10 期反映课题活动的《天津教研简报》。在研究过程中,课题组每年都要进行工作总结,召开课题研究总结表彰会。在总结会上,总结交流一年来课题研究所取得的成果,包括教师成果和学生成果,并将成果在全市范围内进行推广展示。我们还积极为课题组教师创造机会,组织了跨区域的教学交流研讨活动,组织教师们参加中数会组织的全国会议,为教师们在全国会议中交流成果搭建平台,并积极推荐课题组教师们的教学设计和论文给中数会,帮助教师发表相关研究成果。

三、基于手持技术的数学实验教学的核心概念、主要特征与理论基础

(一)核心概念

1. 手持技术

"手持技术"是指可以在掌上操作运行的信息技术,主要包括图形计算器、掌上电脑、数据库、传感器等设备以及相关的网络和软件。对于中

小学,手持技术主要指科学计算器、图形计算器以及相关的软件和附属设备。图形计算器是一种集数值计算、函数图像显示、编程、数据分析等功能于一身的掌上计算器,是根据数学学科特点、针对提高学生收集处理信息、分析问题、解决问题的能力而设计的,是手持技术中最重要的数学学习工具之一。

2. 数学实验

首先,"数学实验"隶属于一般的科学实验,与理、化、生等自然科学方面的实验有共同点也有区别之处:一方面,两者都有演示、验证和探索知识的作用。学生通过对比直观的现象去理解概念和定理,通过动手操作感受概念和定理的形成过程,培养学生获得发现问题和解决问题的能力。另一方面,数学实验是人类思维过程的模拟和验证,实验现象并不能作为数学结论而必须通过逻辑的证明;而理、化、生实验是对自然的模拟和验证,实验现象即是结论,无须证明。其次,这里指的数学实验是数学教学中做的教学实验,是有选择性的把一部分研究或探索现象和规律的实验和事实在集中的时间内显现给学生、教给学生。在这一活动过程中,学生的实验学习过程与数学家的实验探索过程有相似之处,从而数学实验的过程是模拟科学实验的形式,通过做实验和观察现象、测量和记录数据、计算和分析结果来寻找规律。

3. 基于手持技术的高中数学实验

"基于手持技术的高中数学实验"是指在教学中教师把图形计算器作为数学学习的实验手段和工具,以要研究的数学问题作为实验对象,以图形演示、数值计算、函数拟合、符号变换等作为主要的实验内容,以数学原理作为实验原理,以实例分析、模仿仿真、归纳发现等作为主要的实验方法,以辅助学数学或做数学为实验目的,以口头或书面的实验报告为最终形式的思维实践活动。

4.数学实验教学

"数学实验教学"就是不直接把现成的结论教给学生,而是根据数学思想的发展,创造问题情景,让学生通过自己动手操作进行探究、发现、思考、分析、归纳等思维活动,最后获得概念、理解或解决问题的一种教学过程。

5.基于手持技术的高中数学实验教学模式

"基于手持技术的高中数学实验教学模式"是指以图形计算器为实验手段开展数学实验教学的基本教学活动结构框架和活动程序。

6.基于手持技术的高中数学实验教学样式

"教学样式"是在一定的教学理论的指导下,根据一定的教学目标所设计的教学过程结构及其教学策略体系,包括教学过程中诸要素的组合方式、教学程序及其相应的策略。它是教师在实施教学模式的基础上,思考教学预设与课堂生成的一种方法和工具。[①]"基于手持技术的高中数学实验教学样式"是指以图形计算器为实验手段,在一定的教学理论指导下,根据一定的教学目标所设计的数学实验教学的过程结构及其教学策略体系。

(二)主要特征

1.以问题为载体

数学实验的开展一般都是从问题开始,在学生知识生长点上提出的恰当问题能够激发学生的学习兴趣,激起学生的学习动机,从而使学生积极投入到数学实验探究活动中去。在实践中,我们所提出的问题都是基于教材、基于学生的知识基础和能力基础以及他们使用图形计算器的技

[①] 天津市中小学教育教学研究室:《高中数学教学样式》,天津教育出版社,2010年,第10页。

术操作水平基础。

2.以学生为主体

在数学实验课中可以体现学生的主体地位,发挥教师的主导作用。从问题的提出到利用图形计算器进行具体操作,以及根据操作的结果由学生个体进行的合情推理和同伴间的互助交流、思维碰撞,各个环节学生都是以研究者的身份直接参与到知识获得和问题解决的过程中,充分发挥了学生的主观能动性。这样的过程不仅能够促进学生思维能力的发展,培养学生创造性地分析问题、解决问题的能力,也有助于他们勤于探索、善于合作等个性品质的培养。

3.以技术为手段

随着信息技术的不断发展,有很多种数学软硬件都可以用来开展数学实验教学,如软件中享有盛誉的几何画板、Z+Z超级画板、Mathematica、Maple 等,硬件可以借助计算器、Ipad 等,我们重点研究的是基于手持技术的数学实验,所以图形计算器是我们开展数学实验教学的主要工具和手段。

4.以探究为重点

学生在数学实验教学中,不再是被动的回答教师的问题,不再是被动地接受教师传授的知识,而是在教师的指导下,利用手中的图形计算器,在已有的知识和经验的基础上,积极探求实验的方法和策略。在实验的过程中,借助数和形,从实验现象中归纳总结、发现规律、探究实验的结论,并用严谨的逻辑推理的形式去证明实验的结论,整个实验过程带有非常鲜明的探究性。

(三)理论基础

1.建构主义理论

建构主义认为:"人的认识不是对客观现实的被动反映,而是主体以已知经验为依托所进行的主动建构的过程。学生是学习活动的认知主体,是建构活动的行为主体。学生作为主体的作用体现在认知活动中的参与功能,没有主动参与的任何传授是毫无意义的。"因此学生要成为意义的主动建构者,教师要在学习过程中充分发挥学生的主动性,体现学生的创新精神,让学生有多种机会在不同的情境下去应用他们所学的知识。

基于手持技术的数学实验教学正是遵循建构主义的观点设计实验,开展教学。首先,通过让学生亲自操作实验,使学习者主动建构对信息的理解,在具体的情境中形成具体经验背景能强化学生对知识的理解和掌握,充分发挥学生的主观能动性。数学实验教学重视学习的过程,从问题开始引起学生的思考,在学习中实践、探索,基本上是自上而下的教学方式。这样的教学会使学生自然而然的联系自己已有的知识结构,激发学生的探究欲望,主动用以往的知识结构去发现新问题并试图去解决它。其次,建构主义理论认为学习是一种社会活动,学生之间的对话、交流、互动等是完整的学习体系的一个有机部分,合作学习是建构主义提倡的学习方式。数学实验教学中的合作学习,有利于学生之间、师生之间的互动,在相互交流中将知识内化并建构起相应的知识体系。

2. 体验学习理论

著名的合作学习理论家 D. 约翰逊和 R. 约翰逊这样描述体验学习,体验学习基于三个假设:当你亲身参与到学习中时,学习效果最好;你需要自己发现知识,这些知识对你才有意义,才能改进你的行为;能自主的设置自己的目标,并在既定的范围内积极地去实现这些目标,才最投入。

基于手持技术的数学实验教学的开展需要学生的合作学习,在实践中体验数学原理发现的过程或将数学知识应用于实践,体验学习是数学实验开展的重要教学目的之一。学生人手一台图形计算器,且图形计算器具有多种丰富的功能,因此能很好地调动学生的学习积极性,数学实验的开展使学生通过体验来检验或探索数学知识,实验的过程给学生的体会是重点,在实验中找到成功的喜悦,通过实验懂得科学实验的基本步骤,实验后的反思能培养学生的思维能力,从而能够提出自己的猜想,再进行下一步新的实验是数学实验教学的最高目标。

3.主动学习原则

美国著名数学教育家 G.波利亚明确指出:"学习任何东西,最好的途径是自己去发现",为了有效地学习,学生应当在教师所创设的问题情境下尽量多地自己去发现学习的知识、方法及学科思想等具体内容。

数学实验是新课程改革的一大亮点,数学学习不应是僵化的,学生的学习应该是主动和有效的。数学实验利用了学生对数学问题或现实问题的好奇心去激发学习兴趣,在亲自操作后对问题的理解有了一定的基础,并且学习的主动性充分调动起来,再将其升华,提出"合情猜想",在不断的猜想中学习,这样的过程不仅体现了数学学习思维量大的特征,而且非常有利于学生思辨能力的培养。

四、基于手持技术的高中数学实验教学的具体操作

(一)基于手持技术的高中数学实验教学应遵循的原则

基于手持技术的高中数学实验教学在实施过程中应遵循:有利于激发学生学习的积极性和主动性、有利于学生认识数学本质、有利于丰富学生的数学活动经验、有利于提升学生的数学素养、有利于培养创新精神和实践能力的课改理念,具体操作时应遵循以下原则:

1.必要性

图形计算器应为数学的教与学服务。它的使用不是要替代传统的教学工作,而是要发挥其"便携性、交互性、动态性、网络化"的特点,做过去不能做或做得不太好的工作,以更好地组织和管理教学资源,构建交互

式、多样性的学习环境,更好地引导学生学习,加强数学的基本理解和直觉。所以在整合过程中我们要选好切入点,突出机器使用的必要性。

2. 平衡性

图形计算器的使用为学生随时随地地学更多更深的数学知识提供了可能,也为学生更好地理解和应用数学开拓了广阔空间。但它不能被用来代替基本的数学活动,如:熟练的基本运算、基本的代数变换、解方程、逻辑推理、数学证明等。因此,应当使图形计算器的应用与传统的纸笔运算、逻辑推理、列表作图等之间达到一种平衡。

3. 实践性

图形计算器为数学教学提供的学习环境,极大地拓展了师生的实践活动空间,它使学生通过丰富的活动而不仅仅是依赖语言来构建对知识的理解提供可能,从而产生更多的学习方式,加强、完善甚至改变了数学学习。它是一种产生数学问题、促进数学思考的"催化剂"。因此,在利用图形计算器开展数学实验教学的过程中,应当强调学生的实践活动,让他们在图形计算器的帮助下,通过自己的亲身实践去获得对数学知识的深刻理解、体验数学思想方法的真谛、领悟数学的本质,使"学习方式的变革"落在实处。

4. 实用性

图形计算器为教学提供了一种可直接操作的环境,在这种环境里,抽象的数学概念和关系是"可视的",并且可以被具体操作。但图形计算器的这种优势常常因为技术本身的原因,如不熟悉图形计算器的操作而得不到充分发挥。因此,利用图形计算器开展数学实验教学应当做到简单、方便、实用,在技术的设计、实现和操作上减少困难。在教学设计中,当学生在某个技术上遇到困难,教师应给出具体的操作步骤及相应的图形计算器上显示的画面,这些操作步骤有时要以 PPT 的方式呈现或者印刷出来发给学生,以扫除技术上的障碍,使学生把精力放在数学现象的观察、数学结论的发现上。

（二）基于手持技术的高中数学实验教学模式

课题组经过多次循环反复的教学设计案例研究以及课例研究,归纳总结出基于图形计算器的高中数学实验教学模式的一般操作流程:

此模式完整的流程适用于探究性数学实验,对于验证性实验和建模性实验,可按照其中的部分流程来进行操作。该模式的具体操作说明如下:

1.创设情境,提出问题

这一环节是数学实验的第一个环节,是实施其他环节的前提和条件。在此环节中,由教师直接给出需要进行数学实验的问题,或者由学生根据教师创设的问题情境研讨交流确定需要进行实验的课题,进而明确实验的目标。在教学实践中,我们进行数学实验的问题基本上是基于课题组经过反复研究梳理出来的高中数学教材中适合开展数学实验教学的80余个知识点。

这一环节主要是通过问题情境的创设,使学生原有的数学认知结构和要研究的问题之间发生认知冲突,从而使学生在心理上产生学习的需要,进而激发学生的学习兴趣以及探究和解决问题的强烈动机。创设在学生知识生长点上的问题情境、提出恰当的问题是这一环节的关键。教师提出的问题应清晰、准确,具有明确的指向性、可操作性和探索性,难度适中、简明扼要。

2.实验探究,尝试解决

这一环节是数学实验的核心环节。实验的形式根据需要可以是学生个体独立完成,也可以是 2~5 人小组合作完成。可以在普通的教室里只利用图形计算器来完成,也可以在数学实验室中借助图形计算器和计算机等多种工具来完成。

这一环节学生的探究过程包括:实验设计—实验操作—实验观察—探究规律。

(1)实验设计:根据学情,可以由教师直接提出针对要验证或探究的数学问题的实验设计方案,如提前设计好系列问题的学习任务单或者是实验报告单,也可以由学生根据实验的目的,结合已学的知识和自己的经验,在独立思考或小组讨论的基础上,提出自己分析问题和解决问题的设想,进而制定相应的实验方案。

(2)实验操作:学生根据实验方案选择图形计算器的功能模块,借助机器进行计算、画图、模拟等数学实验活动,尝试解决任务单或实验报告单中的问题,并在学习任务单或数学实验报告中填写通过实验得到的结果。

(3)实验观察:学生对得到的实验结果,包括数据、图形、程序的运算结果等,去进行观察、比较、分析。

(4)探究规律:学生根据得到的结果,利用图形计算器进行更多类似的具体问题的探究,通过观察、分析、类比等,从已解决的数学问题中尝试发现其中蕴含的数学规律。

这一环节的实验探究,建议先由学生独立完成,当遇到较大困难时再开展小组合作学习,进行交流研讨。具体操作中,要充分发挥学生的主体作用,学生要在教师的引导下从具体的数学事实出发,亲自动手利用图形计算器去计算、画图、编制程序、拟合模型,去尝试解决问题,亲身体验获得数学知识的过程。教师要不断巡视,帮助学生解决图形计算器操作上的技术问题以及在探究过程中遇到的障碍问题等,要遵循因材施教的原则,对学生做好个别指导。

3.归纳猜想,交流反馈

这一环节是数学实验的重要部分,是数学实验的关键阶段。学生根据前面实验的结果,从数和形两个维度进行分析,按照由特殊到一般、由具体到抽象的研究数学问题的一般方法,通过合情推理、直觉猜想等得到数学实验的一般性结论。

这一环节在具体操作中,探究性实验需要有大量具体丰富的例证,教师要为每个学生提供机会,让他们积极交流和展示自己的实验结果和猜想出的结论,通过提问、发言、质疑、解疑、释疑,以及总结、补充、完善等多种形式,培养学生用数学语言表达和交流的能力以及数学思维的条理性,同时也可以用小组竞争的形式,培训学生的团队合作意识。

4.理论证明,得出结论

这一环节是探究性实验中得出数学结论的不可或缺的程序。恩格斯说过:"单凭观察所得到的经验,是绝不能充分证明必然性的。"数学中的任何结论和猜想都必须经过严格的逻辑推理证明才能得到最终的结论、定理或公式,合情推理和逻辑推理的有机结合才能使要研究的数学问题得到完美的解决。

这一环节在具体操作中,规律、结论、定理等探究性实验要根据学生的知识储备情况,对学生知识和能力所及的问题,让学生进行理论证明,如果课上完成不了,可以课下进行。对于学生在现阶段能力还达不到的问题,由教师提供学习资料或者留下伏笔,让学生在后续的学习中去完成。对于非探究性实验,如验证性实验和建模性实验,这一环节可略去。

在实际操作中,"实验探究→归纳猜想→理论证明→得出结论"的过程不一定是一次性依次完成的,有时会出现反复循环的过程,若当猜想出的规律或结论被别人举出反例或者论证不成功时,就要进行再次的实验,修订实验的猜想,使猜想更合情化,然后再次进行证明,直至证明成功。实际上这一过程也是科学探究的规律,数学史上任何一个定理、公式和规律都是前人经过了若干次艰辛的探索才得到的,这样的过程也恰是培养学生认真执着、坚持不懈等品格的良好契机。

5. 方法总结,观点提炼

这一环节是对数学实验的反思和升华。教师引导学生梳理归纳探究的过程、思维的过程,总结研究数学问题的一般逻辑思维方法和数学思想方法。这一环节的主要目的是让学生不仅学会研究一个数学问题,更要学会研究一类数学问题,不仅要学会知识,更要学会获取知识的方法。

6. 迁移应用,拓展提升

这一环节是利用探究得出的概念、定义、定理、结论、规律等来分析和解决数学问题。通过这一环节,一方面进一步巩固和落实知识,另一方面使学生充分认识数学的应用价值。

教师要根据这一环节学生解决问题的情况来检测学生对知识的理解能力、迁移能力,检验实验目标的达成度,并根据学生反馈的情况反思实验教学的诸环节,进行恰当的修订以优化下一次的实验教学。

(三)基于手持技术的高中数学实验报告

课题组研制的实验报告包括:实验课题、实验背景、实验目标、实验工具、实验形式、实验准备、实验过程、实验结论、结论证明、方法总结、结论应用 11 个条目,具体每份实验报告则根据这些条目做了适当的调整。在实验报告中,我们采取了任务驱动的形式,通过问题串或任务串引导学生利用图形计算器开展数学实验探究活动,让学生经历知识产生和应用的全部过程。各个条目的具体编写要求如下:

1. 实验课题

按照课题组前期已经筛选出的可进行数学实验的教学内容拟定题

目,可以是教材内容中的节标题,也可以是根据实验内容自行拟定的实验课题。

2. 实验背景

阐述实验的性质、实验对应的教学内容等。

3. 实验目标

确定实验的三维目标,包括知识与技能、过程与方法、情感态度与价值观,但注意不要把三维目标割裂开,注意目标的主体是学生、目标的表述要明确。

4. 实验工具

以图形计算器为主,如果实验过程中辅助了其他的工具或数学软件,也可在此说明。

5. 实验形式

阐述此实验的组织形式,是学生独立实验还是小组合作探究。

6. 实验准备

包括技术准备和知识准备。技术准备主要指学生利用图形计算器开展本课题的数学实验所应具备的基本操作技能,写清要用到哪个模块的什么功能等;知识准备主要指开展数学实验前学生需掌握的一些数学知识和方法等。

7. 实验过程

根据实验的内容和实验的性质,逐一设计实验课题中的各个子问题,各子课题的实验采用任务驱动式,教师提出实验任务,由学生自己利用图形计算器进行探究、完成任务。实验任务在撰写的时候,以中等水平的学生为实验群体,教师提出的任务指向性要明确、针对性要强。验证性实验可以给出比较详细的操作步骤,必修 1 中的实验在技术上也可以给出一些提示。

8. 实验结论

此部分是由实验得到的猜想或结论,由学生课上书写。

9. 结论证明

此部分内容应包括已知、求证、证明。本项目可根据实验课题的内容自行选择,如果是验证性实验或者是不需要证明的实验结论,此项目可略。

10. 方法总结

在数学实验的过程中,往往包含了一定的数学思想和方法以及研究数学问题的逻辑思维方式,在此可让学生进行总结。

11. 结论应用

在探究或验证某一个结论以后,教师应精选一些问题供学生练习,这些问题应是探究或验证中所用到的思想和方法的迁移或应用,这样就能够使学生对结论的理解上升到一个新的高度。

此实验报告包括教师版和学生版,学生版在实验过程部分只列出需要探究的问题,教师版则有相应的解答过程,教师版提供给刚开始利用图形计算器开展数学实验教学的教师们参考。对于图形机技术比较熟练和开展数学实验经验比较丰富的教师,可以根据上述条目的情况自行确定适合自身教学特色和学情的实验课题,自主设计实验方案和实验报告。

(四)基于手持技术的高中数学实验教学案例分析

1. 在概念的形成过程中开展数学实验

按照高中新课改的理念,数学概念的教学应该从表面到本质,把握概念深层结构上的进步;从抽象到具体,对抽象的概念要形象描述,要用更多典型、精彩的例子解读概念;要从孤立到系统,对概念之间关系、联系有层次性、立体化的认识等。所以概念教学应强调过程性、形象性、联系性和思想性,要让学生自己经历知识产生的过程,观察、归纳、抽象、概括,逐步建构知识、培养能力、解读思想。图形计算器整合了代数运算、图像、图表等多种功能,能够为学生创造图文并茂、丰富多彩、人机交互、及时反馈的学习环境。利用图形计算器,学生可以通过亲自动手操作实验,感受概念的形成和发展,揭示数学概念和数学问题的本质,加深对概念和规律的理解和掌握。

案例 1:

函数奇偶性概念的教学①

函数奇偶性概念是高一学生学完函数概念后要研究的第二个重要的函数性质,教材编写者的意图是想让学生根据几个熟悉的具体函数,按照从特殊到一般的规律归纳总结出偶函数和奇函数的概念。但人教 A 版教材在研究偶函数和奇函数概念时,分别只给出了学生比较熟悉的两个具体函数,即 $y = x^2, y = |x|$ 和 $y = x, y = x^3$,这几个图像是学生在初中已经熟知的,也是课上只用纸笔就可以画出的,我们感觉只从两个具体函数就归纳给出偶函数和奇函数的概念是有所欠缺的,如果借助图形计算器,我们可以采取任务驱动的方式,设计出合理的实验问题,让学生利用机器画出更多的具体函数开展实验探究,从多个具体函数所具有的共性中去归纳总结得出概念。下面以课题组设计的实验为例进行说明。

实验一:做出图像,获得感性认识。

任务 1:利用图形计算器做出下列函数的图像。

$(1) f(x) = x^2$ $\qquad$ $(2) f(x) = |x|$ $\qquad$ $(3) f(x) = \dfrac{1}{x^2}$

$(4) f(x) = x^4 + 1$ $\qquad$ $(5) f(x) = \dfrac{5}{x^2 + 1}$ $\qquad$ $(6) f(x) = x^4 - 4x^2$

学生利用图形计算器的"图形函数"功能,可以分别绘制出每个函数

---

① 《高中新课程数学(新课标人教 A 版)必修一》,人民出版社,第 37 ~ 40 页。

的图像(图1-6)或者在同一坐标系中画出所有函数的图像(图7)。

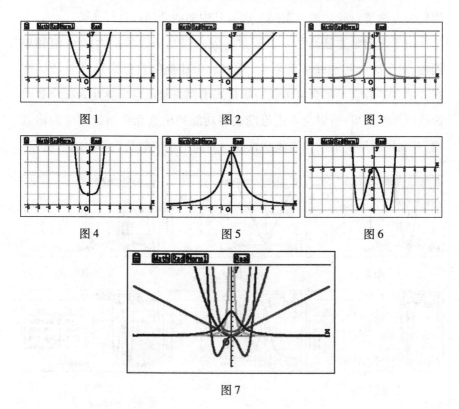

图1   图2   图3

图4   图5   图6

图7

任务2:观察这些函数图像有什么共同特征？结合初中学过的知识如何进行验证？

从图像上,学生可以非常直观地看出这组函数的图像均关于轴对称。回顾初中关于对称的已有知识,学生能够回答出要验证对称需将图像以轴为对称轴进行折叠,两边的图像重合即可。

前两个任务主要是让学生直观感知图形关于轴对称,并找出初中验证对称的方法,即折叠后重合,后面将要在此知识生长点上让学生探究高中阶段如何来说明图像关于轴对称。

实验二:数形结合,归纳数学概念。

任务1:认真观察图像,类比函数单调性的研究方法,你能设计一个用代数方法进行验证的方案吗? 选取其中的两个函数进行实验。

由于之前学生已经学习了函数的概念以及函数的最大(小)值和单调性,对于这个问题并不算陌生,所以放手让他们自己去设计验证的方案。绝大多数学生都会从函数的解析式出发去验证自变量互为相反数时函数值相等即可,所以会考虑借助表格功能列出这几个函数相应的函数值,并利用图形机的图像和表格在同一界面中呈现的功能画出以下图像:

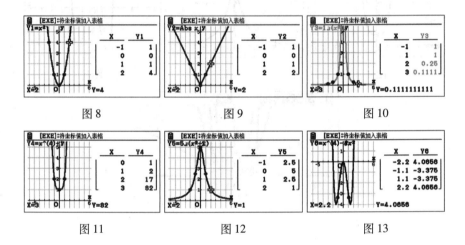

图8   图9   图10

图11   图12   图13

从上述图像中,学生可观察到:$f(-3)=f(3)$,$f(-2)=f(2)$,$f(-1)=f(1)$,$f(-2.2)=f(2.2)$,……当自变量互为相反数时,函数值相等。这一过程既从数的角度验证了实验一中的结论"图形关于轴对称",又进一步加深了学生对函数概念的理解。

任务2:做出下列函数的图像,观察它们还具有这样的特征吗? 说明理由。

$(1)f(x)=\dfrac{5}{x^2+1}$,$x\in[-1,1]$ $(2)f(x)=x^4-4x^2$,$x\in[-2.1,2]$,

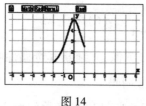

图 14　　　　　　　　　图 15

学生能够很快画出这两个函数图像,并发现两个函数的图像不关于轴对称,函数(1)在区间 [1,2] 上没有定义,函数(2)在区间 [2,2.1] 上没有定义,不是所有的自变量 x 都能找到其相反数,即并不是所有都满足当自变量互为相反数时函数值相等。

这一任务的设置目的是从定义域的角度为后续学生总结偶函数的定义做好铺垫。

任务 3:若图像关于轴对称的函数称为偶函数,你能用数学符号语言描述偶函数吗?

根据前面的实验,学生从表格中容易发现当函数自变量的取值互为相反数时函数值相同,通过改变自变量的取值范围可发现这一数量特征对于定义域中的任意值都成立,由此可归纳得出 $f(x)=f(-x)$。此时教师可指出我们可以把符合这种特征的函数称为偶函数,进而在教师的引导下学生可尝试给出偶函数的定义,并通过学生和教师之间的交流互动完善定义。

在完成偶函数概念的探究后,教师给出下述问题,让学生类比偶函数的研究方法自己归纳奇函数的定义。

实验三:自主探究,培养自学能力。

任务 1:利用图形计算器做出下列函数的图像,类比偶函数定义的探究过程,你能归纳出奇函数的定义吗?

$(1)f(x)=x$　　　　$(2)f(x)=x^3$　　　　$(3)f(x)=x+\dfrac{1}{x}$

$(4) f(x) = x^3 + 3$ $\qquad (5) f(x) = \dfrac{5x}{x^2 + 1}$ $\qquad (6) f(x) = x^3 - x$

任务2：你能自己构造几个函数做出图像，并判断其奇偶性吗？如果没有图形计算器，你能用数学方法进行证明吗？

学生能够类比研究偶函数的方法很快归纳出奇函数的概念，并利用图形机可以迅速做出函数图像的优势，自己设置函数并判断其奇偶性，进而归纳总结出判断函数奇偶性的方法。

在整个探究活动结束后，教师和学生共同归纳总结该实验的结论以及其中蕴含的研究数学问题的逻辑思维方法和数学思想方法，并将相应的结论和方法填写在数学实验报告上，之后通过系列练习进一步巩固概念、加深理解。（练习略）

在上述概念的形成过程中，学生通过观察和分析大量具体的函数，从数和形两个方面逐渐归纳、总结得出偶函数和奇函数的概念，并通过更丰富的例子进一步加深对概念的理解。这一过程既建构了知识、渗透了数形结合的数学思想，同时又培养了学生的抽象概括能力以及利用类比来研究数学问题的逻辑思维方式。利用图形计算器，课上可以做出大量的具体的函数图像，对整个知识形成的过程展示会很充分，学生对于偶函数和奇函数概念的理解就可以达到一定的深度。

这样的实验教学体现了鲜明的过程性，教师在数学教学过程中通过创设一定的问题情境，引导学生经历数学知识形成、发展和应用的过程。为此，教师应把数学概念的建立过程、数学定义、公式、法则的归纳过程、数学命题的发现过程、解证数学例题的思路和分析过程等充分"暴露"给学生，以避免教学中过于注重结果的倾向。只有这样才能真正使学生从"被动地接受"转向"主动地建构"，特别是对概念、定理的教学。在传统教学中囿于技术手段，教师往往不能很好地展现概念、定理的形成过程，而把教学的重心放在了概念、定理的应用上，虽然学生通过学习能解决一些问题,但对知识的认识往往不够深入。利用图形计算器,我们可以充分展示知识形成的整个过程,使数学概念、定理的教学更具体、形象、生动,有利于培养学生的抽象概括能力,加深学生对数学本质的理解和掌握。

2. 在性质的探究中进行数学实验

案例2:

抽象函数性质的探究

抽象函数的性质是高中数学教学的一个难点,学生在研究这些问题时,如果只运用纸笔进行运算和画图往往会感到无从下手,借助图形计算器,教师可以引导学生开展实验探究,使对函数性质特别是抽象函数性质的研究更具体、形象而又富有趣味。下面以天津市耀华中学王洪亮老师所上的研究课《抽象函数的性质》的片段为例来进行说明。

问题1:函数 $y=f(x-a)$ 的图像与函数 $y=f(a-x)$ 的图像有怎样的关系?

此问题是在学生学会已有知识的基础上由教师提出的,课上采取了小组合作学习的方式,4 人一组,教师没有给出具体的函数,而是引导学生按照研究函数性质的一般方法,即由特殊到一般、由具体到抽象的思路进行研究。学生自己选用熟悉的一次函数、二次函数或指数函数、对数函数、幂函数来进行实验探究。

如:学生选择 $f(x)=2^x$ 或 $f(x)=\lg x, a=2$,利用图形计算器的"图形函数"功能可绘制 $y=2^{x-2}$ 和 $y=2^{2-x}$ 的图像(图 16)或 $y=\lg(x-2)$ 和 $y=\lg(2-x)$ 的图像(图 17),观察得到这两组函数的图像都关于直线对称。通过对图像上纵坐标相同的点的分析,可从数的角度对猜想进行进一步确认(图 18、图 19)。

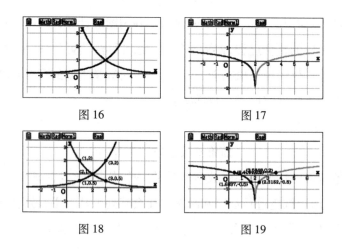

图 16   图 17

图 18   图 19

在教学过程中,每个学生选取的函数各有不同,但得到的结论都是相同的,教师让各组同学充分展示他们的研究成果,通过大量的对不同的具体函数的研究得到的结论,大家共同归纳得出此问题的猜想,即函数 $y = f(x-a)$ 的图像和函数 $y = f(a-x)$ 的图像关于直线 $x = a$ 对称。本问题解决之后,教师对问题稍作修改,追问学生。

问题2:函数与图像又有怎样的关系呢?

利用同样的研究方法,在原有探究的基础上,学生利用图形计算器先绘制若干具体的函数的图像,然后再归纳大量具体函数所共有的性质,在此基础上进一步猜想 $f(a+x)$ 与 $f(b-x)$ $(a,b \in \mathbb{R})$ 的图像关于直线 $x = \dfrac{b-1}{2}$ 对称。

至此,学生利用图形计算器通过合作探究完成了对这两个问题结论的一个合情推理。在此基础上,教师进一步提出问题。

问题3:怎样证明你的猜想呢?

通过思路分析,教师与学生一起板书完成相应的证明。(证明过程略)

此案例中,在教师的问题引领下,利用图形计算器,学生通过"实验、观察、归纳、论证"将抽象的问题具体化、形象化,按照"从特殊到一般、从猜想到证明"的过程将直观感知和逻辑推理相结合,探究得出了抽象函数的性质。学生的探究过程具体、清晰,数学思维的目的性和思考的程序性大大增强,这种学习过程不但可以提高学生的直觉思维和理性思维能力,而且让学生在获取知识的同时也学到了获取知识的思维途径和方法。类似的,在探究函数的单调性、最值、指数函数、对数函数、幂函数、三角函数、$y = x + \dfrac{1}{x}$ 等性质时,使用图形计算器都可以从数和形两个角度帮助学生建构知识、加深理解。

3. 在数学建模中开展数学实验

《普通高中数学课程标准》提出:"高中数学课程应提供基本内容的实际背景,反映数学的应用价值,开展数学建模的学习活动,设立体现数学某些重要应用的专题课程。高中数学课程应力求使学生体验数学在解决实际问题中的作用、数学与日常生活及其他学科的联系,促进学生逐步形成和发展数学应用意识,提高实践能力。"因此在教学中,我们应力求让学生完整地经历数学建模的过程,使学生体验数学在解决实际问题中的作用、数学与日常生活及其他学科的联系,促进学生逐步形成和发展数学应用意识,提高实践能力。

函数模型的建立一般应按照下面的过程来进行:

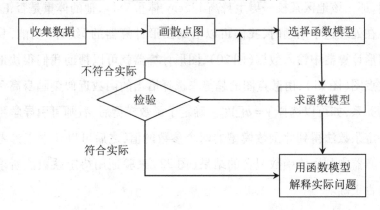

在实际教学中,用纸笔画散点图要花费很多时间,而且模型的选择限于条件也比较单一,所以大部分教师在课上都是直接给出了函数模型,学生很难体会函数建模的完整过程。教师如此做的主要原因在于缺乏恰当的工具,有了图形计算器,我们可以利用其"统计"功能轻松地实现对数据的分析、处理、快速拟合、绘制图形和问题解决等,可以让学生有更多的时间进行深层次的思考。

案例3:

人教 A 版高中数学教材"函数模型及其应用"例6

某地区不同身高的未成年男性的体重平均值如下表:

身高/cm	60	70	80	90	100	110	120	130	140	150	160	170
体重/kg	6.13	7.90	9.99	12.15	15.02	17.50	20.92	26.86	31.11	38.85	47.25	55.05

(1)根据表中给出的数据,能否建立恰当的函数模型,使它能比较近似地反映这个地区未成年男性体重 $y$kg 与身高 $x$cm 的关系? 试写出这个函数模型的解析式。

(2)若体重超过相同身高男性平均值的1.2倍为偏胖,低于0.8倍为偏瘦,那么该地区某校一男生身高175cm、体重78kg,他的体重是否正常?

在处理这个问题时,我们可以借助图形计算器的"统计"功能,只要在图形计算器中输入数据(图20),图形计算器就可以帮助我们很快地画出散点图(图21),由散点图的趋势来选择恰当的函数近似刻画身高和体重的关系,如可以选择 $y = a \square b^x$。确定了函数模型后,教师可引导学生利用待定系数法得到此函数模型的两个参数的值,之后可以让学生参考图形计算器中利用该函数拟合的结果(图22)来验证用待定系数法所求的值是否正确。

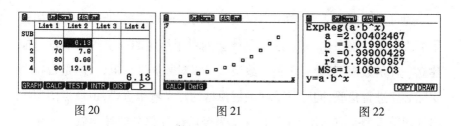

图 20   图 21   图 22

到此为止,学生借助图形计算器,通过"整理数据→画散点图→观察图像→选择模型→求解模型→验证模型→得出模型"这样的程序,比较完整地经历了建模的过程,较好地解决了该问题的第(1)问。在此基础上,借助图形计算器我们还可以通过下列问题引导学生展开更加深入的探究。

问题1:还可以用其他函数来进行拟合吗?

问题2:怎么判断哪个函数的拟合效果更好呢?

问题3:得到的函数模型都符合实际问题吗?

学生利用图形计算器能很快得到二次、三次、四次等多项式函数的解析式(图23、图24、图25),但不知道如何判断它们拟合的效果,此时教师可以适当进行知识的拓展,指出由统计学的知识 r^2 的值越接近1拟合效果越好。学生通过比较会发现四次函数 r^2 的值最接近1,那么四次函数是刻画身高和体重关系最好的函数吗? 它符合实际问题吗? 对这个问题学生会比较困惑,教师此时可以引导学生利用图形计算器画出相应的二次、三次和四次函数定义域在 R 上的图像(图26、图27、图28),让学生们进一步观察。通过观察学生会发现由散点图得到的这些拟合函数有些只适用于题目给出的这些数据,超出所给的数据范围函数的图像就不符合实际问题了,如四次函数。而在身高可能的取值范围内,如(0,300)(单位 cm)我们所选择的指数函数还是比较符合实际的,因此用指数函数去刻画身高和体重是比较好的选择。利用指数函数的关系式,输入自变量(身高)的值175,能够很容易判断问题(2)中的男生体型偏胖。

通过这些探究活动,学生不仅亲身经历了函数建模的全部过程,培养了解决问题的程序化思想,还深刻体会到对于给定的一组数据不是只能建立一种函数模型,会有多种函数模型可以对数据进行拟合,但是否符合实际必须进行检验,同时感受到函数模型的定义域很重要,由散点图拟合出的函数模型是有适用范围的,这又为今后统计部分的教学做了初步的铺垫。

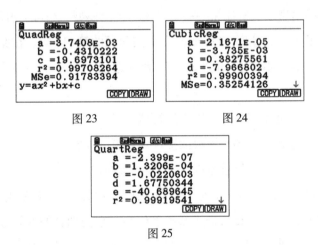

图 23　　　　　　　　图 24

图 25

通过这个教学案例我们可以看到,利用图形计算器的统计分析功能,我们可以使函数建模的教学环节更完整,函数建模的过程更具有实践性,图形计算器让学生从复杂的数据处理和费力耗时的纸笔画图中解放出来,避免做那些烦琐、枯燥和重复性的工作。更为重要的是,它能使学生以更多的精力去从事更有价值的"观察、探究、实验、猜想、问题解决"等探索活动。这既可以使许多在传统条件下令人束手无策的问题得以解决,又有利于学生深入理解数学、提高应用意识。

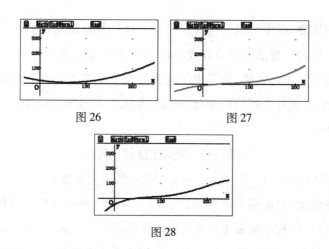

图26　　　　　　　　图27

图28

此外,在一些图形计算器的"教学探索"模块内置了许多现实生活中的图片,学生可以利用图形计算器的拟合功能得出许多自然生活中的数学模型(图29、图30),从中感受技术的精彩魅力、感受数学来源于生活又应用于生活。

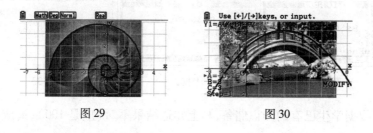

图29　　　　　　　　图30

4. 在程序验证中开展数学实验

"算法"是《普通高中数学课程标准》中新增加的内容,算法部分的重点内容在程序框图,学生根据程序框图编写算法程序。学生程序编写的是否正确,需要实践操作才能得以检验,高中数学课程标准中明确提出此部分的教学应尽可能地让学生上机验证程序。但每节算法课都在机房上不太现实,借助图形计算器,利用其程序设计的强大功能可以让学生随时随地地通过"模仿、操作、探索"动手实践,算法设计的整个过程就可以得到完整的体现,学生可以及时看到自己设计的算法的可行性、有效性,帮助学生反思自己想法的不合理成分,这不但可以很好地激发学生的兴趣,而且还能提高学习效果,使学生体会到算法的基本思想及算法的重要性和有效性,发展有条理的思考与表达的能力,提高逻辑思维能力。

案例4:

《循环语句的应用》教学片段

问题1:求 $S = 1 + 2 + 3 + \cdots + n \leq 5050$ 的最大整数 n。

师生活动:教师引导学生对照 $s = 1 + 2 + 3 + \cdots\cdots + 99 + 100$ 的程序框图,自己探究程序框图中循环控制条件和输出语句该如何改变,翻译成语句,通过图形机运行程序检查自己的想法是否正确,把自己的想法与同组同学交流,互相修改补充,完成程序的调试。

学生在根据程序框图编写程序时会出现以下错误:输出是 I,运行结果为102(图31—33)。

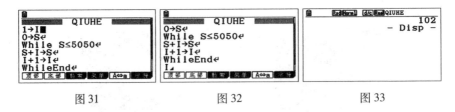

图31　　　　　　图32　　　　　　图33

根据学生已有的知识储备,马上知道结果不对(应是100),造成结果出错的原因肯定在于编程有问题,从而反思自己程序框图的编写过程,分析发生错误的原因。经过试验、探究,学生会发现当输出是 $I - 2$ 时,运行结果是正确的(图34—36)。

图34　　　　　　图35　　　　　　图36

教师此时引导学生还原思考的过程,帮助学生分析错误,引导学生纠错,教师利用下面的表格边分析边讲解。

$S = s + i$	1	1 + 2	1 + 2 + 3	1 + 2 + 3 + 4	15	...	4950	5050	5151
$I = i + 1$	2	3	4	5	6	...	100	101	102

当和 $s \leq 10$,程序运行到 $s = 15$、$i = 6$ 才终止,而满足题意的 $i = 4$,输出是 6,多了 2,发现此规律就不难理解输出为何是 $I - 2$ 而不是 I。

问题 2:若循环条件是 $s < 5050$,输出是多少?

问题 3:若循环条件是 $s < 5050$,输出是 I,如何修改初始值和循环体?如何调整能使输出的 I 值减少?

学生同小组互相研究、讨论、补充,在不断的修改调试中合作完成循环语句中循环条件的修改及输出语句的修改(图 37—42)。

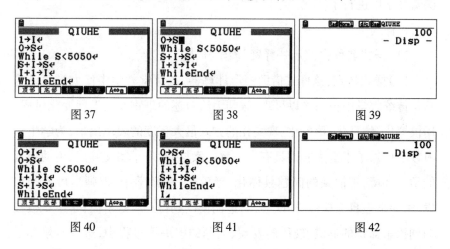

图 37　　　　　　　图 38　　　　　　　图 39

图 40　　　　　　　图 41　　　　　　　图 42

此案例中问题 1 和 2 让学生体会循环语句中的循环条件可以由不同变量来控制,根据需要改变控制量,合理设置循环条件,体会控制条件对程序的影响;问题 3 帮助学生理解初始值和循环体对程序输出结果的影响,改变循环体的语句顺序对程序的结果产生改变,让学生理解一个问题对应着不同的算法,体会算法的多样性。此部分教学充分发挥了图形机可以输入程序并及时运行,从而检验算法正确与否的作用,让学生通过图形计算器发现思维中的错误,引发思考,达到找错、析错、纠错的目的,这也是处理程序问题的一般方法。在算法教学中,凡是涉及程序编写的内容都可以借助图形计算器来进行检验。

(五)基于手持技术的高中数学实验教学样式

在上述实验教学模式的基础上,课题组的老师又根据自己的教学风格归纳总结了若干数学实验的教学样式。教学样式相对于教学模式更加具体化,更加具有实践性、操作性、研究性和发展性,它能够为老师们提供更具体细致的课堂教学操作流程。结合图形计算器本身的特点和优势,我们创建了下述几种基于图形计算器的高中数学实验教学样式并将之在课堂教学中进行了实践与推广。

1. 样式1

(1)样式名称:"演示—释疑"教学样式。

(2)样式特点:该样式借助图形计算器,在课堂教学中使大量信息尤其是传统教学中板书难以呈现、教师无法口述的事物及其发展变化过程,用模拟化、仿真化、形象化、现实化的方式最大程度的表现出来,为学生学习数学提供了丰富多彩的具有真实感的素材,营造了图文并茂、生动逼真的学习环境,把抽象的问题具体化、形象化;在教学中,教师尽可能的启发、引导学生自主探究、踊跃尝试,进而使问题得到有效解决;学生积极参与到探索知识的形成、规律的发现、问题的解决等过程中,进一步培养了学生"观察、分析、抽象、概括"的逻辑思维能力,运用数形结合思想解决实际问题的能力和在实践中勇于创新的能力。

(3)操作过程:

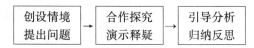

创设情境 提出问题 → 合作探究 演示释疑 → 引导分析 归纳反思

（4）教学样例：归纳指数函数图像的教学（天津市第五十一中学 王凯歌）（略）

2. 样式2

（1）样式名称："猜想—验证"教学样式。

（2）样式特点：利用图形计算器等多媒体技术的优势，创设一些对学生来说是现实的，同时又与所教的数学知识相关的事实性、意境性、示范性、原理性和探究性的情境，让学生形成数学的直观感知、提出一些猜想，然后再充分发挥学生的主体作用，自主探究、在图形计算器等信息技术手段的帮助下进行实际操作验证，最后回归到思辨论证，实现教学目的。

（3）操作过程：

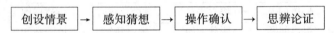

（4）教学样例：正弦曲线的轴对称性（天津经济技术开发区国际学校 陈刚）（略）

3. 样式3

（1）样式名称："实验—探究"教学样式。

（2）样式特点：确定研究主题，在教学中创设一种类似于学术（或科学）研究的情境，通过学生自主、独立地发现问题，在实验、操作、搜集与处理信息、表达与交流等探索活动中使学生获得知识、技能、情感、态度的发展。经历探究过程以获得理智和情感体验，建构知识以掌握解决问题的方法是"实验—探究"教学样式的内涵。

（3）操作过程：

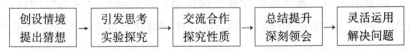

（4）教学样例：算法语句（天津市第五中学 宗琦）（略）

4.样式4

(1)样式名称:"问题—探究"教学样式。

(2)样式特点:该样式是在图形计算器与数学教学内容整合的前提下,教师提出教学内容即"问题",由学生通过图形计算器等信息技术手段探究问题、学习新知的过程。利用图形计算器可以形象地展现数学概念、性质的生成过程,为学生提供了自主学习的平台,这既增强了学生的学习兴趣与探究能力,又加深了对数学知识的理解。以"问题"为中心,以"探究"为方法,将教师、学生、手持技术有机地结合起来形成三维教学过程是该样式的突出特征。

(3)操作过程:

情境创设 提出问题 → 探究指导 明确方向 → 自主探究 学习新知 → 交流反馈 收获新知

(4)教学样例:指数函数图像及其性质(天津市杨柳青第一中学 高俊欣)(略)

这些教学样式已被编入天津市普通高中新课程实验成果集萃《高中数学教学样式》一书。

五、基于手持技术的高中数学实验教学研究成果

(一)教师方面

1.培训教程为一线师生提供了学习的便利

课题组编写的系列图形计算器操作培训教程以及录制的培训光盘,在课题研究过程中已为课题组的教师和课题基地校的学生们提供了很大的便利,能够使教师和学生快速掌握图形计算器的操作方法,后续还会为更多应用图形计算器的师生提供学习的便利。

2.整合原则对实验教学提出了注意的事项

在课题研究中,我们提出的基于图形计算器开展数学实验教学的原则为今后一线教师开展基于图形计算器的课堂教学研究提出了要求,也为评价基于图形计算器的课堂教学提供了参考,有较强的实践指导作用。

3.教学课例为教学实践提供了范例和借鉴

在课题研究中,课题组基于构建的高中数学实验教学模式和样式进行了大量的课例研究,其中市级以上研讨课20余节、全国展示课5节,有2节课分别在第五和第七届全国高中青年教师优秀课评选中获得全国一等奖、另有1节获二等奖、4节获三等奖,1节课获得"教育部德育精品课评选"全国二等奖。王洪亮和陈刚老师的两节课及相应的教学设计、说课和笔者对课例的点评等被收录在天津市"基础教育教师培训课程资源建设项目"《高中数学优秀课例展示与点评》中,作为天津师大继续教育网络课程提供给广大的一线教师学习。傅剑和张广民老师的两节课还被教育部课程教材研究所遴选为"全国信息技术与学科教学整合高中数学精品课",录制了课例,并由笔者和中国教育学会中学数学教学专业委员会副理事长章建跃博士合作录制了点评光盘,将在全国范围内推广。上述这些课例都经过课题组老师们的反复研磨,体现了课题组的研究成果,尽管不是尽善尽美,但都是比较不错的研究课。这些课例及相配套的教学设计、课例点评等,对今后学校开展基于图形计算器的数学实验教学研究,以至基于几何画板、Ipad等其他软硬件手段开展数学实验教学等都提供了很好的研究范例,可供大家观摩学习、参考借鉴。

此外,课题组从老师们撰写的80余篇教学设计中遴选了近40篇曾获全国一、二等奖的设计结集成册,并将陆续上传到天津市基础教育网络教研平台的教学资源库中。这些教学设计供老师们学习研讨,会让更多的老师认识图形计算器、了解图形计算器,也为今后老师们开展基于图形计算器的高中数学实验教学研究提供了非常好的参考和借鉴。

4. 模式、样式为优化课堂提供了参考和帮助

研究过程中,我们建构的基于图形计算器的数学实验教学模式以及教学样式已为广大一线教师提供了很好的参考和借鉴。为大家利用图形计算器优化课堂教学过程、提高课堂教学效率提供了很大的帮助,在今后的研究中,将会有更多的老师利用这些样式或模式实现减负增效。此外,我们编写的《高中数学实验手册》(教师版和学生版)已在教育部"普通高中现代文理教育实验项目"的各实验校和中国数学会"图形计算器与高中数学教学整合的研究"项目各兄弟省市的课题研究人员中被广泛应用。正式出版后,将会有更多的学校使用,也会带动全国范围内更多的学校开展基于图形计算器的高中数学实验研究。

5. 研究经验为其他省市提供了借鉴与启示

由于天津课题组在近几年的研究中取得了不少研究成果和经验,作为课题组负责人,笔者多次受邀到兄弟省市,如:北京、大连、武汉、哈尔滨等介绍利用图形计算器开展数学实验教学的情况,并在中国教育学会中学数学教学专业委员会的第三次全国会议上做了大会主题发言,介绍课题组的研究经验。天津市实验中学、南开中学、南大附中、开发区国际学校、五十一中等多位课题组的老师也在全国会议的分会场上进行了发言,介绍天津课题组的研究成果以及经验。此外笔者还有幸参加了在马来西亚举办的第十七届亚洲数学技术年会,并代表中数会在 workshop 论坛中进行了专题发言。

(二)学生方面

1. 提高了学习兴趣,促进了数学理解

通过基于图形计算器的高中数学实验教学的研究,学生不仅在成绩上有了一定程度的提高,而且他们的探究意识也得到了很大的提高。课题组成员在学生中所做的调查问卷表明:基于图形计算器的高中数学实

验教学模式对提高学生的学习兴趣、促进学生的数学理解、提高学生的非逻辑思维能力以及促进学生自主学习方面都取得了令人满意的成绩。以学生学习《含参数的二次函数》一课为例,在这节课后,天津市实验中学的傅剑老师对学生的创新能力分析进行了数据统计:

表 2　学生创新能力分析表

发现结论个数	1	2	3	4	5
实验班:人数	50	50	42	31	15
实验班:比例	100%	100%	84%	62%	30%
非实验班:人数	50	45	18	8	3
非实验班:比例	100%	90%	36%	16%	6%

从表 2 中的数据可以看出:实验班学生利用图形计算器能够探究出更多的结论,他们对图形的观察理解要高于非实验班的学生。

2. 培养了探究能力,体验了数学应用

在教师的指导下,实验校的学生积极参加中数会每年组织的"卡西欧杯高中数学图形计算器应用能力测试"活动。自 2011 年以来,在闭卷测试中,天津市学生共获得一等奖 52 名、二等奖 112 名、三等奖 156 名;在自选命题论文评选中,天津市学生共获得一等奖 8 篇、二等奖 25 篇、三等奖 40 篇。在全国各地的参赛学生中,无论是闭卷测试成绩还是小论文获奖人数,天津市学生都名列前茅。

学生在小论文的撰写过程中,不仅研究数学问题,更借助图形计算器研究了许多生活、体育和科技中的问题,如天津外国语大学附属外国语学校雷致丰同学的《图形计算器与数形结合思想》、南大附中李昕鹏与范宇同学的《用图形计算器的递归模块模拟一个追击问题》、开发区国际学校唐舸争与李依扬同学的《探究使用图形计算器模拟天宫和神九对接》、耀华中学韩佳奇同学的《利用图形计算器感受奥运精神》、南开中学宋欣源同学的《运用卡西欧计算器的功能诠释对十字路口红绿灯时长分配的研究》等论文。从这些学生的论文来看,基于图形计算器的数学实验不仅调动了他们学习的积极性和探究的欲望,也使他们提高了探究的能力,体会了数学思想的重要性,更培养了他们的创新精神、实践能力,以及利用数学知识解决实际问题的能力,同时也培养了他们坚持不懈地探索和孜孜不倦地追求精神,正如一位学生在他的论文中所述"Challenge(挑战)+ Adventure(冒险)+ Struggle(拼搏)+ Interest(兴趣)+ Originality(创意)= 数学实验"。

(三)社会影响

1. 测试活动的影响越来越大

目前,卡西欧杯全国高中数学图形计算器应用能力测试活动已由最初的1个城市2所学校30名学生参赛,发展到25个城市60余所学校近2000名学生参赛。测试活动规模在逐渐扩大,影响力也在逐渐提升。2012年和2013年由天津课题组老师命制的测试活动闭卷部分的试题分别被刊登在《中国数学教育》2012年第9期和2013年第9期。此项活动为公益性活动,通过此项活动激发了学生利用图形计算器开展数学学习的积极性、主动性及利用图形计算器研究生产、生活和科技中的数学问题的热情,对培养学生的探究精神和实践能力产生了非常好的积极影响。另外,因为图形计算器在国外许多大学应用很普遍,据部分出国的学生反馈的信息,他们在高中阶段接触的图形计算器为他们在国外大学的学习奠定了非常好的基础。

2. 实验学校的数量越来越多

通过本课题的研究,一方面促进了一线教师对图形计算器的认识,另一方面也促进了教育行政部门和学校领导对图形计算器以及高中数学实验研究的认识。目前在课题活动的带动下,南大附中、南开中学、第二南开中学、汇文中学等都已建立了数学实验室,实验中学也正在筹建中。此外,天津经济技术开发区国际学校、天津外国语大学附属外国语学校、复兴中学、耀华中学、实验中学、大港一中、天津五十五中等学校都为学生配备了图形计算器,天津三中、天津十四中、天津五中等学校都为教师配备了图形计算器。开展数学实验教学的实验校已由最初的一两所扩大到20余所,还有一些区县教育装备部门正在计划为学校配备图形计算器以及建立数学实验室,相信随着课题的深入研究,图形计算器会进入更多的学校,会有更多的教师和学生利用图形计算器开展数学实验研究。

六、基于手持技术的高中数学实验教学的反思与启示

(一)反思

1. 着手进行课题实证研究

虽然从目前的课题实践来看,基于图形计算器的高中数学实验教学提高了学生们的学习兴趣,转变了教师教和学生学的方式,但图形计算器在高中数学教学中究竟对学生的哪些思维和能力有帮助,还需要我们开展更加细致的实证研究,拟在今后的研究中设计调查问卷或考查试卷,并根据收集的数据分析图形计算器对学生思维和能力的影响。

2. 交流推广课题已有成果

基于图形计算器的数学实验教学目前对于大部分高中教师来说还是比较陌生,在后续的研究工作中,我们应继续广搭平台,对已经总结的基于图形计算器的教学模式与样式、教学实施策略、实验报告等进行较大范围的交流推广,进一步提升教师的教学水平,提高课堂的教学效率,增强学生的探究能力。此外,课题前期研究中一些常规的活动将继续保持与扩大,如课例研究、全国高中数学图形计算操作技能测试活动等。

（二）启示

通过几年来的实践研究和在实践中对课题研究的反思，我们得到如下的结论与启示：

1. 高中数学课堂教学中开展数学实验教学符合新课程理念

现代教育观认为，教学的目的不仅是要让学生掌握知识、了解世界，更重要的是让学生学会分析问题、解决问题。建构主义教学强调要努力创造一个适宜的学习环境，使学生能够积极主动地构建他们自己的知识。手持技术为数学教学提供了一个很好的学习环境，极大拓展了师生的实践活动空间，使学生有机会在一种真实的、体现数学发明与证明过程的环境中接受挑战性的学习任务，进行实验、探究和发现。因此，为了使学生得到更好的发展，就应把计算机、计算器等现代信息技术与数学软件、其他学科内容整合在一起，让学生在教师的指导下运用现代信息技术，相对独立地进行再发现和再创造，加深对所学知识点的理解。

2. 基于图形计算器的高中数学实验教学需要恰时恰点

虽然图形计算器是一种有价值的学习工具，但我们不能用图形计算器代替所有的数学教学和学习活动。要把握好以纸笔运算、推理、作图等为主要手段的数学学习与在图形计算器支持下的数学学习之间的平衡。不能用图形计算器代替传统的和正常的数学教育活动，同其他多媒体一样，如果我们过多地依赖它，不管上什么内容都运用图形计算器，很可能会造成负面影响。如对于函数的教学，我们在讲授指数函数、对数函数、幂函数的图像及其性质时，可以先让学生自己利用图形计算器进行探究，但学到后来也不能一味地利用图形计算器代替手动画图，这样会削弱学生对函数图像的理解与掌握。因此在利用图形计算器使我们要研究的抽象数学问题形象化、具体化的同时，还一定要注意加强学生动手能力和纸笔运算能力的培养。

3.基于图形计算器的高中数学实验教学常态化还需要假以时日

虽然在本课题的研究中,课题组的教师对基于图形计算器的高中数学实验教学都抱有很大的热情,也积极开展了教学实践研究,取得了一定的研究成果,实验校的教师的教学方式有了一定转变,学生的学习数学的兴趣在使用图形计算器后也有了一定程度的提高,但就整个天津市而言,目前囿于认识的不足和不少学校图形计算器配备的缺失等问题,图形计算器要像电脑一样普及还需要假以时日,实现基于图形计算器的数学实验教学的常态化还需要各级教育行政部门、教研部门以及一线教师的共同努力。

""杨辉三角'中的一些秘密"的教学设计与实践

天津师范大学　张筱玮　吕天玺

一、课题名称

探究与发现:"杨辉三角"中的一些秘密

二、教材分析

(一)结构分析

本课选自人民教育出版社的 A 版高中数学选修 2 - 3 第一章《计数原理》后的探究与发现:"杨辉三角"中的一些秘密。本节课是在学生学习了两个计数原理、组合及组合数的性质、二项式定理、二项式系数等概念的基础上进行的,除了承接这部分知识外,还为后面学习概率等知识做了铺垫。

（二）内容分析

杨辉三角①是一个特殊的数阵。探究杨辉三角中所蕴含的数字规律有利于学生理解二项式系数的性质,对进一步认识组合数、研究组合数恒等式具有重要的作用。通过从不同的角度研究杨辉三角得到杨辉三角中所蕴含的"数字"规律(秘密),学会"数形结合"的记忆方法。

数学史是人类文化的重要组成部分,数学课程应适当反映数学的历史、应用和发展趋势,帮助学生了解数学在人类文明发展中的作用,逐步形成正确的数学观。而"杨辉三角"这一"探究与发现"内容恰好为学生了解数学史和数学文化搭建了良好的平台,是激发学生的民族自豪感和爱国主义情感的好素材。杨辉三角和勾股定理、圆周率的计算等中国古代数学发现,都显示了我国古代劳动人民的卓越智慧和才能。

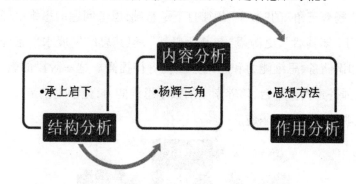

（三）作用分析

通过对"杨辉三角"这一课题的探究,可以让学生学会观察与归纳等

---

① "杨辉三角"的发现者是贾宪(约公元11世纪),后来杨辉将其记录在《详解九章算法》一书中,故称之为"杨辉三角"。在欧洲,这个表被认为是法国数学家帕斯卡(B. Pascal,1623—1662)首先发现的,他们称之为"帕斯卡三角形"。也就是说,杨辉三角的发现要比欧洲早五百年左右。

探究方法,有利于学生理解数学知识、培养数学应用意识、体验数学发现和创造的历程、培养创新精神。

三、学情分析

　　本节教学对象是高二年级的学生,这个年龄段的学生一般思维活跃、求知欲强、有强烈的好奇心理。从知识发生发展过程的角度上看,学生可以从直观上很好地观察发现"杨辉三角"中蕴含的"数字"规律。

　　他们求新求异,勇于大胆尝试,乐于动手体验,易于接受新挑战。通过之前的学习,学生已经掌握了分类加法计数原理和分步乘法计数原理,理解了排列、组合的概念,掌握了二项式定理和二项式系数的性质。

　　他们对于数形结合、类比、转化的数学思想方法也有了初步的认识,为探究"杨辉三角"的"数字"规律打下了基础,思考问题的思维已经不仅仅满足于"知其然",更渴望"知其所以然",但其思维发展水平正处于转型期,知识储备、思维能力和思维方法仍有待提高。这一阶段的教学中,需要老师搭建操作平台,培养学生的数学思维能力,让学生在亲身体验中感受获取数学知识的乐趣。

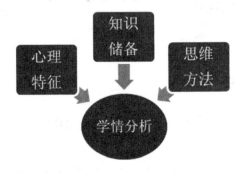

四、教学目标

(一)知识与技能

多角度研究杨辉三角,运用"数形结合"的方法探索杨辉三角中所蕴含的"数字"规律。

(二)过程与方法

通过探究杨辉三角的规律,初步体验数学中"合情推理""归纳假设"等研究问题的数学方法,培养逻辑推理的数学素养。

(三)情感态度与价值观

营造和谐的课堂氛围,通过独立思考、合作交流"杨辉三角"的秘密使学生获得学习数学的成功体验,培养良好的学习习惯及科学严谨的思维方式。

五、教学重点难点

(一)教学重点

通过从不同的角度研究杨辉三角,探秘其中所蕴含的"数字"规律,学会"数形结合"记忆方法。

(二)教学难点

将杨辉三角的"数字"规律用组合数来进行总结,并利用"杨辉三角"图形记忆组合数恒等式。

六、教法学法

本节课的探究与发现,遵循"教师的主导作用和学生的主体地位相统一"的教学原则,采用"引导发现、合作探究"式的教学方法并充分利用多媒体辅助教学,达到提高教学效果和教学质量的目的。从教与学的实际情况出发在教学过程中深入挖掘课本资源。

根据本课特点及学生情况,教学中教师通过"创设情境、设置问题"启发学生通过"主动观察、主动思考、自主探究、合作交流"实现"动眼—动手—动脑"操作来达到对知识的发现和接受。

以多媒体课件为依托,增强课堂教学的直观性、趣味性,促进学生积极思考,在动态演示过程中化解教学难点、突出教学重点。教学过程中以问题为驱动,逐层递进,使学生对知识的探究由表及里逐步深入。通过思考题,以"问题串"形式组织教学,通过探究引导学生思考、归纳、总结。

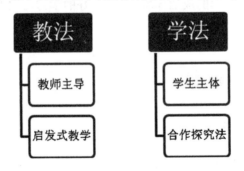

七、教学过程

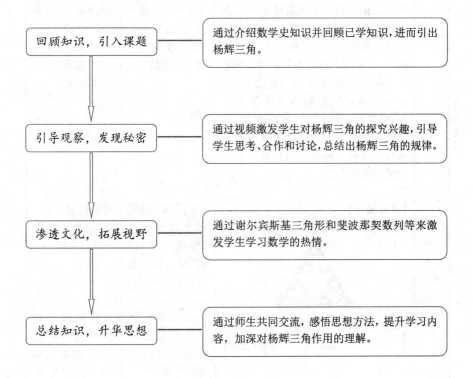

回顾知识，引入课题	通过介绍数学史知识并回顾已学知识，进而引出杨辉三角。
引导观察，发现秘密	通过视频激发学生对杨辉三角的探究兴趣，引导学生思考、合作和讨论，总结出杨辉三角的规律。
渗透文化，拓展视野	通过谢尔宾斯基三角形和斐波那契数列等来激发学生学习数学的热情。
总结知识，升华思想	通过师生共同交流，感悟思想方法，提升学习内容，加深对杨辉三角作用的理解。

教学环节	教师活动	学生活动	设计意图
回顾知识引入课题	【数学史介绍】 杨辉三角是我国北宋数学家贾宪最先发现的,后来杨辉将其记录在《详解九章算法》中,所以称之为"杨辉三角"。在欧洲则被认为是法国数学家帕斯卡首先发现的,所以称之为"帕斯卡三角形",但帕斯卡生于1623年,而贾宪生于大约公元11世纪,也就是说,杨辉三角的发现要比欧洲早五百年左右。杨辉三角在数学史上扮演着重要角色。	[读]阅读学案中关于"杨辉三角"的数学史介绍,了解杨辉三角的发展起源。	激发学生的民族自豪感和爱国热情,同时了解杨辉三角的发展起源及其重要地位。
	【播放视频】 播放"谢尔宾斯基三角形"视频。 	[看]观看视频,思考如何通过"杨辉三角"得到"谢尔宾斯基三角形"。	播放视频,留下悬疑,激发学生的学习兴趣。
	【你记得吗】 　　这些组合数恒等式①你都记得吗?	[思]让学生回忆之前记忆和证明组合数恒等式的艰辛。	为找到组合数恒等式的新记忆法、感悟数形结合之美做铺垫。
	【回顾旧知】 杨辉三角的第 n 行恰好是二项式展开式的系数,结合"杨辉三角"图形复习两个重要的性质: 　　(1)对称性: 　　(2)结构特征:(*)	[答]复习巩固"杨辉三角"与"二项式定理"的关系及其性质。	回顾旧知,既起到承上的作用,又为接下来的探究做好铺垫。

---

①　学生在本章第三节"二项式定理"中已经学习过杨辉三角的初步知识。

教学环节	教师活动	学生活动	设计意图
引导观察发现秘密	【探究1】 如图所示的杨辉三角,计算每一个平行四边形内的数字之和,观察所得结果与杨辉三角的关系,并将等式表示为组合数,如 $1+2+3+4=10$ 可以表示为 $$C_1^1+C_2^1+C_3^1+C_4^1=C_5^2,$$ 试猜想 $$C_r^r+C_{r+1}^r-1+C_{n12}^r+C_{n11}^r,$$ 并证明你的猜想。 $C_{n-1}^0\ \ C_{n-1}^1\ \ C_{n-1}^2\ \cdots\ C_{n-1}^r\ \ C_{n-1}^{n-1}$ $C_n^0\ \ C_n^1\ \ C_n^2\ \cdots\ C_n^r\ \ C_n^{n-1}\ \ C_n^n$ 【探究2】 如图所示的杨辉三角,从上至下依次计算每一个平行四边形内的数字之和,并将所得数字依次排序得到一个数列,请问这是什么数列,它有何特征? $C_{n-1}^0\ \ C_{n-1}^1\ \ C_{n-1}^2\ \cdots\ C_{n-1}^r\ \ C_{n-1}^{r+3}\ \ C_{n-1}^{r-2}\ \ C_{n-1}^{r-1}$ $C_n^0\ \ C_n^1\ \ C_n^2\ \cdots\ C_n^{r-1}\ \ C_n^{r+1}\ \ C_n^{r-2}\ \ C_n^{r-1}$	【探究1】 分小组探究,学生根据杨辉三角易知 $1+2+3+4=10$ $1+3+6=10$ $1+4=5$ 再根据组合数表给出组合数表达形式,逐步推导出组合恒等式。 学生可利用(＊)或者数学归纳法证明。 【探究2】 分小组探究,学生得到数列 1, $1,2,3,5,8,13$,总结出规律:第一、二个数为1,从第三个数起,每个数为前两个数之和,学生可发现其为"斐波那契数列"。	从数字表示的杨辉三角中寻找规律,从组合数表示的杨辉三角中总结规律,并加以证明。对杨辉三角中部分学生不易发现的"秘密",教师做简单引导,既让学生了解到杨辉三角中更多的秘密,又让学生学会从不同的角度看待问题。

续表

教学环节	教师活动	学生活动	设计意图
引导观察发现秘密	【探究3】 如图所示的杨辉三角，我们将其从上到下依次记为第0行，第1行，第2行，第3行，…，第 n−1 行，第 n 行，…。如果我们将每一行数字从左至右排列看成一个新的数字，如第0行看成1，第1行看成11，第2行看成121。那么第3行、第4行、第5行应该是什么？试猜想第 n 行的数字。 第0行 1 第1行 1 1 第2行 1 2 1 第3行 1 3 3 1 第4行 1 4 6 4 1 第5行 1 5 10 10 5 1 第6行 1 6 15 20 15 6 1 …… 第n−1行 C_{n-1}^0 C_{n-1}^1 C_{n-1}^2 … C_{n-1}^{i-1} … C_{n-1}^{n-2} C_{n-1}^{n-1} 第n行 C_n^0 C_n^1 C_n^2 … C_n^{i-1} C_n^i … C_n^{n-2} C_n^{n-1} C_n^n 【探究4】 试计算每一行数字相加的值。 [转化为杨辉三角问题] 如图所示的杨辉三角，我们将其从上到下依次记为第0行，第1行，第2行，第3行，…，第 n−1 行，第 n 行，…。计算每一行的数字之和，如第0行为 1=1，第1行为 1+1=2，第2行为 1+2+1=4。试猜想第 n 行所有数字之和，并证明你的猜想。 第0行 1 第1行 1 1 第2行 1 2 1 第3行 1 3 3 1 第4行 1 4 6 4 1 第5行 1 5 10 10 5 1 第6行 1 6 15 20 15 6 1 …… 第n−1行 C_{n-1}^0 C_{n-1}^1 C_{n-1}^2 … C_{n-1}^{i-1} … C_{n-1}^{n-2} C_{n-1}^{n-1} 第n行 C_n^0 C_n^1 C_n^2 … C_n^{i-1} C_n^i … C_n^{n-2} C_n^{n-1} C_n^n	【探究3】 根据题意，学生可准确猜想出第3、4行的数字分别为1331、14641，但第5行数字可能会出现15101051这样的错误，正确答案为161051。教师引导学生分析错误原因，并由学生自主发现、总结规律为11n。 【探究4】 学生直接解答此问题较为困难，教师引导学生从"二项式定理"角度考虑问题，进而转化为"杨辉三角"，得出结论为2n。猜想证明过程如下： $1=2^0$ $2=2^1$ $4=2^2$ $8=2^3$ $16=2^4$ $32=2^5$ $64=2^6$ 学生可利用赋值法或数学归纳法证明。	从数字表示的杨辉三角中寻找规律，从组合数表示的杨辉三角中总结规律，并加以证明。对杨辉三角中部分学生不易发现的"秘密"，教师做简单引导，既让学生了解到杨辉三角中更多的秘密，又让学生学会从不同的角度看待问题。

续表

教学环节	教师活动	学生活动	设计意图
渗透文化拓展视野	【介绍】 如果用笔将杨辉三角中的偶数与奇数分别用三角形圈出来,你能发现什么图形?(谢尔宾斯基三角形)	跟随教师一起回顾课前视频的图形,并得出它的画法。	通过图片及视频形式的资料直观地展现数学之美,增加学生对数学的热爱之情。结尾揭示开头问题答案,使得课堂首尾呼应。
总结知识升华思想	【课堂小结】 通过总结,回顾杨辉三角的规律。借助杨辉三角,使学生更加深入了解、清楚记忆组合数恒等式。 斐波那契数列　每项都是组合数 2的幂、11的幂　杨辉三角　对称性 $c_0^n + c_1^n + \cdots + c_n^n =$ 【思考延伸】(作业) (1)阅读材料《从杨辉三角谈起》,继续探究"杨辉三角"的秘密。 (2)了解高尔顿板实验与杨辉三角的关系。	跟随教师一起总结,完成教师布置的思考题。	通过课堂小结,使所学知识系统化;同时,布置作业和思考题,为后面章节学习正态分布做好充分的铺垫。

八、板书设计

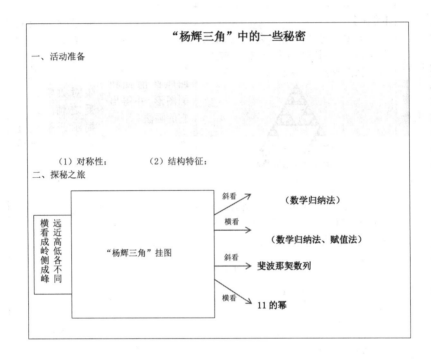

> **"杨辉三角"中的一些秘密**
>
> 一、活动准备
>
> 　　（1）对称性：　　　（2）结构特征：
>
> 二、探秘之旅

九、教学反思

（一）关于选题

引入《"杨辉三角"中的一些秘密》这一节是要在探索中激发学生的学习兴趣，所以我选取的内容既有理论深度又体现多元化。此外，课件的制作尽量形象，例题的表述要浅显易懂。

（二）探究与发现的模块设计

探究与发现数学学科教学案例的设计，不仅要考虑数学学科本身的

326

特点,遵循研究性学习教学案例的设计原则,还要具备研究性学习实施过程的一般要素。就本节研究性学习设计而言,我通过以下模块设计来层层展开,使"杨辉三角"深入人心。

1. 导入模块:渗透文化,导入课题,设置悬念,发现问题

2. 任务模块:明确任务,师生互动,利用资源,提出问题

3. 探究模块:分析问题,合作探究,解决问题,形成成果

4. 总结模块:总结反思,扩展探究,情感感悟,认知飞跃

(三)创新意识的培养

由于这是一个研究性的课题,学生是研究的主体,所以在活动中可让学生充分展开自由的想象、展开热烈的讨论、相互进行数学交流,教师可根据情况灵活控制时间。教师在进行适当引导的同时,应及时捕捉学生思维的闪光点,通过这个活动进一步培养学生的创新意识。

附：教材

第一章 计数原理 第一章

实际上，联想到

$$(1+x)^n = C_n^0 + C_n^1 x + C_n^2 x^2 + \cdots + C_n^k x^k + \cdots + C_n^n x^n,$$

把它看成是关于 x 的函数，即

$$f(x) = (1+x)^n$$
$$= C_n^0 + C_n^1 x + C_n^2 x^2 + \cdots + C_n^k x^k + \cdots + C_n^n x^n,$$

那么 $f(-1)=0$，由此很容易得到要证明的结果.

练 习

1. 填空:

(1) $(a+b)^n$ 的各二项式系数的最大值是 _____;

(2) $C_{11}^1 + C_{11}^3 + \cdots + C_{11}^{11} =$ _____;

(3) $\dfrac{C_n^0 + C_n^1 + C_n^2 + \cdots + C_n^n}{C_{n+1}^1 + C_{n+1}^2 + C_{n+1}^3 + \cdots + C_{n+1}^{n+1}} =$ _____.

2. 证明 $C_n^0 + C_n^2 + C_n^4 + \cdots + C_n^n = 2^{n-1}$（$n$ 是偶数）.

3. 写出 n 从 1 到 10 的二项式系数表.

"杨辉三角"中的一些秘密

前面借助杨辉三角讨论了二项式展开式的一些性质. 实际上，杨辉三角本身包含了许多有趣的性质. 下面就来探索一下这些性质.

第 0 行	1
第 1 行	1　1
第 2 行	1　2　1
第 3 行	1　3　3　1
第 4 行	_____
第 5 行	_____
第 6 行	_____
⋮	⋮
第 $n-1$ 行	$1 \quad C_{n-1}^1 \quad C_{n-1}^2 \cdots C_{n-1}^{r-1} \quad C_{n-1}^r \cdots C_{n-1}^{n-2} \quad 1$
第 n 行	_____
⋮	⋮

35

1. 观察图形，你能发现每一行的数字规律吗？将你的发现填写在空格上.

从上述图形可以看到，杨辉三角的第 n 行就是二项式 $(a+b)^n$ 展开式的系数，即

$$(a+b)^n = C_n^0 a^n + C_n^1 a^{n-1} b + \cdots + C_n^r a^{n-r} b^r + \cdots + C_n^n b^n.$$

2. 观察杨辉三角图形，你能发现组成它的相邻两行的数有什么关系吗？

可以发现，这个三角形的两条腰都是由数字 1 组成的，其余的数都等于它肩上的两个数相加.

3. 如图 1，从连线上的数字你能发现什么规律？自己再选一些数字试试.

根据你发现的规律，猜想下列数列的前若干项的和：

$$1+2+3+\cdots+C_{n-1}^1 = \underline{\hspace{2cm}},$$

$$1+3+6+\cdots+C_{n-1}^2 = \underline{\hspace{2cm}},$$

$$1+4+10+\cdots+C_{n-1}^3 = \underline{\hspace{2cm}},$$

$$\cdots\cdots$$

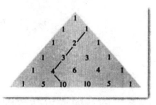

图 1

一般地，

$$C_r^r+C_{r+1}^r+C_{r+2}^r+\cdots+C_{n-1}^r = \underline{\hspace{2cm}} \quad (n>r).$$

实际上，上述等式可以用数学归纳法来证明.

4. 如图 2 的斜行中，杨辉三角图形中位于前几条斜行上的数字的和已经在斜行末标出，请你在 "?" 处标出其余各行的和，仔细观察这些和，你有什么发现？

除了这几个数的排列规律，你还能再找出其他一些数的排列规律吗？与同学交流一下！

图 2

无痕：新技术与课程深度融合的高境界

——关于校本教学模式构建的再思考

天津师范大学　张筱玮

影响教师将信息技术整合于教学的因素主要有两大类：内在因素和外在因素。内在因素包括教师的知识经验和内在促动因素，外在因素包括软硬件设备、教学资源、学校管理①等。教师在掌握了利用信息技术辅助课堂教学的基本方法后，中小学利用多媒体辅助课堂教学，本科、研究生课程的教学"无纸化备课、无粉笔化上课"也已经成为常态，教学现代化一直在实践中，这些足够吗？让我们先来共同感受一下曾经的遭遇。

一、新技术引发的思考

（一）慕课：准备好了吗？

在我们习惯于在各层次教学中使用多媒体技术，习惯于学习和了解有哪些软件可辅助教学，习惯于在听、评课中评判多媒体技术使用的成与败的时候⋯⋯在2014年4月在参与新疆骨干教师成果展示培训中，佟晨元老师的选题"感受'慕课'"很吸引人，也带来了小小的"恐慌"，面对新技术能为教学提供的支持，作为教师真的是"out"了。面对新技术，"慕

---

① 文玉婵，周莹：《影响教师将信息技术整合于数学教学的因素分析》，《数学教育学报》，2007年第3期。

课:还没有准备好?"

(二)未来:"潮老师"问道数学教育本质

在参加徐长青工作室简约教学研究成果交流会时,观摩张齐华老师所上的一节"圆的认识"现场课,其风趣幽默的语言、灵动精妙的设计不仅让陌生的学生异常兴奋,也让众多的青年教师甘做粉丝,称其为"潮老师"恰如其分;同时还听了他关于"未来的数学教育"的演讲,开篇的系列提问为:作为一名数学教师,你想过没,20年后的数学课堂……已有的芯片植入技术和智能装备等将给人类的活动带来哪些影响,我们的学校教育会是什么样? 见听者无从应答,转而问"不可能是什么样?"教师? 教科书? 文具? 黑板? 计算? 如果一切终将发生剧变,数学教育将如何应对? 对未来数学教育的思考无一不与新技术密切相关。同样,如果一切终将发生剧变,教育将如何应对? 对未来学校教育的思考无一不与新技术密切相关。

(三)国培:新技术与数学教学的再思考

2014年11月9日到18日,参加了"国培计划示范性项目——培训团队研修"天津师范大学培训班(高等学校),本次的主题为"基于现代信息技术的数学教师培训设计与模式创新",在聆听各方专家的专题讲座、参与组内辩论交流和实地考察教学实践的过程中,更是感受到新技术已经给基础教育数学教学活动带来的巨大变化,对新技术引发的数学教育变革进行重新审视与思考是势在必行的。

(四)平板电脑支持下的中学课堂教学

2016年11月29日,在天津市滨海新区汉沽第一中学的公开课上,我们走进了由"四叶草"公司与北京市第四中学网校合作研发的以平板电脑(或 Ipad 等同功能设备)为载体的交互式教学系统。在这里完成了线上线下交互式贯通,把慕课、微课程和翻转课堂等多种教学模式有机整合在一起,学生可以按照自己的进度选择性学习。一方面,学生可在课上分组研究各主题任务,可互相了解不同组别的研究进程和成果,评判不同组别问题解决的正误;另一方面,教师可以借助交互系统即时了解每个学生的学习进展,发现每个学生在学习进程中存在的问题予以反馈纠正,使教学不留死角和盲区,并利用生成性资源规划后继教学活动,达到预设和生成的协调性。

以上所亲历的问题,与课题研究过程中教学模式研究密切相关,在不同类型的学校探索其发展之路,改变教与学方式的同时,不断发展的新技术为课堂教学提供了更多的支持,新技术是校本教学模式构建的物质条件和实践基础,在完成研究之际,我们以"无痕:新技术与课程深度融合的高境界"作为本书的结语。

二、关键术语

(一)手持技术

"手持技术"又称掌上技术,最突出的特点是便携。它是由数据采集器、传感器和配套的软件组成的定量采集各种常见数据并能与计算机连接的实验技术系统。手持技术可以广泛应用于理科实验中,可以方便而迅速地收集各类数学、物理、化学、生物、环境等数据,如:距离、位移、速度、温度、声音、光、电、力、ph 值等。

(二)微课程

一般认为,"微课程"概念是 2008 年由 David Penrose 首创,是基于建构主义理论,以在线学习或移动学习为目的的实际的教学内容,其核心理念是要求教师把教学内容与教学目标紧密地联系起来,形成一种聚焦的学习过程体验。

微课程以其微言大义、短时高效的特点满足了学习者的兴趣需要,视听呈现方式给学习者提供了一种快乐的学习体验,适应了"微时代"数字化学习、碎片化学习的新趋势。

(三)慕课与翻转课堂

"慕课"(MOOCs)是 Massive Open Online Courses 的首字母缩写形式,即大规模在线开放课程。慕课教育平台的创立理念是希望通过将人们和卓越的教育资源联系起来,使任何人都能实现无障碍的学习。[①] 方陵生认为:MOOCs 是以最少的教师,通过在线形式,为大批学生授课的一种网络教学形式,通过这样的形式,一名教师可以同时为成千上万的学生授课。[②]"慕课"还会为网友提供互动的论坛,以期在师生之间搭建一个交流的平台。[③]

"翻转课堂"最早是在美国兴起的一场教学模式改革。2011 年,萨尔曼·可汗(Salman Khan)在 TED 大会上做演讲报告《用视频重新创造教育》,将一种全新的教学方式——"翻转课堂"(the Flipped Classroom)介绍给全世界,指出其本质特征是对教师传授知识与学生接受知识的"翻转"安排,即"学生白天在教室完成知识吸收与知识内化,晚上回家学习新知识"的教学模式。[④] 翻转课堂从先教后学转变为具有信息化的先学后教;从课堂知识传递、课后消化吸收转变为课前知识传递、课中消化吸

① 肖薇薇:《对"慕课"的几点思考》,《教育探索》,2014 年第 8 期。
② 方陵生:《关于慕课(MOOCs)的几个问答》,《世界科学》,2014 年第 3 期。
③ 郭英剑:《"慕课"在全球的现状、困境与未来》,《高校教育管理》,2014 年第 4 期。
④ 尹达:《对"翻转课堂"的再认识》,《当代教育与文化》,2014 年第 2 期。

收;并且打破学习的时间和空间界限,让学生自主学习。

三、基于新技术支持的课堂教学模式

(一)"两角差的余弦公式"微课程的教学设计

1.案例描述

在此节选邵婧怡所做的"两角差的余弦公式"微课设计为例加以说明。

(1)问题描述。

我们知道,两角差的余弦公式的证明方式是多种多样的,在与天津市第四十三中学合作"研课"过程中,区内同课异构选中的课题为"两角差的余弦公式"第一课时的教学内容,按照常规教学安排是在学习了向量以后再学习本章内容,不巧的是用于教学的班级还没有学习向量一章内容,如何能让学生感知"任意角"两角差的余弦公式呢?

(2)设计意图。

利用几何法就是联系单位圆上的三角函数线的知识构造两个角 α 和 β,可以从图中找到角 $\alpha - \beta$,由于单位圆的半径是可以在圆中用线段表示这几个角的三角函数从而推导。

但在教材中仅仅给出 α、β、$\alpha - \beta$ 都是锐角,且 $\alpha - \beta$ 的情况下的两角差余弦公式,没有对角 α、β 从锐角向任意角的推广过程,并且在推广中若要考虑全部情况需要对多种情况分别逐一证明,过程烦琐。因此,可以借助几何画板工具进行验证。

(3)技术实现。

利用几何画板 5.03

①点击菜单命令:【绘图(G)】→【显示网格(G)】,点击工具栏【圆工

具】,在网格内画出以原点 O 为圆心,以单位长度为半径的单位圆 O,随后隐藏网格。

②点击工具栏【点工具】,在单位圆 O 上构造两个不同的点。

③点击工具栏【文字工具】,右键点击步骤(2)选中的点,点击【点的标签(L)】,更改标签为和。

④点击工具栏【线段直尺工具】→【射线】,依次选中点 O 和点 P,构造射线 OP。按照同样的方法构造射线 OP_1。

⑤点击工具栏【标记工具】,设射线 OP_1 为角 α 的终边,即将鼠标依次从 x 轴正半轴划到射线 OP_1,再右键选中弧度,点击【角标记的标签(L)】,更改标签为 $\{alpha\}$,在标记笔栏中将角定义选为逆时针。按照同样的方法将 $\angle POP_1$ 的角度标记为 $\{beta\}$。

⑥选中角 α,点击菜单命令:【度量(M)】→【角度(A)】,即可测量出角 α 的度数。按照同样的方法测量出角 β 的度数。

⑦点击菜单命令:【数据(N)】→【计算(U)】,创建表达式 $\cos(\alpha - \beta)$,其中 α、β 都是通过步骤⑥得到的值来插入。按照同样的方法创建表达式 $\cos\alpha\cos\beta + \sin\alpha\sin\beta$ 并求出数值。最后按照同样的方法创建表达式 $\cos(\alpha - \beta) - (\cos\alpha\cos\beta + \sin\alpha\sin\beta)$ 并求出数值。

⑧选择点 P,点击菜单命令:【编辑(E)】→【操作类按钮(B)】→【动画(A)】按照同样的方法制作点 P_1 的运动按钮,还可以调整运动速度,使两个点运动速度不同。

⑨在两个点围绕圆运动时,观察表达式 $\cos(\alpha - \beta) - (\cos\alpha\cos\beta + \sin\alpha\sin\beta)$ 的变化情况。

2. 案例分析

数学微课程属于微课程,除具有微课程所有的特点之外,数学微课程又因为本身的学科特点而具有自己作用独特的一面。

(1)有助于学习者对数学概念、公式和定理的巩固与理解。如上例,两角差的余弦公式是三角函数恒等变换的基础,其他三角函数公式都是在此基础上通过改变正负号、诱导公式变形得到的。而且作为必修五第三章推导的第一个公式,如何让学生理解知识的来龙去脉需要精心的设计,更需要引起教师的关注。以此要求制作出的微课程可以反复播放,让学生仔细体会两个角 α 和 β 取任何值时两角差的余弦公式恒等于 $\cos\alpha\cos\beta + \sin\alpha\sin\beta$。

(2)有助于学生思维的发散与创新。在两角差的余弦公式的学习中,蕴含着"由特殊到一般、分类讨论、划归、构造法"等数学思想方法,将这一内容制作成微课程有利于不同理解水平的学生依据自己的进度完成相关学习。数学微课程就可以在快进、暂停之中给予学生思考时间的控制,引导学生对自己的思维障碍进行突破,数学微课程可以满足个性化需求。

(3)有助于知识体系的构建。通过网络这个工具进行教学,在组织概念的教学内容时要注重概念产生的背景,对其合理性和必要性进行必要的论证和说明,要交代概念的内涵和外延,使之更科学化、系统化;在命题和定理的教学内容中,要注重数学命题间的逻辑关系,并进行适当的扩展以丰富学生们的视野,为学生建构一个完善的知识结构体系。[①]

数学中的概念定理很多,需要学生进行理解性地记忆,而不是死记硬背,利用微课程来演示概念的形成过程,能帮助学生加深对概念的理解,使学生在温习旧知识的基础上延伸出新的知识并进行探索,找到知识之间的关联点,从而构建出科学合理的知识体系。"两角差的余弦公式"微课程实践表明,利用微课程学习的学生比平行班级学生掌握同类内容的测试水平高出 7 个百分点,教学时间可以节约 10 分钟左右。

---

① 刘秀梅:《网络环境下高师数学教学内容组织和实施策略》,《数学教育学报》,2008 年第 2 期。

特别地,在几何作图、符号运算、几何证明、动画设计和机器学习等方面用到计算机的地方,或多或少都要用到自动推理①,完全可以通过计算机自动生成的证明来展示对问题求解(求证),这有利于促进学习者隐性知识、默会知识等高级思维能力的提高。

(二)翻转课堂在"教育科研方法"课程中的实践

在本科生课程《教育科研方法》的教学实践中,我们引入"翻转课堂"的教学模式。教师在"微信群"中针对学习内容的需求联系新闻事件发送学习资料和思考问题给学生。

如在讲调查研究法的时候,给出的学习资料有:

1. 资料1

1936 年,美国进行总统选举,竞选的是民主党的罗斯福和共和党的兰登,罗斯福是在任的总统。美国权威的《文学摘要》杂志社为了预测总统候选人谁能当选,采用了大规模的模拟选举,他们以电话簿上的地址和俱乐部成员名单上的地址发出 1000 万封信,收到回信 200 万封,在调查史上,样本容量这么大是少见的,杂志社花费了大量的人力和物力,他们相信自己的调查统计结果,即兰登将以 57% 对 43% 的比例获胜,并大力进行宣传。最后选举结果却是罗斯福以 62% 对 38% 的巨大优势获胜,连任总统。这个调查使《文学摘要》杂志社威信扫地,不久只得关门停刊。

2. 资料2

美国大选正在如火如荼地进行中,两党候选人的角逐亦愈发激烈。此前,据 NBC 新闻/《华尔街日报》的民调显示,民主党总统候选人希拉里以 48% 比 37% 领先特朗普 11 个百分点;而据美国"赤色暴政清算委员

① 张景中,彭翕成:《自动推理及其在数学教育中的应用》,《数学教育学报》,2008 年第 4 期。

会"最新民调数据显示,希拉里扩大其领先优势至 85 个百分点。这也是自民主党全国代表大会以来,希拉里再度扩大其领先优势。而民主党候选人在上月仅领先特朗普 4 个百分点。

在主题报告后,教师提出下列研究问题:

(1)在资料 1 中为何电话调查会失真?

(2)在资料 2 中民调领先的希拉里为何会败选?

(3)你怎样看待调查研究的优缺点?

(4)好的调查设计应注意哪些问题?

以上 4 个问题中(1)(2)揭示了调查研究中易犯的错误,为学习者思考问题(3)(4)做好了铺垫,因与新闻事件密切关联,学生参与讨论的积极性很高。

又如,在讲科研成果的表述环节时,教师在"微信群"中给出一篇网文:

善无罪①

善被恶利用,善者也无罪。

但不要以为你做了一件无罪的事,就不会导致一个有害的果。

善频繁被恶利用,导致秩序混乱,这就是害。

这里的秩序混乱,是信任危机:意志摇摆的行善者,在被骗的次数多了之后,会选择眼不见为净,会选择冷漠。

这种报复性的冷漠,降低了社会总福利,不利于实现帕累托最优。

作恶者竭泽而渔,喂饱自己,让真正的饥饿者吃不饱,这就是害。

我们不希望冷漠越来越多,因此我们才用力去温暖,但暖错了地方,又导致冷漠越来越多。

你站在天台往天上跳,方向看起来是对的,但结果是坠地。

---

① https://www.ishuo.cn/doc/wgwrnnqf.html。

我们需要结果正义,更需要程序正义。

我们需要单次事件的正义,更需要所有事件的正义。

程序正义未必能保证每一个结果都正义,但可以最大概率的带来结果正义。

这就是为什么法律无法避免冤案,但我们仍然要坚守法律。

你到底在坚守什么,你的坚守又带来了什么。

行善太容易,跟作恶一样容易。

世界原本可以更好,只是除了善,我们还需要其他东西。

课上围绕本文的主题,分析其得失,对原文进行了如下的修改,得到多数同学的认同:

善无罪吗?

善被恶利用,可能会导致一个有害的果,而因为人们愿意相信善无罪,滥施善意者还可以心安理得的追求自我完善的"善",不自我反思,那其实就涉及自私了,只不过自私方式不同而已,以善为前提满足自己高尚不计后果的行为并不值得提倡。如果对不计后果的善一味颂扬,就容易造成善频繁被恶利用,导致秩序混乱,当量变累积成质变,造成的是比恶还大的社会危机,还能坚持说善无罪吗?

两害相权取其轻,任何人的行为必须承担责任,与善恶无关,只关乎秩序,谁的行为导致普适法则受到挑战、社会信任崩塌,其修复成本无以复加,恐怕就是"恶"了。

冷漠有理吗?

秩序混乱,有信任危机,更有是非不分后的责任转移:意志摇摆的行善者,在被骗的次数多了之后,会选择眼不见为净,会选择冷漠;更有投机分子和伪善者,在公众"以信为念"时,可以是"正人君子",这类似于唐太宗与裴寂君正臣贤的故事。而这种群体性"理直气壮"的报复性冷漠使社会发展成本骤增,并从根本上贻害所有人。

那就能冷漠有理吗？

当然不是，你可以选择冷漠，但一定不要"理直气壮"，因为稍不小心就会成为负面新闻的主角，连善都不一定无罪，冷漠则一定是贬义的，只能偷偷地"信奉"，永远不能登堂入室与获得理解。

行善可能被冤枉，冷漠一定会被指责，无所适从吗？

其实也没有那么复杂和绝望，每个人了解一下社会，多一些规避风险的常识，遵循国家的法律法规，你就一定会拥有从容。

在这两次专题讨论中，同学们在课下依据主题都进行了充分的思考和论证，有的同学写了比原文还要长的议论文，课上讨论的兴致也极为高涨，取得了高于预期的学习效果。

（三）新技术用于课堂教学应注意的问题

课堂教学中的信息技术可以分为3类：普适信息技术、各学科教学中常用的信息技术、学科专题教学活动所需的信息技术。新技术之于教育的影响是一个可持续发展的学习与研究过程，要处理好新技术与经典方法间的关系，"无痕"是新技术与学科课程深度融合的高境界，即要从教育规律和教育原理出发，保证新技术与学科课程整合的适用性及创新性。[①]

1. 新技术为教与学方式的转换提供了可能

如前所述，"翻转课堂"是课堂教学的一种形式，是以课堂教学为出发点，其设计对象通常只是某个班集体，学生经过课前网络自主学习后，师生面对面的课堂活动是每个课次必不可少的环节；"慕课"则是在线网络课程，是以网络课程为出发点的，面对任何有学习兴趣的人群，不必有

---

① 参考张筱玮等著：《新技术用于数学教学应注意的问题》，《中学数学教学设计选讲》，高等教育出版社，2015年。

课堂面授;"微课程"是慕课和翻转课堂的支撑性资源系统。

慕课与翻转课堂体现了教育信息化和教育民主化,对提升教育教学质量和学生学习效果有积极的影响,期间使加涅在《教学设计原理》中所描绘的"教学是一项以帮助人们学习为目的的事业","教学是以促进学习的方式影响学习者的一系列事件"真正落实成为可能,从而根本改变教与学的方式。

2. 好的新技术的标准在于适用性

信息技术成为教与学发展的推动者,其首要条件就是教师需达到对技术的熟练和对教学知识的深刻理解,在课堂教学中他们能根据学科的特点、教学软件的特点以及学生学习的特点设计特色的教学策略或自制教学程序,而且这些设计能够实现传统的教学所不能完成的教学任务,能够促进学生思维的发展。[①] "教什么""怎么教"及"学什么""怎么学"是任何时候学科教学研究的核心问题,新技术的运用同样要以考量如何促进教与学的协调发展为前提,任何单纯强调技术先进的教学设计不一定是好的预设,而不能与时俱进了解和运用新技术的教学自然也不能称为是高水平、高效率的,好的新技术的标准在于适用性。

新技术可用以拓展学科教学的容量和时空,引发学生的学习兴趣,发现探索真理,提高课堂的教学效率。前提是要将新技术辅助课堂教学的理念根植于每一位任课教师的教育观和课堂教学设计理念中,并不断保持对新技术的关注度和学习力,研究分析在学科教学中的运用,为服务于学习、提高课堂教学效率助力。

3. 教师是设计师,创造性是高境界

每一位教师,首先,要具有编写脚本的能力,判断教学内容哪些应该

---

① 参见尚晓青:《信息技术在数学课堂教学中应用的层次分析》,《数学教育学报》,2008 年第 4 期。

用新技术呈现,并能够与技术人员合作开发出适用的课件、微课程;其次,要努力具有独立制作课件和微课程的能力,只有这样才能按照学科教学的需要灵活的设计教学,教师的备课往往是在非工作时间完成的,教辅人员不可能随时在侧;再次,要具有因材施教的创新能力,学科教育研究发展至今,不乏优质的教学设计案例、不乏优质的教学课件,也不乏优质的视频资源,但人的培养不同于仪器加工操作,不能是简单的复制,教师的作用在于能够依据教学环境、学生特点和自身优势在设计"问与答、发现与记忆、评价方法"等问题时选择恰当的方法,出色、高效地完成教学,即课堂需要教师随机应变、临场发挥,任何提前设计好的"教案""课件"都无法原原本本地搬到课堂上,研制能够随机应变的课件或软件,或相关设计制作、使用的方法①是教师教育技术能力发展的高目标。我们认为,以上的三个能力要求层层递进,缺一不可,是教师适应新技术支持下教育教学的前提和教师专业发展的目标。

㈣、基于新技术的校本教学模式研究

艺术家用他们的灵魂设计作品和产品,在实用的基础上让产品更能受大众的喜爱,力图让生活美学化;与之相对,教师则设法使枯燥呆板的教学内容更容易被学生理解,用自己的灵魂设计教学,努力让教育人性化,来启发创新的思想。这就要求教师是设计师,教师的作用在于创造性。

而每当提及"模式",则容易让人们与套路、规矩等制约性框架相联系,以至于谈"教学模式"、谈"校本教学模式"也会招致不少的质疑声音。

---

① 王爱玲:《现代信息技术在数学教育中的应用与现状调查研究》,《数学教育学报》,2009年第2期。

我们认为,"教学模式"以至于进一步发展到"校本教学模式",不是对教师的限制,而是给出一个工作程序和流程,且是一个经过多方论证、依据学校情况和学生情况而制定的规则,会对规范教学工作有积极的促进作用,是每个学校发展自身特色过程中可以从教学改革入手的切入点。

以往的"教学模式","校本教学模式"论及内容的重点在于依据原理、操作流程和评价标准上,这些固然重要,但与时俱进地看教育改革,日新月异的新技术也是非常重要的因素之一,它应该能构成一个单列的维度,并针对不同人群分层予以考虑。具体地说:

(1)巧妇难为无米之炊,对教育主管部门而言,应依据地方经济发展条件为学校拥有新技术提供物质条件,配备多媒体教室乃至交互式电子课堂等硬件设备。

(2)对教师而言,保持对新事物的学习热情,在研究教学内容的同时关注新技术可以为改进教学提供的帮助,从知道新技术的功能到利用新技术于课堂,再到自行依据教学内容开发利用新技术的教学设计,是不断攀登的过程。

(3)对教育评价而言,教学评价标准无疑具有导向的作用,制定出"好的新技术的标准性",即好的新技术的标准在于适用性是非常重要的,既不唯技术论,也不因循传统故步自封,才能更好地为学习者服务,培养学生的思维力和创造力,为学生的未来发展和终生幸福奠基。

这也是我们以"无痕:新技术与课程深度融合的高境界"作为本书结语的原因所在。

参考文献

1. 方陵生:《关于慕课(MOOCs)的几个问答》,《世界科学》,2014 年第 3 期。

2. 郭英剑:《"慕课"在全球的现状、困境与未来》,《高校教育管理》,

2014 年第 4 期。

3. 何克抗:《从"翻转课堂"的本质,看"翻转课堂"在我国的未来发展》,《电化教育研究》,2014 年第 7 期。

4. 刘秀梅:《网络环境下高师数学教学内容组织和实施策略》,《数学教育学报》,2008 年第 2 期。

5. 尚晓青:《信息技术在数学课堂教学中应用的层次分析》,《数学教育学报》,2008 年第 4 期。

6. 孙名符、方勤华:《运用评价手段提高信息技术用于数学课堂教学的有效性》,《数学教育学报》,2007 年第 1 期。

7. 王爱玲:《现代信息技术在数学教育中的应用与现状调查研究》,《数学教育学报》,2009 年第 2 期。

8. 王红、赵蔚、孙立会、刘红霞:《翻转课堂教学模型的设计——基于国内外典型案例分析》,《现代教育技术》,2013 年第 8 期。

9. 王立冬、袁学刚、刘延涛:《计算机辅助数学教学的若干问题》,《数学教育学报》,2008 年第 2 期。

10. 文玉婵、周莹:《影响教师将信息技术整合于数学教学的因素分析》,《数学教育学报》,2007 年第 3 期。

11. 肖薇薇:《对"慕课"的几点思考》,《教育探索》,2014 年第 8 期。

12. 尹达:《对"翻转课堂"的再认识》,《当代教育与文化》,2014 年第 2 期。

13. 张景中、彭翕成:《自动推理及其在数学教育中的应用》,《数学教育学报》,2008 年第 4 期。

14. 张景中、彭翕成:《深入数学学科的信息技术》,《数学教育学报》,2009 年第 5 期。

15. 张渝江:《翻转课堂变革》,《中国信息技术教育》,2012 年第 10 期。

16.朱国权、王辉:《高中数学教学中应用信息技术的分析与建议》,《数学教育学报》,2008 年第 6 期。

后　记

在本书的编写过程中,天津人民出版社的几位编辑对书稿进行了认真的审读,提出了完善书稿呈现方式的意见,对他们的辛勤工作表示感谢。本书也是"天津师范大学与天津市滨海新区特色学科共建项目"的研究成果之一,在此对天津师范大学教师教育处和天津滨海新区相关人员表示感谢。

本书原理篇第一章、第二章、理论篇第三章由天津师范大学纪德奎撰写;理论篇第四章、实践篇之九由天津师范大学张筱玮撰写;实践篇之十二由张筱玮和吕天玺撰写;结束语由张筱玮撰写(邵婧怡完成案例3.1的撰写);实践篇之一由天津市第一中学课题组撰写,天津医科大学第二医院张红妹整理;实践篇之二由天津市实验中学课题组撰写,张红妹整理;实践篇之三由天津市天津中学课题组撰写,天津理工大学中环信息学院孟庆铂整理;实践篇之四由天津市第六十六中学李忠益、麻立刚和天津师范大学张明琪撰写;实践篇之五由天津市第五十四中学王保庆和张明琪撰写;实践篇之六由天津市蓟州区罗庄子镇初级中学岳宝霞撰写;实践篇之七由天津市滨海新区塘沽第一中学段淑芬撰写;实践篇之八由海南省文昌市田家炳中学陈云妮撰写;实践篇之十由天津市河西区闽侯路小学张颖撰写;实践篇之十一由天津市中小学教育教学研究室沈婕撰写。本书主编张筱玮和纪德奎负责本书结构的规划和统稿,本书主编张红妹和副主编孟庆铂负责全书的统稿和校对。